中国旅游院校五星联盟教材编写出版项目
中国骨干旅游高职院校教材编写出版项目

会展服务与管理专业模块 | 模块主编 朱承强 王昆欣

# 会展策划与管理

Convention Planning & Management（修订本）

主 编 刘嘉龙

教材开发团队
刘嘉龙 张捷雷
邬 燕 章 笕 张 素

中国旅游出版社

# 出版说明

把中国旅游业建设成国民经济的战略性支柱产业和人民群众更加满意的现代服务业，实现由世界旅游大国向世界旅游强国的跨越，是中国旅游界的光荣使命和艰巨任务。要达成这一宏伟目标，关键靠人才。人才的培养，关键看教育。教育质量的高低，关键在师资与教材。

经过20多年的发展，我国高等旅游职业教育已逐步形成了比较成熟的基础课程教学体系、专业模块课程体系以及学生行业实习制度，形成了紧密跟踪旅游行业动态发展和培养满足饭店、旅行社、旅游景区、旅游交通、会展、购物、娱乐等行业需求的人才的开放式办学理念，逐渐摸索出了一套有中国特色的应用型旅游人才培养模式。在肯定成绩的同时，旅游教育界也清醒地看到，目前的旅游高等职业教育教材建设和出版还存在着严重的不足，体现在教材反映出的专业教学理念滞后，学科体系不健全，内容更新慢，理论与旅游业实际发展部分脱节等，阻碍了旅游高等职业教育的健康发展。因此，必须对教材体系和教学内容进行改革，以适应飞速发展的中国旅游业对人才的需求。

上海旅游高等专科学校、浙江旅游职业学院、桂林旅游高等专科学校、南京旅游职业学院、山东旅游职业学院等中国最早从事旅游职业教育的骨干旅游职业院校，在学科课程设置、专业教材开发、实训实习教学、旅游产学研一体化研究、旅游专业人才标准化体系建设等方面走在全国前列，成为全国旅游教育的排头兵、旅游教学科研改革的试验田、旅游职业教育创新发展的先行者。他们不仅是全国旅游职业教育的旗帜，也是国家旅游局非常关注的旅游教育人才培养示范单位，培养出众多高素质的应用型、复合型、技能型的旅游专业人才，为旅游业发展作出了贡献。中国旅游出版社作为旅游教材与教辅、旅游学术与理论研究、旅游资讯等行业图书的专业出版机构，充分认识到高质量的应用型、复合型、技能型人才对现阶段我国旅游行业发展的重要意义，认识到推广中国骨干旅游高等职业院校的基础课程、专业课程、实习制度对行业人才培养的重要性，由此发起并组织了“中国旅游院校五星联盟”教材编写出版项目暨中国骨干旅游高等职业院校教材编写出版项目，将五校的基础课程和专业课程的教材成系统精选出版。该项目得到了“五星联盟”院校的积极响应，得到了国家旅游局人事司、教育部高职高专旅游专业教学指导委员会、中国旅游协会旅游教育分会的大力支持。经过各方两年多的精心准备与辛勤编写，在国家“十二五”开局之年，这套教材终于推出面世了。

“中国旅游院校五星联盟”教材编写出版项目暨中国骨干旅游高等职业院校教材编写出版项目所含教材分为六个专业模块：**“旅游管理专业模块”**（《旅游概论》、《旅游经济学》、《旅游管理基础》、《旅游市场营销实务》、《旅游应用心理学》、《中国旅游资源概论》、《旅游电子商务》、《旅游职业英语》、《旅游职业道德》、《旅游礼宾礼仪》）；**“酒店服务与管理专业模块”**（《酒店概论》、《酒店前厅部服务与管理》、《酒店客房部服务与管理》、《酒店餐饮部服务与管理》、《酒店财务管理》、《酒店英语》、《酒店市场营销》、《调酒专业与酒吧服务与管理》）；**“旅行社服务与管理专业模块”**（《旅行社经营管理》、《旅游政策与法规》、《导游业务》、《导游文化基础知识》、《旅行社门市业务》）；**“景区服务与管理专业模块”**（《景区规划原理与实务》、《景区服务与管理》、《旅游资源的调查与评价》）；**“会展服务与管理专业模块”**（《会展概论》、《会展策划与管理》、《会展设计与布置》、《实用会展英语》）；**“烹饪工艺与营养专业模块”**（《厨政管理》、《烹饪营养与食品安全》、《面点工艺学》、《烹饪原料学》），共计34本。本套教材实行模块主编审稿制，每一个专业模块均聘请了一至三位该学科领域的资深专家作为特邀专业主编，负责对本模块内每一位主编提交的编写大纲及书稿进行审阅，以确保本套教材的科学性、体系性和专业性。“五星联盟”的资深专家及五校相关课程的骨干教师参与了本套教材的编写工作。他们融合多年的教学经验和行业实践的体会，吸收了最新的教学与科研成果，选择了最适合旅游职业教育教学的方式进行编写，从而使本套教材具有了鲜明的特点。

1. 定位于旅游高等职业教育教材的“精品”风格，着眼于应用型、复合型、技能型人才的培养，强调互动式教学，强调旅游职业氛围以及与行业动态发展的零距离接触。

2. 强调三个维度能力的综合，即专业能力（掌握知识、掌握技能）、方法能力

（学会学习、学会工作）、社会能力（学会共处、学会做人）。

3. 注重应用性，强调行动理念。职业院校学生的直观形象思维强于抽象逻辑思维，更擅长感性认识和行动把握。因此，本套教材根据各门课程的特点，突出对行业中的实际问题和热点问题的分析研讨，并以案例、资料表述和图表的形式予以展现，同时将学生应该掌握的知识点（理论）融入具体的案例阐释中，使学生能较好地将理论和职业要求、实际操作融合在一起。

4. 与相关的行业资格考试、职业考核相对应。目前，国家对于饭店、导游从业人员的资格考试制度已日渐完善，而会展、旅游规划等的从业资格考核也在很多旅游发达地区逐渐展开。有鉴于此，本教材在编写过程中尽可能参照最新的各项考试大纲，把考点融入到教材当中，让学生通过实践操作而不是理论的硬背来掌握知识，帮助他们顺利通过相关的考试。

“中国旅游院校五星联盟”教材编写出版项目暨中国骨干旅游高职院校教材编写出版项目是一个持续的出版工程，是以中国骨干旅游高职院校和中国旅游出版社为平台的可持续发展事业。我们对参予这一出版工程的所有特邀专家、学者及每一位主编、参编者和旅游企业界人士为此书编写贡献出的教育教学和行业从业的才华、智慧、经验以及辛勤劳动表示崇高的敬意和衷心的感谢。我们期望这套精品教材能在中国旅游高等职业教育教学中发挥它应有的作用，作出它应有的贡献，这也是众多参与此项编写出版工作的同人们的共同希望。同时，我们更期盼旅游高等职业教育界和旅游行业的专家、学者、教师、企业界人士和学生在使用本套教材时，能对其中的不足之处提出宝贵意见和建议，我们将认真对待并吸纳合理意见和建议，不断对这套教材进行修改和完善，使之能够始终保持行业领先水平。这将是我们不懈的追求。

中国旅游出版社

2014 年 12 月

# 目录
CONTENTS

# 再版前言

本教材通过创新思维，力求从编写体例、内容编排上有所创新和发展。章节内容安排严格按照中国旅游出版社创新体例要求编写，首先提出本章学习目标，包括方法能力目标、专业能力目标、社会能力目标，并对本章学习目的、意义和主要内容进行导读。其次从导入案例入手，由浅入深、层层递进引出正文，在正文中穿插案例、图片、表格、相关链接等，图文并茂、形象生动，避免枯燥乏味；主要原理、方法、步骤以实务操作为主，努力避免大段抽象描述，教材体例和内容比较适合高职院校尤其是旅游类高职院校会展及相关专业学生学习。每章最后还对本章内容和学习要点进行回顾小结，并通过学习与思考、案例与分析、实践与训练等形式对需要重点掌握的知识点加以巩固。

本教材内容基本分为三大模块：一是原理和方法篇（第一章到第四章），主要从会展活动策划角度系统讲解会展策划原理、方法、步骤和立项策划、可行性分析等，包括会展与会展活动概述、会展活动策划原理与方法、会展立项策划与可行性分析、会展征集与造势策划等章节内容。二是项目组织和管理篇（第五章到第八章），主要从实务操作角度介绍会展活动招商招展和项目管理、现场管理、财务管理、风险管理等，包括会展活动项目组织与实施、会展市场营销与宣传推广、会展媒体合作与服务商确定、会展活动现场服务与管理等章节内容。三是会议（会展）旅游和服务篇（第九章和第十章），主要从会议（会展）旅游服务和会展客户关系管理的角度，强调会展服务的重要性，包括会议旅游策划与会议管理、会展客户关系管理与跟踪服务等内容。修订本结合会展业发展现状和趋势对内容进行了更新。

本教材第一章、第二章、第三章、第四章由刘嘉龙编写，第五章由章览编写，

第六章、第七章由邬燕编写，第八章由张捷雷编写，第九章、第十章由张素编写，全书由刘嘉龙主编统稿，浙江旅游职业学院院长王昆欣教授、上海旅游高等专科学校副校长朱承强教授、中国旅游出版社旅游理论与教材编辑室主任付蓉副编审给予指导。

编　者

2015 年 2 月

第一章

# 会展与会展活动概述

通过世界博览会导入案例，全面了解会展业发展与社会经济、文化之间的密切关系，重点学习会展与会展活动的基本含义、会展中心经营管理模式、会展中心智能化设计和会展信息管理系统的运用等。

通过会展业与会展活动概述，了解会议、展览、活动、奖励旅游、节事旅游等基本概念，重点掌握会议、展览、活动的分类以及奖励旅游、节事旅游在现代旅游业中的地位。通过对中外会展中心经营管理的了解，加深理解微观层面的会展中心智能化和会展管理信息化，促使会展策划与项目管理更富有进取精神和创新意识。本章最后对国内外会展业管理机构进行了介绍，为成功申办会展项目提供路径支持。

## 学习目标

### 方法能力目标

掌握会展、会展业、会展产业、会展经济、会展活动的基本含义，熟悉会议、展览、活动的分类和奖励旅游、会展旅游、节事旅游概念；了解国际国内会展中心经营与管理模式、会展中心的主要功能区块；重视会展中心5A智能化设计以及会展信息管理在现代会展业中的应用。

### 专业能力目标

通过本章知识的学习，熟悉国内外会展业发展的基本状况，联系实际深刻了解具有中国特色的会展模式和节庆活动；联系本地区会展业发展实际，观摩和分析当地会展业、会议展览项目和节庆活动发展的现状；对本地区或中心城市会展中心经营管理模式和5A智能化设计以及会展信息管理系统的应用情况开展深入调研。

### 社会能力目标

三五人自愿组合，成立社会实践小组，观察和了解当地会展中心经营管理模式；有组织地观摩学习当地最有影响的大型会展活动；通过对会展业的初步认识，解剖和建构校园实验会展活动的大体框架和基本方向；积极参与承办学校和社团主办的体育节、文化节、艺术节、书画展、用品展、礼品展等各类主题活动。

案 例

## 2010 上海世界博览会

2010 上海世界博览会（简称“上海世博会”）是 1851 年英国伦敦举办首届世界博览会以来的第 41 届世界博览会，也是国际展览局注册类综合性 A1 级大型博览会。

上海世博会于 2010 年 5 月 1 日至 10 月 31 日，在上海市中心黄浦江两岸、南浦大桥和卢浦大桥之间的滨江地区举行，会期 184 天。累计参观人数 7308.44 万人次，单日入园高峰出现在 10 月 16 日，参观者突破 103 万人。无论是参展方数量、参观人次还是单日入园人数，均刷新了历届世界博览会 159 年来的历史纪录。

本届世界博览会安排了 22900 多场次的文化演艺活动，平均每天演出 100 场，这一数据也创下了世界博览会历史之最。为成功举办 2010 年上海世博会，有 79965 名志愿者为博览会提供各项服务，如果加上外围和社区工作者，上海世博会的志愿者人数多达 200 万！这同样又是一项世博会的历史纪录！

2010 年上海世博会的主题：城市，让生活更美好（Better City, Better Life），此外还有副主题：城市多元文化的融合、城市经济的繁荣、城市科技的创新、城市社区的重塑、城市和乡村的互动。

上海世博会有来自全球的 189 个国家和 57 个国际组织以及国内各省市区和案例城市参展，园区内有 154 个展馆，分布在 5.28 平方公里的上海浦东、浦西两大园区，总投资达 450 亿元人民币，超过 2008 年北京奥运会，为世界博览会史上最大规模的投资。浦东园区为上海世博会的主园区，标志性建筑为一轴四馆：世博轴、中国国家馆、世博主题馆、世博中心、世博文化中心。世博主题馆又分为城市人居馆、城市生命馆、城市地球馆、城市足迹馆、城市未来馆。各国和国际组织展馆主要分布在浦东的 A、B、C 片区，其中 A 片区主要为中国国家馆、中国省区市联合馆、亚洲联合馆、亚洲国家馆等；B 片区主要为太平洋联合馆、国际组织联合馆、上海合作组织馆、联合国联合馆、国际组织馆、大洋洲国家馆等；C 片区为比利时－欧盟馆、中南美洲联合馆、非洲联合馆、欧洲国家馆、美洲国家馆、非洲国家馆等。企业馆和案例城市馆主要分布在浦西的 D、E 片区。世博园区国家馆、城市馆等主题馆日每天举行丰富多彩的文化和演出活动，真正营造了一个世界人民共享和平盛会的欢乐海洋。

### 案例分析

现场观摩或网上漫游上海世博会，并根据上海世博会主题创意，阐述上海世博会主题思想。

# 第一节　会展与会展活动的含义

## 一、会展业的概念

### （一）会展的含义

会展是会议、展览、活动等社会公共活动的简称，是围绕特定主题在特定时空背景下许多人聚集的交流活动。

广义的会展是会议、展览会、节事活动和奖励旅游的统称，包括各种类型的博览会、展览展销活动、大型会议、体育竞技运动、文化活动、节庆活动、赛事活动等。

狭义的会展仅指会议和展览，简称展会，各类会议、展览会、博览会、交易会、展销会、展示会等是会展活动的基本形式，世界博览会为最典型的会展活动。

欧洲是会展的发源地，会展通常被称为 C&E（convention and exposition）或者 M&E（meeting and exposition），简称会议和展览。

我国的会展很有特色，一般包括会议、展览、活动、赛事，处于会展活动“百花齐放”阶段，尽管不是很规范、很专业，但是很有“欣欣向荣”的景象，尤其是全国各地的节事活动不仅仅是指办“节”，而且也包括办“会”、办“展”和举办各类文体活动。

### （二）会展业的含义

会展业 MICE（Meeting, Incentive，Convention，Exhibition）是国际上一个比较规范的称谓，它是指在一定区域空间，由多个集聚在一起形成的定期或不定期的、制度或非制度的群众性和平活动。这里的 M（Meeting）泛指各类会议（以中小型会议居多）；I（Incentive）指各种促进和激励社会、经济、文化发展的活动，包括奖励旅游、节事活动；C（Convention）特指大会，如国际组织、党派团体、协会机构的年会、代表大会；E（Exhibition）是指各类展览、展示

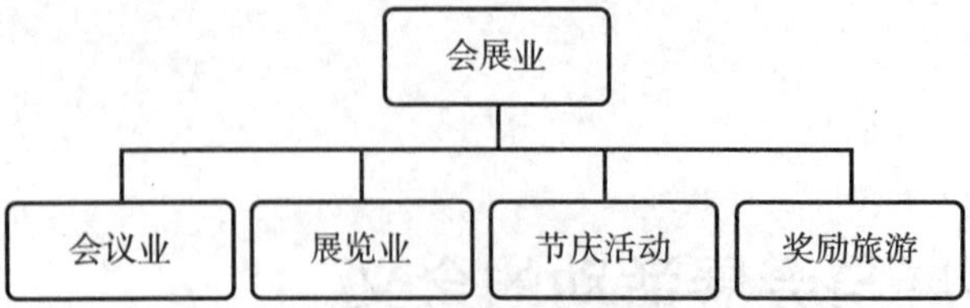


图1-1　会展业的组成

活动（图 1-1）。

我国具有会展业的后发优势，特别是改革开放 30 多年来，我国的会展业发展突飞猛进，据不完全统计，全国 90% 以上的省会城市、60% 以上的地级城市，甚至一些县级市（主要以节庆活动为标志），都打出了发展会展业的口号，各类节事活动更是遍布城乡各地，尤其是地方各类节庆活动表现出“节中展”、“展中会”、“会中赛”、“赛中演”模式，杭州西湖博览会就是由数十项展览、会议、活动项目所组成，“节”、“展”、“会”、“赛”等形式很有中国会展业特色。

会展业是绿色产业，符合节能减排低碳经济的要求，是国际上公认的继旅游、房地产之后崛起的“无烟产业”、“朝阳产业”，作为城市经济的“发动机”和“在城市上空撒钱”的会展业，对城市发展、环境改善、人际关系、促进贸易等产生多方面的重要影响。

## （三）会展产业的含义

会展产业是指由会展活动所引起的相互关联的同类企业的总和（以产品和服务形态表示），包括与会展相关的生产服务企业、协会团体机构、国民经济部门形成的产业体系。通过会展活动可以带动交通、旅游、餐饮、住宿、通信、邮政、商业、物流等相关行业的发展。随着会展业的发展，在国民经济门类中自然会孕育形成一个会展产业体系。

会展活动发展到一定阶段便会形成会展产业。会展产业是我国 20 世纪 90 年代开始高速发展起来的产业。国内外专家认为会展产业对相关产业的拉动作用为 1∶9 或 1∶10，会展产业不仅能带来巨大的经济效益，更重要的是还能带来巨大的社会效益、环境效益，通过发展会展产业，可以同时实现企业微观效益、社会宏观效益、自然环境效益的最大化。因此，会展产业不仅在东南沿海一线城市得到了迅速发展，也受到许多内陆地区和二、三线城市的高度重视。

## （四）会展经济的含义

会展经济是指由会展及相关产业构成的经济范畴（以货币价值形态表示）。会展经济是会展业发展到一定阶段形成的跨产业、跨区域的综合经济形态，是以会展产业为中心、其他相关产业为依托所形成的新兴的经济类型。尽管会展产业的价值形态很难用统计技术和方法进行精确统计（因为往往被统计在其他相关产业中），但是会展经济现象是一种客观存在，是不以人们的意志为转移的客观规律。我国特有的“节”、“展”、“会”、“赛”等会展经济现象，尤其是全国各地层出不穷的节庆活动，为我国会展业发展不断注入活力。通过以节办展、以展促会、以会兴赛（事）、以赛（事）带旅（游），能够带来直接或间接经济效益和社会效益的经济活动，就是会展经济。

### （五）会展业的作用

会展业的作用主要体现在：能够带来直接和间接的经济效益；能够带动相关产业的发展，增加社会就业；是地方经济的“助推器”；能促进经济贸易发展，提高举办城市的知名度；能展示企业形象，引导消费时尚；能传播最新的信息、知识、观念（图 1-2）。

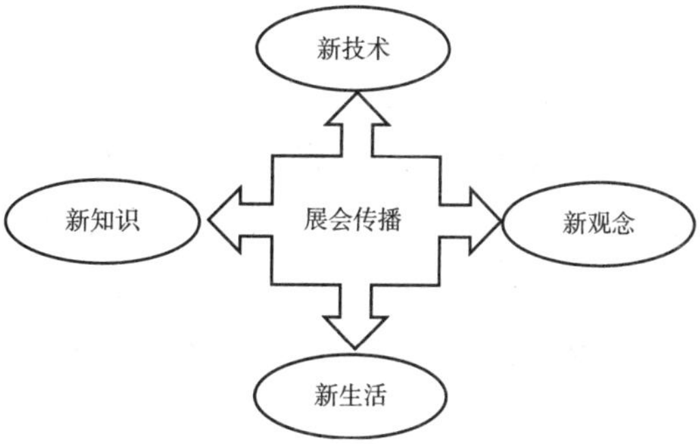


**图1-2　会展业的作用**

会展经济的发展可以带动相关产业如商业流通、饮食服务、广告咨询、金融保险、旅游接待、交通运输、通信网络、礼仪服务、物流服务的发展，另据业内人士测算，每增加 1000 平方米的展览面积，可以创造 100 个就业机会，所以，会展经济的发展无疑为增加社会就业提供了一条有效途径。随着我国经济完成转型，尤其是我国北京、上海、广州等一线城市会展经济发展壮大，我国会展业将以年均递增 20% 的幅度进入快速发展。

## 二、会展活动项目

按照会展业的一般理解，我们把会展活动项目分为会议、展览、活动（主要是节事活动）和旅游（主要是奖励旅游和节事旅游）。对会展业进行如此分类，主要是结合了我国的国情，突出了会展业的中国特色。

## （一）会议

### 1. 会议的定义

指在一定的时间和空间内，为达到一定的目的所进行的有组织、有主题的聚会和议事活动。

### 2. 会议的分类

（1）按会议规模大小分类。分为国际会议、洲际会议、国内会议、地区会议等。国际会议的标准，按 ICCA 规定是参加国家不少于 4 个，外国与会代表占 20%，与会人员总数不得少于 50 名。

（2）按会议组织形式分类。分为大会或年会（convention）、代表会议（congress）、论坛（forum）、专题学术讨论会（symposium）和座谈会（panel discussion）等。

（3）按会议举办内容分类。分为商务会议、展销会议、文化交流会议、度假型会议、专业学术会议、政治性会议和培训会议等。

（4）按会议主办主体分类。分为社会团体会议（政府会议和协会会议）、公司（企业）会议（全国性会议和地区性会议）和其他组织会议（联谊会和交流会）等（图 1–3）。

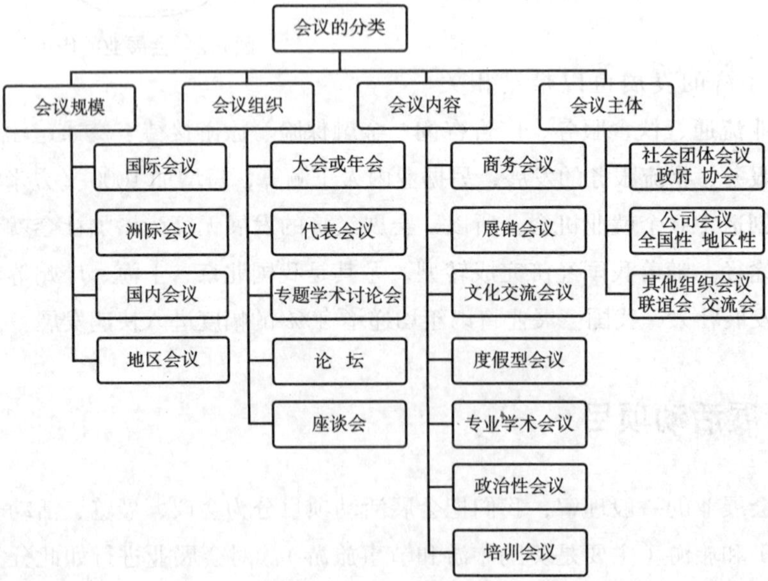


**图1–3　会议的分类**

## （二）展览

### 1. 展览的概念

参展商通过物品或图片的展示，集中向观众传达各种信息，实现双向交流，扩大影响，树立形象，达成交易、投资或传授知识、教育观众等目的的社会公共活动。

### 2. 展览的类型

（1）按展览内容分类：分为综合性展览、专业性展览。

（2）按展览目的分类：分为宣传类展览、贸易类展览（包括综合性展览和专业性展览）。

（3）按展览面向对象分类：分为贸易类展览（业内人士展览）、消费者展览（最终消费者展览）和综合展览（业内人士和消费者两者兼而有之）。

（4）按展品来源分类：分为单边展览、多边展览、世界博览会。

（5）按展览地域分类：分为国内展览、国际展览（出国展览）。

（6）按展览是否营利分类：分为营利性展览和非营利性展览。

（7）按展览时间分类：分为定期展览和不定期展览。

（8）按展览场地分类：分为室内展览、室外展览、网上展览（图 1–4）。

### 3. 展览分类的特征

展览无论按照什么标准进行分类，都反映了以下两个基本特征：

（1）展览的属性特征。展览属性即展览形式，主要从展览的规模、时间、地点等来界定，展览的属性表明展览的性质，是区别展览形式最重要、最基本的特征。

**一是按照展览的专业属性分类**。展览的专业属性是区分展览类型的基本属性。按照展览的专业属性，我们可以把展览分为贸易性质的展览和消费性质的展览。

贸易性质的展览是为制造业、商业等相关行业举办的展览，多以订货会、交易会的形式出现，展览的目的是交流信息、贸易洽谈、投资合作，面向对象主要为生

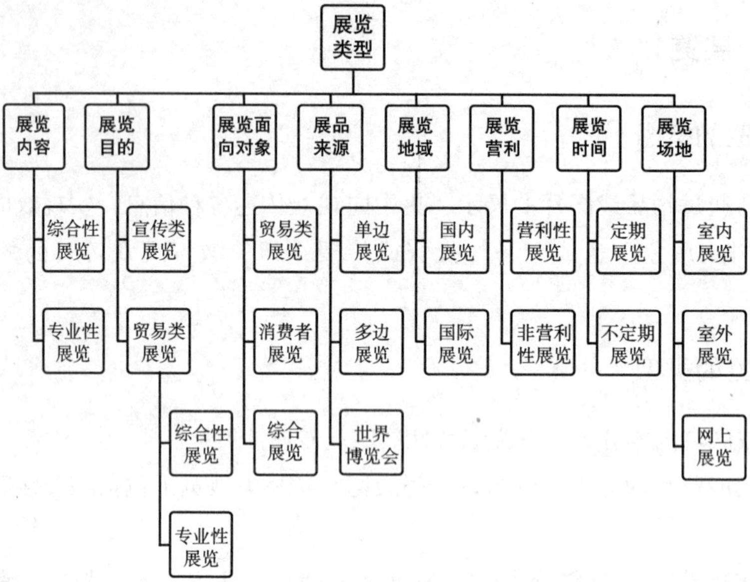


**图1-4　展览的类型**

产商、经销商；消费性质的展览是为社会公众举办的展览，展览的目的主要是直接销售或者以展出消费品为主，一般以展销会、展示会的形式出现，尤其是展销会类型的展览会在发展中国家（尤其是中国）比较常见。一般来说向专业观众开放的展览是贸易性质的展览，对社会公众开放的展览是消费性质的展览，同时具有贸易和消费两种性质的展览被称作综合性展览。当然，现代展览会严格区分贸易性质的展览还是消费性质的展览的界限已经越来越模糊了，一个为期三天的展览，第一天向专业观众开放，后两天一般都会向社会公众开放——因为展览会本身需要扩大社会影响，更需要人气并得到消费者认可。

**二是按照展览的区域属性分类。**展览的区域范围是区分展览类型的重要属性，也是区分展览规模和等级的主要标志。这里所说的展览规模和等级，主要是指展览会的区域范围，而不是我们通常所说的展览面积或展位数量（尽管也是衡量展览规模的重要指标）。展览的区域范围也就是我们通常讲的国际展、国内展、地区展、地方展、企业展……例如中俄文化周期间举办的文化展示活动，尽管展览面积不一定大，展位数量不一定多，但是展览规模和等级却是“国际”的。任何一个展览会都有一个区域范围的重要属性，一个国内展览不能冠以“国际”字样，同样一个地方展览也不能冠以“中国”字样。

**三是按照展览的场地属性分类。**展览举办地点也是区分展览类型的重要属性。一般来说，在专业展览场馆举办的博览会、展览会、展销会、展示会才叫展览，而在专业市场、商业大厦、旅游饭店、城市广场、公园草坪举办的展览就不能称为展览（除非这些地方是专业展览场馆的自然延伸）。大部分展览都是在专业展览场馆举办的，室内场馆多用于展示常规展品的展览会，比如纺织展、电子展等；室外场馆多用于展示超大超重展品，比如航空展、大型设备展等。也有一些例外，例如航空展可以借用机场，起重机械展可以选在码头，游艇展则必须依托港湾。还有一些特殊的流动展览，可以利用飞机、轮船、火车、汽车作为展览会的临时场地，例如家电下乡活动就可以租用大型货车到远郊、乡村进行巡回展销。

（2）展览的本质特征。主要按照展览的内容、所属行业、展品性质来界定，展览的本质特征表明展览的宗旨。

按照展览内容、所属行业、展品性质可以把展览分为综合性展览和专业性展览两类。综合性展览指包括全行业或数个行业的展览会，也被称作横向型展览会，比如工业博览会、农业博览会等，世界博览会是最为典型的综合性展览会。专业性展览指展示某一行业或者某一项产品的展览会，比如钟表展、珠宝展、化妆品展、服饰展等，世界园艺博览会是最为典型的专业性展览会。专业性展览会常常同时举办讨论会、报告会、推介会……用以介绍新产品、新技术等。

相关链接　搜索

### 世界博览会

1. 按照国际展览局规定，世博会按照性质、规模、展期分为两种：综合性（注册类）和专业性（认可类）。

2. 两次综合性展览会的举办间隔期至少为5年，两次综合性展览会的间隔期内可以举办认可类展览会。

3. 综合性世博会展期通常为6个月，展出的内容包罗万象，举办国无偿提供场地。

4. 由参展国自己出钱建立独立的展出馆，展出反映本国的科技、文化、经济、社会的综合成就。对来自欠发达地区的参展国家，主办国有义务提供无偿援助。

5. 专业性世博会以某类专业性产品为主要展示内容，展期通常为 3 个月。

6. 作为国际性大型展览会，世博会的特点是由一个国家的政府主办、举办时间长、参展国家多、展出规模大，以展现当代世界各国政治、社会、经济、文化和科技领域取得的成就。

7. 经过国际展览局注册和认可的只有世界博览会（综合性博览会），世界园艺博览会（专业性博览会）。

8. 无论是举办世界博览会还是举办世界园艺博览会，都是一个国家和地区综合国力和经济实力提升的象征。我国已经成功举办 1999 昆明世界园艺博览会和 2010 上海世界博览会。

9. 2010 上海世界博览会等大型展览会的举办，极大地推动了我国的社会进步、经济发展、文化繁荣，并成为中国和平崛起的重要象征。

## （三）活动

### 1. 活动的概念

“活动”一词的汉语解释：①物体运动、动摇不稳定、灵活不固定；②投机钻营、说情行贿、拉关系走后门；③为达到某种目的而采取的行动。本教材所指的“活动”，是相对于会议、展览来讲的，显然是指“为达到某种目的而采取的行动”。“活动”又称为“事件”（event），“活动策划”相当于“事件管理”，是当前中西方文化交流的重要载体。中文含义下所说的“事件”多见于节事活动策划，相当于我们常说的“节庆活动”，这是中国人与外国人对“事件”一词认知上的差别。

### 2. 活动的分类

人类有组织的活动一般分为两种类型：一类是常规活动，如周而复始、连续不断的日常运作；另一类是非常规活动，如非常规举行的活动，特征是临时性、一次性，而且有清晰的起始期限，其中非常规举行的节庆和赛事活动，就属于活动策划的范畴。在策划实务中我们又可以称之为“活动项目（project）策划”。

相关链接　搜索

杭州西湖博览会严格意义上说并不是一个展览会，而是由数十项会议、展览、活动组成的大型节事活动，每年举办的西湖博览会正式项目、支持项目有100多个，展览会题材包罗万象，完全符合现代节事活动“节中有展”、“展中有会”、“会中有赛”、“赛中有演”的特征，在杭州观光旅游、会展旅游、休闲旅游“三足鼎立”的格局中具有举足轻重的地位和作用，其策划和运作模式在国内会展业发展中别具一格。

杭州西湖博览会项目按照题材分类

| 题材类型 | 活动形式 | 展览会举办实例 |
| --- | --- | --- |
| 商品交易类 | 贸易展、消费品博览会、技术交流会、投资洽谈会等 | 汽车展、农博会、科技合作周等 |
| 文艺演出类 | 演艺秀、广场秀、模仿秀、联欢秀、颁奖晚会等 | 印象·西湖、女装模特秀、Cosplay超级盛典等 |
| 体育竞技类 | 运动会、知识竞赛、武术表演赛、才艺大赛、拳击擂台赛等 | 环西湖长跑、横渡钱塘江、趣味运动会、大胃王比赛等 |
| 旅游休闲类 | 参观、考察、体验、游园、品茶、啤酒节等 | 国际狂欢节、国际观潮节、国际烟花大会等 |
| 文化传播类 | 作品展、摄影展、书市、笔会、培训、文化周、艺术节等 | 书画展、西湖书市、艺术品博览会、小丑嘉年华等 |
| 研讨交流类 | 高峰会、论坛、讲座、研讨会、交流会、报告会、大会等 | 浙商论坛、西湖论剑、网商大会等 |
| 人才开发类 | 招聘会、选秀会、选星、选美等 | 西湖形象小姐、休闲使者、超级女声、足球宝贝等 |
| 民俗活动类 | 庙会、灯会、花会、香会、龙舟赛、斗牛、斗鸡、斗蟋蟀等 | 吴山庙会、观音文化节、祭黄帝陵、祭大禹陵等 |

按照活动的内容和性质分类：

（1）体育运动。体育运动超越社会、种族、语言的界限，成为世界人民沟通的桥梁，也提供了大量就业机会。世界杯足球赛、美国NBA联赛、法国网球公开赛、美国职业棒球联盟明星赛等体育运动，影响已经远远超过比赛本身，而成为现代人们重要的休闲娱乐活动。如今，体育活动不仅数量很多，并且规模越来越大，大型国际体育活动不仅有人数众多的运动员、教练员参加，而且有不少的随队工作人员、记者以及大量的拉拉队队员和观众参加。

（2）娱乐活动。在现代英语中，带有“娱乐”意思的词汇大致有 recreation、entertainment、enjoyment、amusement 等，其中 recreation 侧重于消遣，entertainment 侧重于宴请、招待，enjoyment 侧重于快乐，amusement 侧重于逗乐。由此可见，“娱乐”一词在现代英语中所涵盖的意思是有所侧重的。在现代汉语中，娱乐所包含的意思非常广泛，凡是能让人在“休闲”过程中感到轻松有趣、快乐幸福的一切现象和活动都可以统称为娱乐，习惯上又称为“休闲娱乐”。

（3）文艺演出。近年来各类文化娱乐型的活动如雨后春笋般涌现，比如曾有“上海城市名片”之称的超级多媒体梦幻剧《ERA——时空之旅》，投入数千万元巨资，由国际级大师团队打造，这台国际级大戏在短短 3 个月内演出收入已达 1000 多万元。美国三大电视网之一的全国广播公司为它制作了专题节目，制作人罗宾说：“《时空之旅》，是中国乃至亚洲最好的舞台剧目之一。”杭州有《宋城千古情》和《印象 · 西湖》演出，作为杭州旅游的“金名片”都取得了巨大的成功。杭州西湖博览会、国际动漫节开幕式演出大大丰富了广大市民和国内外旅游者的休闲生活。

（4）商场促销活动。商场促销活动的目的是挖掘潜在客户，获得更多消费者的青睐，使自己的产品体现出与众不同的特色。例如杭州银泰百货“满就送”活动屡试不爽，成为商场促销的不朽传奇。商场营销与促销活动往往以周年庆典或结合传统法定假日展开，媒体关注，社会瞩目，顾客云集，业绩倍增，商场经营活动取得了巨大成功。

（5）节庆活动。节日庆祝活动来自于对生活的热爱，尤其是传统节日，不仅有着悠久的历史，也是一个民族或国家的历史文化长期积淀凝聚的结晶。它的起源和发展是逐渐形成的，潜移默化，慢慢渗入社会生活的过程中。人们通过各种方式，举行各种庆祝活动怀念先人，借以寄托自己的思念，表达自己对朋友、亲人的美好祝愿。

（6）家庭活动。家庭舞会、家庭宴会、婚礼、野外旅行等形式，尤其是新年、圣诞节正是家庭成员聚集的好时机，成为休闲娱乐活动的重要形式。

（7）公益活动。公益活动是以志愿者和义工形式自愿参加、助人为乐的一种社会活动，是锻炼爱心、提升品格、完善自我的重要方式和途径，在欧美发达国家十分普遍和流行。只要你有爱心，就可以在公益活动中得到满足和快乐。正如从事慈善事业为人生最高境界一样，通过公益活动作为理想追求，也是人生的崇高境界。

## （四）旅游

### 1. 旅游的含义

“旅”是旅行、外出，即为了实现某一目的而在空间上从甲地到乙地的行进过程；“游”是外出游览、观光、娱乐，即为达到游玩目的所做的旅行。把“旅”和“游”合起来就是“旅游”。曹菊枝主编的《旅游概论》一书给旅游下的定义是：“旅游是在一定的社会经济条件下产生的一种社会经济现象，是人们以游览为主要目的的非定居者的旅行和暂时居留引起的一切现象和关系的总和。”

会展业的英文简称为 MICE（Meeting，Incentive，Convention，Exhibition），其中的 I（Incentive），通常理解为奖励旅游，由于“Incentive”的原意是“激励”，我们也可以把各类促进社会、经济、文化发展的“节事活动”包括在“Incentive”的含义中，因此，我们把会展业中所说的 I（Incentive）重新定义为能够促进当地社会进步、经济发展、文化繁荣的奖励旅游、会展旅游、节事旅游。奖励旅游主要用于激励员工；会展旅游与会展活动本身相伴而生；节事旅游主要通过节事活动吸引中外游客，并通过事件营销的方式，促进当地会展、活动、旅游业的全面发展。这样表述的奖励旅游才更加符合现代会展业的含义。

### 2. 奖励旅游

奖励旅游（Incentive Travel）的本意，从会展业的角度来理解，主要是用于激励员工的表彰会议（重点是“会议”），是会展业中比较特殊的一种会议形式，多指年终表彰，故又称“年终表彰会议”。这类会议具有奖励、表彰的性质，可以在本地也可以在外地举行，多与旅游活动相结合，所以叫“奖励旅游”。现在则已经从奖励旅游的本义扩展开来，泛指一切机关、企事业单位以旅游为激励手段，奖励或表彰员工团体外出旅游的活动（重点是“旅游”）。

根据国际奖励旅游协会的定义，奖励旅游的目的是协助企业达到特定的目标，并对达到该目标的参与人士给予一个尽情享受、难以忘怀的旅游假期作为奖励，主要奖励那些对公司运营及业绩增长有功的人员。奖励旅游的类型包括：商务考察、会议旅游、教育培训、旅游观光等。例如杭州第一世界大酒店一线员工，只要能评上“优秀员工”就有可能得到奖励旅游，从而成为激励员工努力工作的精神动力。

奖励旅游属于商务旅游的范畴，正是奖励旅游的商务旅游特性，因而成为会展业的重要组成部分，同时也标志着一种新的旅游业态，成为现代旅游业的重要组成部分（图 1-5）。

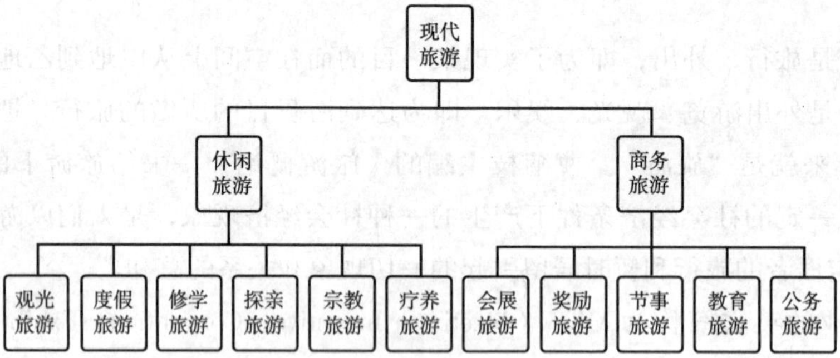


**图1-5　奖励旅游在旅游业中的地位**

### 3. 会展旅游

是指以会议、展览、节庆活动为媒介发展起来的商务旅游方式，是旅游发展过程中出现的一种新的旅游模式，包括游客参加会议、展览、节庆活动以及参加会议、展览、节庆活动后派生出来的旅游观光、娱乐休闲活动等。目前，会展旅游主要是展览会主办方作为会议展览主体活动外的辅助活动或者配套活动进行组织，是会议展览主体活动的延伸活动，说明会展与旅游的关系非常密切，标志着会展旅游产业的蓬勃兴起。

会展与旅游密不可分，尤其是机关企事业单位奖励旅游活动，例如组团考察学习、参加会议、参观展览、游览景区等已经成为现代会展业的重要组成部分。2010年上海世博会期间，许多机关、企事业单位就把组织员工参观世博会作为重要的奖励旅游手段，说明会展旅游本身也是可以用来“奖励”的。

### 4. 节事旅游

节事活动是指“能对人们产生吸引，并有可能被用来规划开发成消费对象的各类庆典和活动的总和”（卢晓编著《节事活动策划与管理》）。节事活动的特性表明节事活动尤其是大型节事活动与旅游目的地吸引力之间的关系十分密切。在节事旅游模式中，节事本身成为旅游吸引物，如巴西狂欢节、西班牙斗牛节、维也纳音乐节、青岛啤酒节、大连服装节等，每年吸引数十万、数百万的游客前来参加，体现了节事旅游强大的生命力。

节事旅游 (event tourism) 是以节事活动作为旅游吸引物的旅游，节事旅游把节庆和赛事作为旅游资源，通过内容丰富、形式多样的各种参与性活动，吸引大量本地居民与外来旅游者，以活动带动一系列旅游消费并吸引投资，促进和带动当地社会经济发展。以节事活动为载体，开展各项旅游活动已经成为我国旅游业界的一大热点与亮点，因而具有广阔的市场前景。节事旅游促进了当地社会进步、经济发展、文化繁荣，其作用要比会展业（MICE）含义中的“incentive”(激励）的含义更全面、更深刻。

在现代旅游和地区经济发展进程中，节事活动和旅游结合形成的节事旅游已经成为一种专项旅游产品，世界各国纷纷将节事活动作为发展旅游业和振兴旅游经济的重要方式。与常规旅游活动相比，节事旅游具有更加显著的社会经济效益。旅游目的地往往把节事活动作为旅游营销的有力手段，把节事活动作为提高国家、地区或城市知名度、保护传统文化、发展旅游业的重要途径。

# 第二节　会展中心经营与管理模式

## 一、会展中心的功能布局

会展中心（Convention and Exhibition Centre）一般交通便利，环境优美，建筑体量大，业态丰富，涵盖现代服务业的全部要素，是现代服务创新发展的源泉。会展中心不仅仅是会议厅、展览馆的概念，还是融餐饮、住宿、展示、聚会、休闲、娱乐、购物、公共服务于一体，建筑面积动辄几万、几十万平方米，密集建筑群形成的商业服务业综合体。即使会展中心自身没有餐饮、住宿、娱乐、购物等方面的配套，会展中心周边也必然有完善的大配套，因此，会展中心及其周边地区一般都是城市典型的中央商务区 CBD。浙江世界贸易中心及比邻的黄龙饭店、黄龙体育中心等周边地区就是杭州“黄龙商圈”高档商务区（图 1–6）。

**展览部分**。包括展览厅、展示厅、演示厅等。展览厅是会展中心的主体建筑，是举办展览会项目的主场馆，按照展览厅楼层和方位可以分为 A 馆、B 馆、C 馆等；展示厅主要用于长期展览或陈列，场馆方可以用于长期出租或展期临时租用；演示厅面积比较小，可以作为会议厅、演讲厅等功能使用。展览厅也可以分隔成若干个演示厅，供参展方在规定的时间段使用。

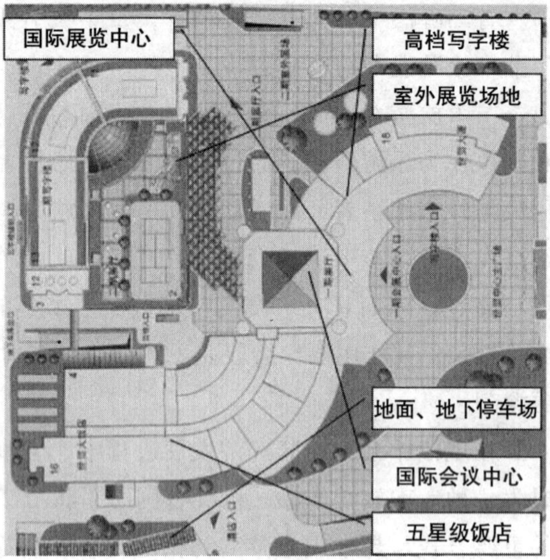

图1-6　浙江世界贸易中心主要功能区块

**会议部分**。包括多功能厅、中型会议厅、组合式小型会议厅、贵宾厅等。多功能厅一般与高星级饭店配套建设，高星级饭店的多功能厅既可以用于举办论坛、产品推荐、时装表演等，也可以用于举行宴会、招待酒会等，有的还可以根据展览会需要进行大小分隔。中小型会议厅也可以结合高星级饭店建设进行合理布局，一般高星级饭店都会建有数个甚至数十个大小会议厅。

**室外场地部分**。包括室外展览场、室外广场、停车场（地面和地下）等。室外展览场一般以光地形式出租，价格相对便宜，但必须一定面积以上（如 36 平方米）起租。室外广场除可以用于展示展品，还是城市举行广场活动和市民休闲娱乐的好地方。地面、地下停车场建设非常重要，尤其是大型展览会必须预留足够的停车位。会展中心的停车场建设应当尽可能超前思维，留有余地。中国义乌国际商贸城就很有战略眼光，三期工程仅汽车停车位就达 4000 多个。

**展览辅助场地**。包括主入口大厅、展厅门厅、餐厅和厨房、展览工程制作场所、展品仓库、商务用房、设备用房等。主入口大厅、展厅门厅是展览会项目的门面，尤其是大型会展必须保持通畅、保证安全，主入口大厅附近一般有贵宾休息厅，用以接待重要贵宾。展览辅助用地要尽量考虑充分、便利，尤其是展品仓库用房等要尽可能满足参展需要。

**会议辅助场地**。包括接待大堂、茶吧区、休息区、工作间等。会议厅以及通道保持宽敞、畅通，方便与会代表参会、休息，会议厅回廊要留有茶吧区的位置，方便与会代表会间茶歇、交流。

## 二、会展中心的经营管理

### （一）国际会展中心的经营管理模式

#### 1. 垂直管理模式（德国模式）

垂直管理模式即政府主导模式，主要以德国为例。

具体运作模式：政府首先投资建立宏大的展馆设施，在确定产权归属国有的前提下，不直接参与展馆的日常运营，而是以长期租赁或委托经营等形式把展览会有关的经营管理权授让给德国大型的国际会展公司，政府的职责主要体现在对行业的宏观调控方面。德国会展公司在获得国有展馆经营管理权后，便扮演着展馆经营管理者和会展项目组织者的双重角色。会展公司在成功组织会展项目后，便将所有的会展服务委托给会展服务公司实施，会展服务公司将根据与会展组展公司签订的合同，以专业化服务能力为参展商、参观者提供周到的会展及配套服务。几十年来，德国会展业能在世界一直独占鳌头，很大程度上归功于政府主导会展业发展运作模式的成功实践。

#### 2. 综合管理模式（法国模式）

综合管理模式即政府与市场相结合的模式，主要以法国为例。

具体运作模式：法国会展委员会（CFME-ACTIM）代表政府行使宏观管理权，除了制定有关的管理制度、组织人员培训外，还负责会展经费的预算和支配，每年2月份开始准备下一年度的工作方案，讨论选择参展的题目、国家地区和预算计划，并要听取所涉及国家的大使馆经济处的意见和相关企业的意见，6月份向分管部长提出报告，7月份在讨论全年预算中拍板决定。在具体会展项目中，会展公司与服务公司签订合同，将会展服务工作委托给各会展专业服务公司代理，最终完成会展的操作。在管理模式及运作体系中，政府扮演重要角色，投资兴建展馆设施，制定相应法规和经营规则，以经济合同方式委托专业公司经营管理会展场馆（不参与项目运作），而会展项目由会展公司负责经营，以保障国有投资收益，促进市场竞争，保护会展公司、参展商和参观者的权益。因此，法国是由政府和市场相结合主导发展会展业的模式。

### 3. 水平管理模式（美国模式）

水平管理模式即市场主导模式，主要以美国为例。

具体运作模式：由美国国际会展管理协会（IAEM）制订组展、办展的整体规划，对会展行业内的重大项目进行前期认证。而会展项目基本不需要美国政府审批，完全由市场来主导、协调。美国商务部对此实施后续的审核、认证，对会展组织工作进行监督和指导。

### 4. 中国香港模式

由政府投资兴建会展中心，每年按会展中心营业额的 3% 向政府交纳土地使用金，会展中心由专业展览公司经营。

## （二）国内会展中心的经营管理模式

中国内地会展业崛起于 20 世纪 90 年代，深受中国改革开放大环境影响，其时正是中国学习借鉴欧美尤其是德国、法国、美国发展会展业管理经验的重要时期，作为经济转型时期的必然产物，中国国内会展中心也包括了以上各种模式。例如浙江展览馆是国有国营；浙江世界贸易中心最早仿照中国香港模式；杭州和平会展中心则由杭州下城区成立和平会展中心管理委员会负责管理。

归纳起来，中国内地会展中心经营管理模式有：

**政府投资，政府经营的模式**。会展中心产权归政府所有，授权国资企业或国营企事业单位经营。这种模式市场化程度不高，经营管理相对落后，社会效益高于经济效益。例如浙江国际会议展览中心（又称“浙江省人民大会堂”）是国家事业单位，会展场馆首先满足省人大、省政协举办的会议所需，在省委、省政府不开会的时候也可以面向社会进行出租。中国国际展览中心由中国政府投资，委托中国国际贸易促进会（隶属于国家商务部）经营管理。

**民间投资，企业经营的模式**。该模式市场机制灵活，运营手段先进。但由于会展中心投资巨大，建设周期长，资金回收慢，企业经营蕴涵着极大的风险，如果没有很强的经济实力和庞大的产业群支持是难以为继的。如中国义乌小商品城会展中心由义乌商城集团投资建设，杭州国际会展中心（又称“杭州汽车城”）由杭州海外海集团投资建设，这些集团都有很强的经济实力，且多以国有资本为主。到目前为止，国内完全由私人资本（民营资本）投资建设会展中心的项目还不多见。

**政府扶持，联合经营的模式。**政府提供优惠政策扶持（如土地划拨、税款减免），或授权国资单位（如财务公司）代表政府出资，联合组建经营管理班子，会展中心产权属于政府或合资企业，会展中心运营由经营管理公司负责，所有权与经营权适当分离，基本上实行契约化、企业化管理；会展项目主要通过市场化、商业化运作。这是我国会展经营管理体制深化改革的产物。这种模式机制灵活，体制先进，基本接近德国模式。如浙江世界贸易中心除了高档写字楼和会议厅继续由世贸大饭店出租外，展览场馆则委托给浙江中博展览集团经营管理（租赁经营）。

**投资合作，股份经营的模式。**推行现代企业制度，实行董事会领导下的总经理负责制，风险共担、利益均沾，会展中心通过投资合作的方式实行股份经营，合作各方都是平等的投资主体（而非强势地位的政府）。如德国杜塞尔多夫展览公司以参股方式参与上海新国际博览中心的经营管理。随着我国市场经济的不断完善，国际国内专业展览公司以控股、参股的形式介入，投资合作，股份经营的模式会越来越多。具体包括股份制投资建设会展中心和股份制组建会议展览公司两种基本形式，前者所有权与经营权统一，后者所有权与经营权分离。从发展大趋势上来看，会展中心所有权与经营权分离的经营管理模式会更有生命力。

# 第三节　会展中心智能化、信息化管理

## 一、会展中心 5A 智能化设计

熟悉和了解会展中心的智能化系统，可以更好地运用会展中心的硬件设施和软件环境，寻求最佳的会展效果。例如举行国际会议必须具备同声传译，同声传译有两道（中、英）、四道（中、英、法、德）、六道（中、英、法、德、日、西）之分，会议主办方就需要物色适合的国际会展中心，并尽可能充分利用该国际会展中心的同声传译系统，而无须另行租赁同声传译设备，这样可以大大提高国际会议的效果。会展中心的智能化系统简称“5A”：

- 通信智能化系统（Communication Automation System，简称 CA）；
- 办公智能化系统（Office Automation System，简称 OA）；
- 设备智能化系统（Building Automation System，简称 BA）；
- 消防智能化系统（Fire Automation System，简称 FA）；
- 安保智能化系统（Safe Automation System，简称 SA）。

现代会展中心一般都符合 5A 智能化的要求，正是由于会展中心的智能化设计，再加之建筑宏伟、造型奇特，因此一般都成为当地的标志性建筑，如海鸥状的香港会展中心。

**通信智能化**。它是楼内的语音、数据、图像传输的基础，同时与外部通信网络（如公用电话网、综合业务数字网、计算机互联网、数字通信网及卫星通信网等）相连，确保信息相通。主要包括电话通信系统、计算机网络系统、卫星通信系统、有线电视系统、闭路电视系统、无线通信系统、公共广播系统、会议音响系统、同声传译系统等。

**办公智能化**。办公智能化系统是应用计算机技术、通信技术、多媒体技术和行为科学等先进技术，使人们的部分办公业务借助于各种办公设备，并由这些办公设备与办公人员构成服务于某种办公目标的人机信息系统。主要包括物业管理运营系统、办公信息自动化管理系统、信息采集发布系统、网络管理系统、智能卡管理系统等。

**设备智能化**。将建筑物或建筑群内的电力、照明、空调、给排水、防灾、安保、车库等设备或系统，以集中监视、控制和监理为目的，构成综合系统。

**消防智能化**。可将火灾报警器输出的报警信号传送给建筑物设备监控系统或智能化集成系统的监控中心，火灾报警与消防联动控制系统按消防部门要求独立运行。主要包括自动烟感系统、自动淋喷系统、自动报警系统等。

**安保智能化**。根据被保护对象的风险等级确定相应的防范级别，满足整体纵深防护和局部纵深防护的要求，以达到所要求的安全防范水平。包括入侵报警系统、出入口控制系统、巡更系统、停车库（场）管理系统等。

**综合布线系统**。综合布线系统（Generic Cabling System，简称 GCS），就是将

以上 5A 智能系统通过综合布线系统进行集成。综合布线系统使建筑物或建筑群内部的语音、数据通信设备、信息交换设备、建筑物物业管理及建筑物自动化管理设备等系统之间彼此相连，也能使建筑物内通信网络设备与外部的通信网络相连，在开放标准的硬件和软件平台上，实现各有关系统之间可相互操作和资源共享，形成一个综合化的管理系统。

## 二、会展信息管理系统

随着现代科技突飞猛进和安全反恐的需要，会展中心与现代科技的联系更加紧密。会展活动项目在 5A 智能化设计的基础上，与会展信息管理系统进行嫁接，大大提高了会展专业化管理水平。例如会展业务系统引入欧洲最先进的展览会观众登记统计管理系统，利用互联网优势实现展览会的数字化建设和服务。该系统根据国际会展的特点，将场馆方、主办方、参展方和参观观众等四块资源整合在一起，围绕展前、展中和展后三大块业务，利用现代化的高科技手段，最终实现展览的智能化、国际化、标准化、电子化和程式化管理。

**展前管理**。建设展览会的互联网商务平台，发布展览会信息，有效利用网络优势进行展览会推广、展览会招商、展位预订、服务合作、服务预订、参展商信息发布、网上观众预订、网上调研等，创建基础数据库，采用三层结构的应用管理，展览会后台简单的操作页面便于进行管理维护。主要模块功能包括展览会项目管理系统、展览会网站建设系统、网上展位预订管理系统、邀请函参展手册发放管理系统、展览会新闻信息发布管理系统、展览会网上调研系统、展览会网上论坛管理系统、展览会网上招商管理系统、网上门票预订管理系统、展览会组织服务管理系统、参展商服务管理系统、展览会会议论坛管理系统等。

**展中管理**。展览会现场门禁系统、安全管理、新闻报道、信息发布，展览会现场图片直播、摄像直播，展览会现场观众登记统计分析、观众条码识别胸卡制作、观众信息识别管理，参展商统计信息发布、观众统计信息发布等。主要模块功能包括现场观众登记管理系统、展览会现场网上新闻发布管理系统、展览会现场网上直播管理系统等。此外，还包括展览会现场服务功能，例如观众登记展览会信息处理、现场录入、打印、识别设备服务、观众条码识别胸卡制作、展览会现场网上新闻发布、展览会网上直播、视频制作、会议论坛策划服务、参展企业网上路演、网上展览会制作、电子会刊制作、网上发布展览会会刊、参展企业介绍及大会会刊光盘制作、展览会现场销售发放等。

*展后管理*。对数据库展览会信息资源整理、展览会信息资源数据库提交、展览会信息资源详细统计分析、展览会成本效益统计分析、网上展览会系统管理等。主要模块功能包括展览会信息统计管理系统、网上展览会发布管理系统、企业邮局管理系统等。该系统还具有展览会统计决策支持功能，包括参展商统计分析查询、观展商统计分析查询、展馆统计分析查询。按照一定的特征指标，展览会结束该系统还可以自动生成展览会总结效果评估（图 1-7）。

随着互联网时代的到来，会展中心与会展项目的现代化管理手段还将不断推陈出新，未来会展业发展也将进入实体会展与虚拟会展并存的时代，浙江中博展览集团借鉴阿里巴巴 B2B 电子商务平台的做法，从 2008 年开始创建了网上永不落幕的博览会——杭州网展，完全模拟实体展的做法，利用 3D 技术，虚拟展览会，进入网站，展位和展品栩栩如生，参展商参展与观众观展场景完全做到模拟，并可以即时洽谈贸易，参加网展展位一年有效，而参展费用只要 3000 元 / 展位，具有参展费用低廉、持续时间久远、展商互动紧密的优点，大有取代实体展之势。展望未来，永不落幕的博览会——网展，完全有可能成为互联网时代的主要平台之一。

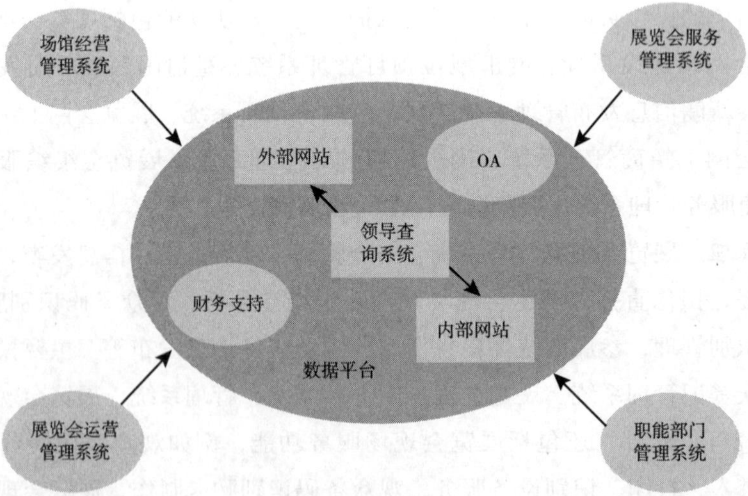


**图1-7　基于互联网和办公自动化的展览会信息管理系统**

# 第四节　国内外会展业管理机构

熟悉会展业管理机构和会展业管理国际惯例、准入制度，有利于我们按照正确的思路策划运作科学可行的会展活动项目。例如策划国际展（外展）必须与相关国际组织和国家商务部、中国国际贸易促进会等保持密切联系，并得到相关批文；国内展（内展）则一般与中国商业联合会、各主管部门和行业协会、地方会展业协调（管理）机构联系更加紧密，并接受当地工商行政管理部门现场监管。

**国际展览局**。国际展览局（Bureau International des Expositions，简称 BIE）为国家政府间组织，1928 年成立，总部设在巴黎，成员为各缔约国政府。在该机构决定世博会举办国时，各成员国均有一票。截至 2010 年 5 月 1 日，国际展览局成员国共有 157 个。经国务院批准，并获国际展览局确认，中国国际贸易促进会以国家名义于 1993 年 5 月 3 日正式申请加入国际展览局，并于 1993 年 12 月当选为该局信息委员会会员。按照国际展览局《国际展览公约》规定，世界博览会按性质、规模、展期分为注册类（综合性）世界博览会，展期通常为 6 个月，每 5 年举办一次，如 2010 年上海世界博览会；一种是认可类（专业性）世界博览会，展期通常为 3 个月，在两届世界博览会之间举办，目前只有世界园艺博览会。

**国际展览联盟**。国际展览联盟（原为法文 Union des Foires Internationales，后改为英文 Union of International Fairs，简称 UFI）于 1925 年在意大利米兰成立，并将总部设在法国巴黎。在 2003 年 10 月 20 日开罗第 70 届会员大会上，该组织决定更名为全球展览业协会（The Global Association of the Exhibition Industry，仍简称 UFI）。它是迄今世界博览会和展览会行业最重要的非政府国际性组织。参加全球展览业协会有两种方式，一是成员单位（展览公司），二是成员项目（由国际展览联盟所认证的展览会），截止到 2009 年 6 月底，有来自 75 个国家 172 个城市的 300 多个会员，全球展览业协会会员每年举办 4000 多个国际、国内及地区性展览会或贸易博览会，总展出面积超过 5000 万平方米，参加这些展览会的参展商超过 100 万，观众人数超过1.5亿。经过全球展览业协会认证的国际性展览会近1000个，我国经其认证的国际性展览会达75个，其中内地56个，港澳地区16个，台湾地区3个。获得全球展览业协会认证标志着这些成员在本国博览会/展览会行业中均占据领先地位，一旦博览会/展览会名称与通过全球展览业协会认证联系在一起，即被认为是高品质展会的象征。全球展览业协会认证国际展览会的标准：展览面积2万平方米以上，国外展商20%以上，国外观众4%以上。

尽管有越来越多的非欧洲地区展览公司及机构申请加入国际展览联盟，但如今来自欧洲的会员仍占总会员数的70%，已获国际展览联盟认可的展览会也有80%是在欧洲境内举办的。获国际展览联盟认证展览会最多的8个国家，除中国外全部是欧洲国家，这8个国家被国际展览联盟认可的展览会数要占世界的2/3。尤其是拥有全球较大规模的美国展览界至今还没有一个展览会与国际展览联盟发生联系（主要是美国展览认证自成体系），这在一定程度上淡化了国际展览联盟的国际性色彩。

**国际展览管理协会。**国际展览管理协会（International Association for Exhibition Management, 简称IAEM）成立于1928年，总部设于美国达拉斯。该协会与国际展览联盟在国际展览界均享有盛誉，被认为是目前国际展览业最重要的行业组织，两者现已结成全球战略伙伴，共同促进国际会展业的发展与繁荣。国际展览管理协会以促进国际展览业的发展与交流为己任，每年定期举办国际展览界的交流合作会议、短期提高课程及专题会议，出版相关刊物和买家指南，提高展览组织者的管理水平。目前中国内地有近10家专业展览机构获准成为国际展览管理协会会员，但其中绝大部分是大型会展中心，专业展览公司只有寥寥几家。该机构还是国际会展经理培训及其资格认证（CEM）机构，获得CEM会展经理资格认证具有很高的权威性。

**国际会议组织。**国际会议组织（International Congress & Convention Association, 简称ICCA）1963年成立于荷兰阿姆斯特丹，是最主要的国际会议机构之一，拥有76个成员国家，是会展服务业的全球化非政府组织。我国上海国际会议中心和北京国际会议中心等是该组织成员。按照国际会议组织关于“国际会议”的定义，参加国超过4个，参会外宾超过50人即为国际会议，按照国际会议的标准，全球每年举办的国际会议超过40万个。

**中国国际贸易促进会。**中国国际贸易促进会（China Council for the Promotion of

International Trade，简称“中国贸促会”）成立于1952年5月，为中国经济贸易界有代表性的人士、企业和团体组成的全国民间对外经贸组织。宗旨是遵循中华人民共和国的法律和政府的政策，开展促进对外贸易、利用外资、引进外国先进技术及各种形式的中外经济技术合作等活动，促进中国同世界各国、各地区之间的贸易和经济关系的发展，增进中国同世界各国人民以及经贸界之间的了解与友谊。中国贸促会受国家商务部委托或会同国家商务部管理国内（境内）举办对外经济技术展览会（国际展览）的审批工作，并代表国家参加世界博览会和世界园艺博览会。经中国政府批准，中国贸促会于1988年6月组建了中国国际商会（China Chamber of International Commerce，简称CCOIC）。

中国贸促会、中国国际商会已同世界上200多个国家和地区的工商企业界建立了广泛的经贸联系，与300多个对口组织签订了合作协议，并同一些国家的商会建立了联合商会；同时，中国贸促会还在16个国家和地区设有驻外代表处。在国内，中国贸促会、中国国际商会在各省、自治区、直辖市建立了50个地方分会、600多个支会和县级国际商会，还在机械、电子、轻工、纺织、农业、汽车、石化、商业、冶金、航空、航天、化工、建材、通用产业、供销合作、建设、粮食、矿业、煤炭、物流等部门建立了20个行业分会，并对中国对外服务工作行业协会予以指导。目前有全国会员企业近7万家。

**中国商业联合会**。1994年经民政部注册登记的具有社团法人资格的全国性行业组织，由从事商品生产、商品流通业、饮食业、服务业的企业或企业集团和各级商业联合会（商业总会、商业行业协会）、全国性专业协会和其他类型的中介组织及从事商品流通活动的个人自愿组成。现有直接会员1500多家，间接会员7万多家。中国商业联合会在促进商品流通和举办各类商业会展活动方面发挥了重要作用。按照《中国商业联合会会展活动管理暂行办法》（2003年3月），各类商业会展活动是指在境内外举办（主办、承办）的各类商品、饮食服务、商业、科学技术展览会、展销会、博览会、交易会、展示会等活动（简称“会展活动”）。从2010年6月份起，国内展览取消了工商行政管理部门审批制度，但仍需接受当地工商的现场监管。

**地方会展业管理机构**。随着我国会展业的迅速发展，北京、上海、广州、大连、宁波、杭州、温州、义乌等地都相继成立了会展业管理机构，有的简称为会展办、有的简称为节展办，并出台了地方性会展业管理法规（行业自律公约）。上海为举办世博会专门成立了世博会协调局。杭州为举办西湖博览会专门成立了西博办，并与杭州会展业管理协调办公室合署办公。杭州西湖博览会组委会办公室（杭州会展业管理协调办公室）是杭州市会展业管理的协调机构，在杭州举办的相关会展活动特别是国际性、全国性大型会展活动也可以在西博办注册或备案。按照杭州西湖博览会项目管理办法，国际性展览项目必须有500个以上国际标准展位，其中，境外客商展位比重占20%以上，专业客商参观人次在1万人次以上，且境外专业客商比重占20%以上，有具备举办国际展览资质的机构参与项目承办，并获得举办国际展览的相关批文。国际性会议项目，参加会议的代表需来自4个以上国家或地区，境外代表人数在50人以上，有国内外权威机构参与主办并获得举办会议的相关批文或确认书。

## 本章小结

会展、会展业、会展产业、会展经济、会展业管理等相关知识，一般来说在《会展概论》等教材已经有详细介绍，《会展策划与管理》教材仅是作为铺垫和引用，要求学生一般性掌握和回顾性学习。

随着现代科技的迅速发展，会展活动项目要善于运用会展中心智能化设计和基于互联网技术的会展信息管理系统，尤其是会展活动项目管理、现场管理、场馆管理等要善于充分利用会展场馆的智能化设施，把会展活动办得更好。有效利用会展信息管理系统计算机软件，是中小会展公司迅速崛起的重要手段，一个成功的会展企业和会展经理人，要做科技的带头人、排头兵，通过运用会展信息管理系统在会展竞争中立于不败之地。

会展业的分类，包括会议的分类、展览的分类、活动的分类等，本教材主要利用了一些图表，可以从图表中一目了然地进行区别，各类型内容点到为止，主要为会展活动策划提供观察问题、分析问题、解决问题的独特视角和路径。

通过本章知识的学习，了解和掌握会展和会展活动策划的基本要求，会议、展览、活动的基本分类，会展中心功能区块的构成，利用会展中心的智能化设计灵活运用会展信息管理系统，借助国内外会展业管理机构提升办会、办展、办节的专业化、国际化水平。

# 思考与训练

## 一、名词解释

会展业　　节事旅游　　展览会主题

会展活动项目　　国际展览局

## 二、填空题

1.由会展活动所引起的相互关联的同类企业的总和叫______。

2.按国际会议组织规定，国际性会议参加国家不少于___个，外国与会代表占%，与会人员总数不少于___名。

3.按________分为贸易展览（业内人士展览）、消费者展览（最终消费者展览）和综合展览（业内人士和消费者两者兼而有之）。

4.“活动”又称为“事件”，在我国主要是指“__________”。

5.______是指以会议、展览、节庆活动为媒介发展起来的商务旅游方式。

6.国际展览联盟认证展览会的标准为：展览面积________平方米以上，国外展商____%以上，国外观众_____%以上。

## 三、选择题（单选题）

1.国际展览行业最重要的专业性非政府国际性组织是____。

A.国际展览局　　B.国际会议组织

C.国际展览联盟　　D.国际展览管理协会

2.具有国际会展经理培训及其资格认证的国际会展业管理机构是____。

A.国际展览局　　B.国际会议组织

C.国际展览联盟　　D.国际展览管理协会

3.2010上海世博会的主题是____。

A.城市，让生活更美好　　B.人与自然

C.同一个世界，同一个梦想　　D.休闲——改变人类生活

4. 由会展活动所引起的相互关联的同类企业的总和叫____。

A. 会展活动　　B. 会展行业　　C. 会展产业　　D. 会展经济

5. 按照展览的专业属性，我们可以把展览分为____。

A. 贸易展和消费展　　B. 国际展和国内展

C. 综合展和专业展　　D. 纵向展和横向展

6. 我们把以节事活动作为旅游吸引物的旅游称为____。

A. 奖励旅游　　B. 节事旅游　　C. 会展旅游　　D. 商务旅游

7. 我们把以政府为主导的会展中心经营管理模式称为____。

A. 垂直管理模式　B. 综合管理模式　C. 水平管理模式　D. 政府管理模式

8. 会展中心人机智能化设计主要是指____。

A. 通信自动化系统　　B. 办公自动化系统

C. 设备自动化系统　　D. 防火自动化系统

## 四、判断题

1. 会展是围绕特定主题在特定时空背景下许多人聚集的交流活动。(　)

2. 按照展览内容、所属行业、展品性质将展览分为贸易性展览和消费性展览两类。(　)

3. "节中展"、"展中会"、"会中赛"、"赛中演"是我国节事活动的一大特色。(　)

4. 我国展览会实行审批制，会议可以随便举行，活动方案不需要报批。(　)

5. 杭州西湖博览会是一种创新办展（会）的新模式，办展（会）模式值得肯定。(　)

6. 杭州会展业管理协调办公室是地方性会展业管理协调机构。(　)

7. 水平管理模式即市场主导模式，主要以德国为例。(　)

8. 通过互联网虚拟展览会，模拟实体展览的做法，打造永不落幕的博览会，称为"网展"。(　)

## 五、简答题

1. 简述按展览的专业属性分类。

2. 简述按展览的内容形式分类。

3. 简述会展信息系统的展中管理。

## 六、案例分析

### 2010 上海世界博览会案例

（案例见 2 页“2010 上海世界博览会”）

根据上述案例回答如下问题：

根据导引案例，现场观摩上海世博会或网上漫游上海世博会，并根据上海世博会主题创意，阐述上海世博会的主题思想。

### 广东东莞家具展案例

东莞的家具出口占全国的一半。“中国家具看广东，广东家具看东莞”的说法传遍大江南北，而到了今天，随着中国家具制造业大国地位的确立，再加上一句“世界家具看东莞”也不为过。因为全国知名家具品牌有 70% 出自东莞。曾经以腊肠出名的厚街如今是国际家私城和绵延数百米的家具一条街。据有关数据显示，中国内地现有家具制造企业 6 万多家，广东占 1/10，而东莞有 2000 多家，一个厚街镇就有大大小小的家具企业 400 多家。东莞家具企业的密度之大，其他地区难以望其项背。厚街的产品主要销往国内市场，与大岭山的港台企业瞄准国外市场遥相呼应，东莞的家具业是内外通吃。

根据上述案例回答如下问题：

根据案例补充完善东莞国际家具展方面的相关资料，并与国内外家具展览项目相比较，分析其市场竞争优势。

## 七、实践与训练

实训题：国内外会展管理模式比较分析，并对中国会展业发展提出建议（经验借鉴）。

# 第二章 会展活动策划原理与方法

强调会展策划过程创意思维训练的重要性，把点子、创意、系统、整合原理、方法等进行有机联系。通过学习会展活动策划基本原理和方法，从培养“会展人”尤其是会展策划人的高度，激发创意，丰富联想，整合策划，为开展会展活动管理打下坚实的方法论基础。

本章内容为本教材的重要基础，是会展策划与管理的方法论模块，重点是对会展策划的理念、原理、方法、步骤等进行系统性介绍。章节内容安排由浅入深，从点子、创意、系统、整合论述入手，深入介绍创意思维、主要原理、策划流程等。

## 学习目标

### 方法能力目标

重点掌握会展策划的基本原理和方法，并能运用这些原理和方法具体问题具体分析；学会正确思维，创意策划，努力培养观察问题、分析问题、解决问题的能力。

### 专业能力目标

通过本章知识的学习，以“会展人”的眼光，从会展专业角度，认真学习和领会会展策划的基本原理、基本方法和基本流程等，并能熟练运用会展策划基本原理和方法解决会展活动项目的实际问题。

### 社会能力目标

理论联系实际，多方面观摩和学习当地标志性会展活动，收集该会展活动策划总体方案或配套活动方案，熟悉该会展活动策划的主要手法；联系本校园实际，创新办会，科学组织，以班组或寝室为单位策划一项在校园举行的会展实验活动——夏令用品展销会（上半年）或圣诞礼品展览会（下半年）。

案 例

## 2010中国（杭州）国际动漫节

2010中国（杭州）国际动漫节于4月28日～5月3日在杭州世界休闲博览园举行。本届动漫节以“动漫的盛会，人民的节日”为宗旨，以“动情都市，漫优生活”为主题，为期6天的动漫节共吸引了38个国家和地区的80多万人次参与，参展322家中外企业，包括了内地多个国家动画基地，以及来自美国、加拿大、英国、意大利、葡萄牙、日本、韩国及中国港澳台等14个国家和地区的企业。举行了包括开幕式暨“美猴奖”颁奖晚会、动漫产业博览会、动漫产业高峰论坛、国际动画片交易会、动漫产业项目投资洽谈会、2010中国Cosplay超级盛典等49项会展及相关活动。业内人士评价，中国国际动漫节已成为目前世界上规模最大、人气最旺、内容最丰富的动漫盛会。2010中国国际动漫节上，共有签约项目35个，成交金额55.3亿元，现场交易额10亿元。累计成交金额超过65.3亿元。

本届动漫节会聚了亚洲、欧洲、美洲、大洋洲、非洲等五大洲动漫机构参展，共有来自47个国家和地区的动漫企业参会，在全球范围内第一次实现了五大洲动漫机构的聚会，国际化水平进一步提升。国内动漫界企业更是纷纷组团参加。动漫节上的名人也很多，有世界动画协会主席尼尔森·申，美国梦工厂动画视觉特效总监菲利普、动画总监鲁道夫，日本漫画家藤岛康介，台湾漫画家蔡志忠、朱德庸、萧言中，香港漫画家黄玉郎、马荣成等。

作为本届动漫节的“重头戏”，动漫产业博览会调整场馆布局，展示内容涵盖形象设计、动漫制作、作品播出、产品研发、人才教育等多个环节；增设了漫游生活馆等互动环节，举办4D电影展映，台湾霹雳布袋戏表演、袖珍人皮影戏表演，邀请现场观众与迪士尼卡通明星进行3D乒乓球大赛，还有历代变形金刚展、Hello Kitty展，以及来自日本的宫崎骏、天野喜孝等著名漫画家的2000多件珍品展，让动漫迷一饱眼福。

本届动漫节还特邀国内知名美女漫画家夏达为“中国国际动漫节形象大使”，夏达从高中开始创作漫画，《米特兰的晨星》、《同类》、《游园惊梦》、《四月》、《子不语》上市发行后很受动漫爱好者的欢迎。美女夏达也像动漫卡通形象一样充满梦幻和神奇，成为2010中国国际动漫节策划的一大创新和亮点。

### 案例分析

联系国际动漫节的相关活动，谈谈2010中国（杭州）国际动漫节主题、内容、形式策划创新思维。

# 第一节　策划与会展活动策划

## 一、策划的起源

古语说“凡事预则立，不预则废”，又说“未雨绸缪”，讲的就是要进行预先计划、事先谋划的意思。这种预先计划、事先谋划就是策划。中国古代军事策划非常注重“运筹于帷幄之中，决胜于千里之外”，可见预先计划、事先谋划的重要性。

### （一）策划的概念

策划就是策略、谋划，是为达到一定的目标，在调查、分析有关材料的基础上，遵循一定的程序，对未来某项工作或事件事先进行系统、全面的构思、谋划，制订和选择合理可行的执行方案，并根据目标要求和环境变化对方案进行修改、调整的一种创造性活动过程。

### （二）策划的学说

#### 1. 策划的“程序”说

策划是一种程序，在本质上是一种运用脑力的理性思维行为。策划是针对未来要发生的事情做当前的决策，即找出事物因果关系，衡量或者度量未来可采取的途径作为目前决策的依据。根据策划内容的不同，可以分为企业策划、社会策划、军事策划和活动策划等。企业策划还可以再细分为品牌策划、形象策划、营销策划等。活动策划还可以再细分为社会活动策划、企业活动策划、家庭活动策划、营销活动策划、会展活动策划等。赞助商如果赞助某项活动，也必须按照主办方赞助程序来进行，并接受主办方的资格审查和合约管理（图 2–1）。

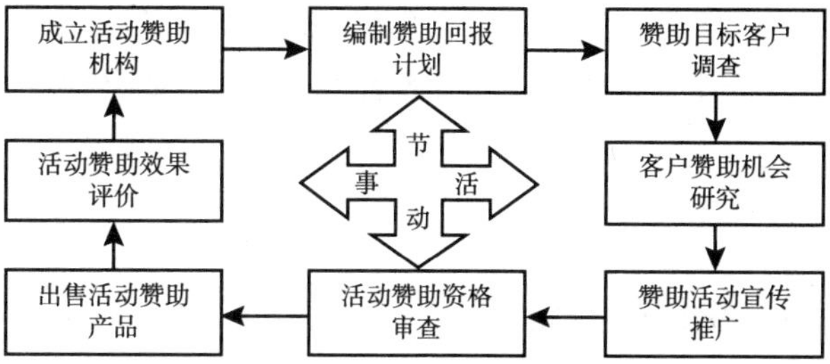


图2-1　主办方接受赞助程序图

### 2. 策划的“管理”说

管理的基本职能是指计划、组织、领导、控制，其中领导职能又可以分解为指挥和用人。在管理的四项或五项职能中，策划贯穿始终，策划是以科学方法对信息进行处理并对所有资源进行整合，最后实现效益优化的一种管理职能。例如庆典活动就是由各个管理部门运用管理职能共同配合完成的（图 2-2）。

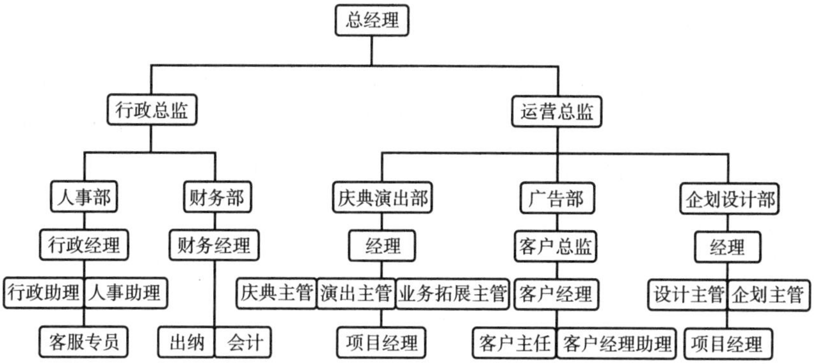


图2-2　庆典活动管理示意图

### 3. 策划的“系统”说

系统是指同类事物按一定的关系组成的整体，如组织系统、循环系统……按照“系统”的观点，就是要把决策的事物作为一个整体来研究，从系统论出发，对事物进行系统研究、整合研究。基本步骤是：首先确定目标，然后通过市场调查、环境分析，形成基本创意、拟

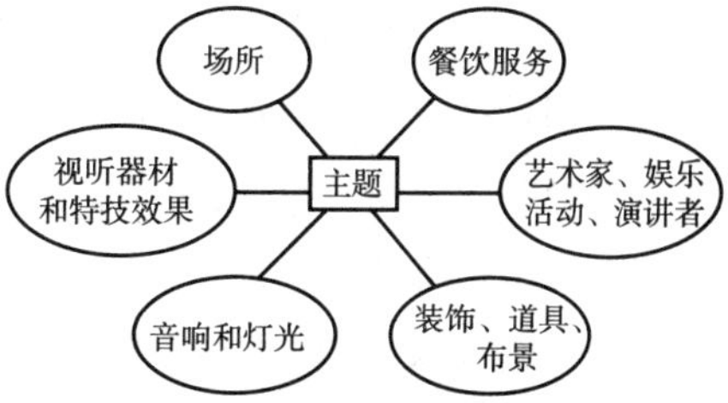


图2-3　文艺演出的系统思维

订方案，最后进行评价筛选、方案选优，并在实施过程中不断进行反馈和修正。例如演出活动就是由演出场所、演职人员、灯光音响、道具服饰等紧密围绕主题展开的一项系统工程（图 2-3）。

## 二、会展活动策划的含义

会展活动策划，是指以一定的资源条件和社会需要为基础，以搞活经济、促进贸易、改善民生为目的，对会展活动的主题、内容、形式进行事先分析研究，并做出谋划和决策的一个理性的思维过程。会展活动策划就是对会展的整体战略与策略的运筹规划，是对会展决策和会展计划实施并检验全过程作预先的考虑与设想。

会展活动不同于一般的项目，需要人的创造性思维和创意“灵感”。如马云的《西湖论剑》就是精心策划出来的西湖博览会项目。据阿里巴巴 CEO 马云介绍，《西湖论剑》最初创意源于西湖边喝茶闲聊，杭州西湖的休闲环境和氛围是最容易激发创意的，就在西湖边茶楼喝茶闲聊的过程中，马云与他的伙伴突发奇想，能否邀请当时受聘浙江大学人文学院院长的金庸与网络旗手张朝阳（当然也包括马云自己）在西湖边来一次“论剑”？当然这个“剑”主要是指科技创新，就像金庸笔下出神入化的“华山论剑”一样。在《西湖论剑》成功举办两届后，同样在西湖边的茶楼马云又突发奇想能否邀请当时刚卸任的美国总统克林顿一起西湖论剑——后来就有了克林顿与马云的风云对话。

## 三、策划、规划和计划的联系与区别

**策划的含义。**策划是根据现实的情况和信息进行系统谋划，具有明确的目的性、选择性和灵活性，如会议策划、展览策划、活动策划、营销策划等。

**规划的含义。**规划多针对比较全面而长远的发展，通常与全国或者特定地区的社会、经济、文化等发展相关，可以分为产业规划、区域规划等，如文化产业发展规划、休闲产业发展规划、城市发展规划、旅游区域规划等。

**计划的含义。**计划是指工作或行动以前预先拟定的具体内容和步骤，做计划就是要制订行动的组织实施方案，如五年计划、三年计划、年度计划、月度计划、进度计划等。

**联系与区别**。策划、规划和计划既相联系又有区别。策划、规划和计划都是对未来事情的预先安排或筹划，规划主要解决做什么的问题，策划主要解决怎么做的问题，而计划则主要明确什么时候做什么的问题。策划重创意、规划重选择、计划重内容，策划、规划、计划三者之间既有联系，又有区别（表 2-1）。

**表2-1　策划、规划、计划的联系与区别**

| | 定　义 | 重　点 | 特　征 | 举　例 |
|---|---|---|---|---|
| 策划 | 是根据现实的情况和信息进行系统谋划，具有明确的目的性、选择性和灵活性 | 对未来事情的预先策划，重点要解决怎么做的问题 | 谋略性特征 | 会议策划、展览策划、活动策划、营销策划等 |
| 规划 | 多针对比较全面而长远的发展，通常与全国或特定地区的社会、经济、文化等发展相关 | 对未来事情的预先规划，重点要解决做什么的问题 | 战略性特征 | 文化产业发展规划、休闲产业发展规划、城市发展规划等 |
| 计划 | 行动以前预先拟定的具体内容和步骤，做计划就是要制订行动的组织实施方案 | 对未来事情的预先计划，重点要明确什么时候做什么的问题 | 战术性特征 | 年度计划、月度计划、进度计划等 |

# 第二节　会展活动策划基础知识

提出会展活动策划的点子（ Idea ）、创意（Creativity）、系统（System）、整合（Integrate）理论（简称 ICSI 原理）。

## 一、“点子”策划

“点子”（ Idea ）是智慧的高度浓缩，“点子”策划就是把策划的要义集中在某一点上，抓住事物的本质和关键，“点子”是策划人思想的火花和思维的结晶。“点子”就像贵妇颈上项链中最耀眼、最名贵的一颗钻石，夺人眼球，熠熠生辉。

“点子”名称源自土家族、布依族的一种敲击乐器，用响铜制作，形似小锣，发音清脆明亮。我们常把对某事物进行改造或实施的各种计谋、策略、方法、经验、创意、信息等称为“点子”。在现实生活中，许多人常常灵机一动就会产生许多点子。我们所说的“点子”，就是指经过思维产生的解决问题的主意和办法。会展活动项目策划需要“点子”策划，“点子”准就有市场，“点子”不准就没有市场。例如，现代人生活节奏很快，工作压力很大，为缓解工作压力，会展公司或活动策划公司可以策划趣味运动会、极限挑战赛等，大家为这个问题群策群力、出谋划策的内容就是点子，这就是“点子”的定义。同样，会展公司为了适应市场的需求，进而改进展览会的主题、内容和形式，为了解决这个问题，会展公司策划部员工通过思维提出了改进方案，这个改进方案的内容也是点子。

## 二、“创意”策划

“创意”（Creativity）策划就是把“点子”进行连贯起来的思索，把各种好点子、金点子、“歪”点子穿成贵妇脖子上的“项链”，让人有一个完美的观感或体验。

### （一）创意的含义

创意就是具有新颖性和创造性的想法，是在传统思维和常规思考基础上的奇思与妙想、创新与发展，属于智能（而非体能）潜能拓展（超水平发挥）和对历史文化底蕴中会展活动本质属性的准确把握和升华。好的创意是思想库、智囊团的巨大能量释放，是对事物感性认识和理性思考与社会实践相结合的结果。创意是创造性的系统工程，是立足现实、影响未来的过程。

### （二）创意的产生

有这样一则寓言：上帝为人间制造了一个怪结，被称为“高尔丁”死结，并许有承诺：谁能解开奇异的“高尔丁”死结，谁就将成为亚洲王。所有试图解开这个怪结的人都失败了，最后轮到亚历山大，他说：“我要创建我自己的解法规则。”他抽出宝剑，一剑将“高尔丁”死结劈为两半。于是他就成了亚洲王。

这个寓言深入浅出地道出了“创意”二字的真谛。也许，创意本身就是个怪结，没有人能把它解开，它也没有一个真正意义上的解释和定义。但可以肯定的是，创意绝不是一般意义上的模仿、重复、循规蹈矩，大多数人都能想到的绝不是好的创意，实际上根本就谈不上创意。好的创意必须是新奇的、惊人的、震撼的、实效的。“物以稀为贵”是事物不变的通则。死结就意味着根本无法解开，既然上帝跟我们开了个玩笑，那么，就必须采取超乎寻常的非凡手段。

### （三）创意的捕捉

创意为一缕若有似无的轻烟，随时随地都会出现，能将其撷取，再将其深思熟虑后加以延伸，可以说就成功了一半，在日常生活中对工作或其他事情，突如神来一笔的看法或意见，可能是在公交车上，可能是在浴室里，也有可能是在半梦半醒之间，但大部分是转瞬即逝，再用力地思考，即使抓破了脑袋却再也想不出刚才的念头，如能在创意常发生的时间、地点做好准备，则捕捉创意成功的概率就比别人高出许多。一个好的策划人必须随时随地留意创意并记录创意。

### （四）创意的途径

紧绷的生理状态是不易接收到随兴而至的创意的，因此适度地放松是有必要的，目前较流行的参禅打坐、闭目冥想、运动健身、休闲旅游等都是很好的方式。凡事不要先预设立场，这个不可能或那个状况不会发生，如果凡事依循固定模式，预先设定立场与做法，创意出现的概率的确会降低。勇于创新，善于撷取别人的长处来刺激自己的创意，自然会比其他人有更多发挥创意的空间，亦代表了你比别人有更多成功的机会。

总之，点子是思想的火花，是思维的高度抽象化；创意则是点子的具体化、形象化；只有可以具体化、形象化的点子，才可以叫创意。

## 三、“系统”策划

系统（System）就是对未来的事情做当前的决策，中国古语“运筹于帷幄之中，决胜于千里之外”，不仅是指策划的空间和距离，而且也包括时间和速度，因此，在中文语境下“策划”还有“谋划”、“筹划”、“计划”、“企划”的含义，而英文语境下的“Plan”主要是指“计划”。

我们所说的策划主要是指“系统”策划（或者说“全局”策划），即把决策的事物作为一个系统来研究，把会展活动项目作为一个整体，并把这个整体分解为若干子系统，在揭示影响子系统的环境、社会、经济、文化等各项因素及相互关系并对获取的信息进行综合整理、分析、判断和加工的基础上，选择出最优方案的策划方法。这种策划方法又叫做“系统分析策划法”，主要特征就是从整体的角度揭示出各局部所产生的影响和相互关系，从而找出系统整体的运动规律，并分析达到目的的途径。它是通过明确一切与问题有关的要素（目的、替换方案、模型、费用、效果、评价标准）同实现目标之间的关系，提供完整的信息和资料，以便策划者选择最为合理的解决方法。

## 四、“整合”策划

整合（Integrate）策划就是把会展活动的点子、创意、策划，主题、内容、形式，人、财、物、信息，主办方、承办方、协办方、支持方，组织者、赞助商、广告商、媒体资源等进行系统思维、立体思考，从点、线、面策划上升到平面、立体的“复合”策划，事无巨细，面面俱到。“点子”是想法，“创意”是思路，“系统”是路径，“整合”主要是对系统资源的综合运用，即主要通过资源整合形成会展活动方案。通过整合策划的标志性成果是必须形成详尽的策划书（《可行性研究报告》或《总体框架方案》）（图 2-4）。

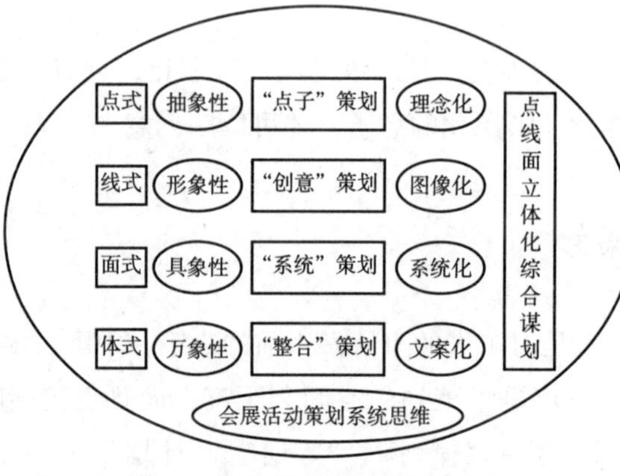


图2-4 会展活动整合策划示意图

# 第三节　会展活动策划的核心理念

## 一、会展活动策划理念的含义

策划理念就是策划过程中所要追求的“理性的念头”、“理想的观念”。会展活动策划理念，就是会展活动策划过程中所要追求的理想目标和方向政策，是指导我们开展会展活动策划的指针、纲领和理论基础，会展活动策划理念是整个会展活动的灵魂。

## 二、会展活动策划理念的表现

会展活动策划理念贯穿于会展活动主题、形式、内容等全过程，也贯穿于会展活动的组织、实施和善后工作。体现在会展活动策划的主题选择、模式选择、组织设计、内容编排、效果评估等各个环节。会展活动策划理念按照一定的规则把各种“念头”、“想法”、“创意”、“点子”等有机地组合起来，理念就是会展活动策划的“纲”，“纲举目张”，通过策划理念贯穿才能使会展活动成为浑然一体的项目。

## 三、会展活动策划的主要理念

### （一）和谐的理念

和谐的含义，一般理解为和睦、谐调，就是相处融洽友爱、相互配合得当、行动协调一致。现在我们说建设和谐社会，包括五个层面的含义：一是个人自身的和谐；二是人与人之间的和谐；三是社会各系统、各阶层之间的和谐；四是个人、社会与自然之间的和谐；五是整个国家与外部世界的和谐。和谐的理念体现在会展活动策划上，就是要体现平等、友好、交往的本质属性，尤其是在会展活动设计上有助于促进社会进步、推动经济发展、提升品质生活等人文精神。

中国传统文化提倡“天人合一”、“和为贵”，本质上就是和谐。我国正致力于和谐社会建设，反映品质生活的会展活动就是体现地方文化，风土人情，人与自然、社会和谐相处的重要平台。会展活动就是和谐大环境下的群众性参与活动。会展活动、大型活动、节庆活动、赛事活动、文体活动等都是为社会公众服务的参与性活动，许多会展活动的对象就是群体本身，会展活动为社会公众分享幸福与快乐提供了交流舞台，使大家团结一致，培养一种群体的自豪感。可见，会展活动强调了个人与群体、群体与自然、自然与社会的和谐关系。

和谐是一切会展活动追求的目标。会展活动策划和谐理念，包括会展活动主题的和谐、内容的和谐、形式的和谐、过程的和谐等。主题的和谐是指活动主题要与当地文化传统和地域特色相协调，活动主题要与当今时代潮流和消费趋势相和谐。内容与形式的和谐是指活动内容安排和表现形式上要与活动主题相呼应，倡导一种团体合作、积极健康的生活方式。过程的和谐是指活动策划中合理计划，统筹安排，达到活动举办过程的顺畅和无事故，未雨绸缪，对活动危机进行事先防范和控制。

### （二）人本的理念

“人本”就是“以人为本”，人本的理念首先基于人性的假设。按《辞海》解释，人性是指人们所具有的正常的感情和理性，人性是人类社会最主要、最本质的特征。会展活动策划主要是为了丰富人们的业余生活，因此，活动本身的自由、快乐、幸福成为我们策划的最基本诉求。例如2008北京奥运会主题口号“同一个世界，同一个梦想”就体现了“天地之性，人为贵”的人性关怀与广泛参与性。

根据“人本”理念，会展活动要提高人的参与性，会展活动的宗旨要体现对人性的关怀。人是活动举办过程中最活跃的因素。围绕“人”来进行策划，按照“人”的特长和能力来安排会展活动，并在会展活动过程中注重人性化设计，这样的会展活动策划就是一个好的策划。会展活动的形式和内容安排，尤其是节事活动要以提高人尤其是普通人的参与性为目标。

### （三）动感理念

动感，是指在原本静态的项目中引入鲜活的、互动的、动态的主观感受，是生命活力、活泼健康、幸福快乐的真实体现，动感理念在节事活动策划中运用得更加普遍。动感是以人的主观感觉为主导的，是“互动的感觉”和“快乐的感觉”。引入“动感”是运用“动态”对静态景观进行创新的有效的手段。动感理念在节事活动策划中特别重要，即使商业性展览通过运用互联网、多媒体技术、人员促销等手段，参展商与客商之间、主办方与观众之间也越来越有“动感”了。

“动感”一词体现时尚，当今社会我们都生活在动感世界里，它生动地体现了现代生活节奏。“动感”是相对于“静态”而言的，对于一个景区来说，动态的是人文是艺术，静态的是景观是景点，动静结合，缺一不可，构成了旅游景区最美丽的风景。节事活动主要是要做动感艺术，现代社会从“动感地带”到“脉动”饮料，再到“动漫世界”……“动感”生活让我们的世界更加丰富多彩。“动感”成为突破“静态”事物的主要力量。尤其在创意产业，动漫、动画……似乎一切都在向“动感”方向发展。

动感艺术是指在动感中表现出来的独特艺术，是相对于静态中展示的艺术形式而言的，动态的艺术形式非常多，而且在不断地创新发展中。会展活动策划与管理所讲的动感艺术，不是指文学艺术中的戏剧、电影、电视等传统的表演艺术，不是强调艺术的动态形式，而是强调活动过程本身的艺术，强调观众主观上参与活动的艺术感受。杭州宋城景区最吸引人的不是城门、城楼、城墙等静态景观，而是《宋城千古情》、宋城火把节、宋城泼水节等游客参与体验的诸多动感艺术。

## 第四节　会展活动策划的原理和方法

“工欲善其事，必先利其器。”如果说会展活动策划的理念和原则事关活动性质和方向，那么，会展活动策划的原理和方法就是要对会展活动的内容和形式进行一系列的推演，会展活动策划程序和步骤则是把按照策划原理与方法推演出来的形式和内容进一步落到实处。

## 一、会展活动创意思维训练

创意无极限，对策划人而言最难能可贵的品质就是源源不断的创意。如果策划人无创意，就像诗人没有激情一样，“江郎才尽”，策划人的职业生涯也就终止了。因此，如何捕捉创意并激发创意潜能，是策划人苦苦追索的奥秘。

**脑力激荡法**。又称头脑风暴法，是最为人所熟悉的创意思维策略，该方法是由奥斯本（Osborn）于 1937 年所倡导的强调集体思考的方法，着重互相激发思考，鼓励参加者于指定时间内构想出大量的意念，并从中引发新颖的构思。

**三三两两讨论法**。此法可以归纳为每两人或三人自由组合，在 3 分钟时限内，就讨论的主题互相交流意见及分享。3 分钟后再回到团体中作汇报交流，如此反复几次即可形成真知灼见的创意。

**六六讨论法**。是以脑力激荡法做基础的团体式讨论法。方法是将大团体分为六人一组，只进行 6 分钟的小组讨论，每人 1 分钟。然后再回到大团体中分享及做最终的评估。

**心智图法**。是一种刺激思维及帮助整合思想与信息的思考方法，也可以说是一种观念图像化的思考策略。此法主要采用图志式的概念，以线条、图形、符号、颜色、文字、数字等各样方式，将意念和信息快速地以上述各种方式摘录下来，成为一幅心智图。结构上，具备开放性及系统性的特点，让使用者能自由地激发扩散性思维，发挥联想力，又能有层次地将各类想法组织起来，以刺激大脑做出各方面的反应，从而得以发挥全脑思考的多元化功能。

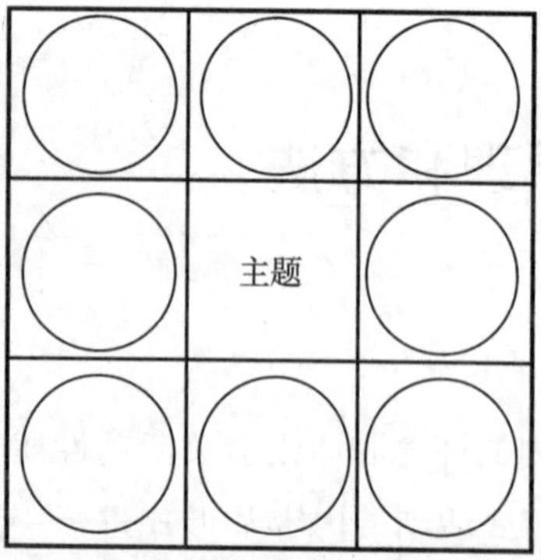

图2-5　主题联想示意图（九宫图法）

**九宫图法**。是一种有助扩散性思维的思考策略，利用一幅九宫格图，将主题写在中央，然后把由主题所引发的各种想法或联想写在其余的 8 个圈内，此法也可以配合“5W2H”检讨法从多方面进行思考（图 2-5）。

**逆向思考法**。是相对于顺向思维法的一种创意训练方法，通过逆向思考可以获得创造性构想，如能充分加以运用，创造性可以加倍提高（图 2-6）。

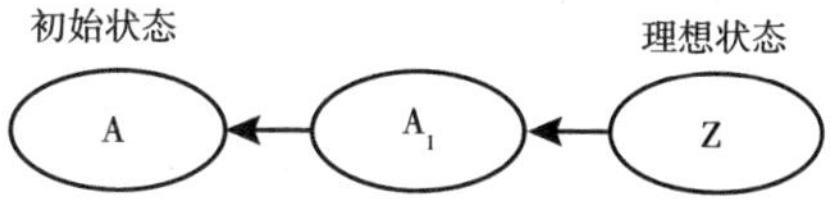


图2-6　逆向思考法示意图

**分合法**。分合法为团体问题解决方法，1961 年由美国学者高登提出，主要是将原不相同亦无关联的元素加以整合，产生新的意念 / 面貌。分合法利用模拟与隐喻的作用，协助思考者分析问题以产生各种不同的观点。一个好的创意设计就可以借助以下步骤和内容进行分合思考（表 2-2）。

表2-2　创意设计分合法示意图

| 步　骤 | 内　　　容 |
|---|---|
| 集中目标 | 深刻领会对象问题的真正目的，明确相关定义 |
| 广泛思考 | 自由联想，提出多种解决问题的方案和路径 |
| 搜索相似点 | 抽出解决问题方案和路径的关键词进行联想，延伸发展方案 |
| 系统化研究 | 把可实现目标的方案系统化展开，并尽可能运用到活动中去 |
| 具体化提炼 | 设想方案具体化，把功能提升与解决问题联系起来，解决具体问题 |
| 制订模式方案 | 确定优选方案的细节问题，确定目标功能提升最有价值的方案 |

**属性列举法**。属性列举法也称特性列举法，是 1954 年最早由美国学者克劳福德提出的一种创意思维方法。此法强调使用者在创造的过程中观察和分析事物或问题的特性或属性，然后针对每项特性提出改良或改变的构想。例如 SWOT 分析法，可以把优势、劣势、机会、威胁进行属性列举（表 2-3）。

表2-3　会展活动SWOT属性列举法

| 内部分析（可控制的）<br>外部分析（不可控制的） | 优势（S）<br>列出优势 | 劣势（W）<br>列出劣势 |
|---|---|---|
| 机会（O）<br>列出机会 | SO 战略<br>发挥优势<br>利用机会 | WO 战略<br>克服劣势<br>利用机会 |
| 威胁（T）<br>列出威胁 | ST 战略<br>利用优势<br>回避威胁 | WT 战略<br>减少劣势<br>回避威胁 |

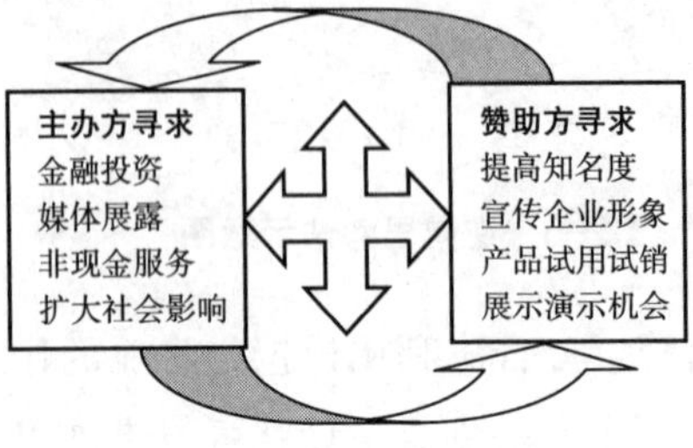


图2-7　会展活动主办方与赞助方希望点列举法示意图

**希望点列举法**。这是一种不断地提出“希望”、“怎样才能更好”等理想和愿望，进而探求解决问题和改善对策的方法。例如，节庆活动举办方和赞助方的期望值和希望点是不相同的，主办方关注资金或实物赞助以利于活动顺利进行，赞助方则关注赞助回报有利于扩大产品知名度，从而进一步扩大销售，运用本法就是要把主办方和赞助方的希望点列举出来，通过希望点列举法可以发现双方利益交集点（图 2–7）。

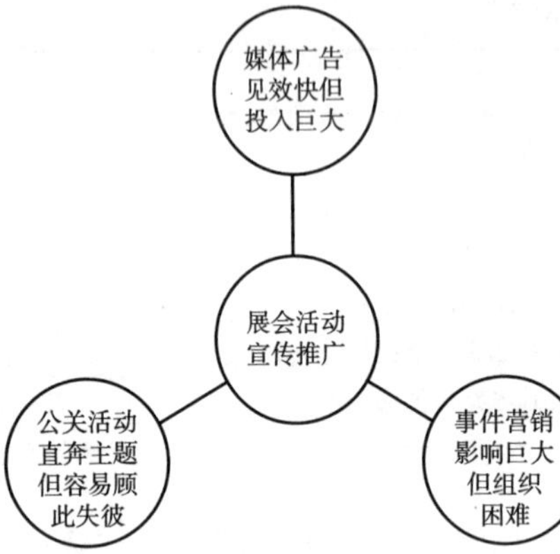


图2-8　展览会宣传推广活动优点列举法示意图

**优点列举法**。这是一种逐一列出事物优点的方法，进而探求解决问题和改善对策。例如，展览会宣传推广活动优缺点列举法（图 2–8）。如果项目优缺点很多，还可以通过表式方法进行详细列举。

**缺点列举法**。这是一种不断地针对一项事物检讨各种缺点及缺漏，并进而探求解决问题和改善对策的技法，可与优点列举法结合使用。

**检核表法**。是在考虑某一个问题时先制成一览表，对每项检核方向逐一进行检查，以避免有所遗漏。此法可以用来训练员工思考周密，及有助于构想出新的意念。如各种调查方法运用于资料收集可用检核表法（表 2–4）。

表2-4　资料收集方法使用目的检核

| 收集方法<br>使用目的 | 直接观察 | 面谈阅览 | 查阅文献 | 头脑风暴法 | 回　忆 | 检　讨 |
|---|---|---|---|---|---|---|
| 认识新事物 | ◎ | △ | △ | △ | ○ | × |
| 归纳思想 | ○ | ◎ | ○ | ○ | ○ | ◎ |
| 打破现状 | ◎ | ○ | ○ | ◎ | ◎ | ◎ |
| 推陈出新 | △ | ◎ | ◎ | × | ○ | ○ |
| 参与计划 | × | × | × | ◎ | ○ | ○ |
| 贯彻方针 | × | × | × | ◎ | ○ | ○ |

注：表内符号说明：◎常用；○使用；△不大使用；× 不使用。

**5W2H 检讨法**。是“六何检讨法”的延伸，优点是提示讨论者从不同的层面去思考和解决问题。所谓 5W，是指：为何（Why）、何事（What）、何人（Who）、何时（When）、何地（Where）；2H 指：如何（How）、何价（How Much）。5W2H 法则与 PDCA 法则的比较如表 2–5 所示。

**表2-5　5W2H法则与PDCA法则比较**

| 5W2H 法则 | PDCA 循环法则 |
|---|---|
| What：做什么 | P（Plan）：计划 |
| Why：为什么做，它们和我的长远目标与价值观一致吗 | D（Do）：执行 |
| When：什么时候完成 | C（Check）：检查 |
| Who：谁来做，还需要谁的帮助 | A（Action）：对结果进行修正行动 |
| Where：在哪里做，那里的环境如何 | |
| How：如何做，分几个步骤和阶段 | |
| How Much：用多少资源做 | |

**目录法**。又称“强制关联法”，意指在考虑解决某一个问题时，一边翻阅资料性的目录，一边强迫性地把在眼前出现的信息和正在思考的主题联系起来，从中得到构想。OASIS 品牌经营的内外部利益相关者目录法如表 2–6 所示。

**表2-6　OASIS品牌经营的内外部利益相关者**

| | |
|---|---|
| 内部利益相关者 | OASIS 品牌授权商<br>员工<br>公司投资者 |
| 外部利益相关者 | 媒体、行业分析师、专家等<br>用户<br>公众<br>产品供应商<br>下游分销商<br>高档服装竞争者<br>服装协会、消费者委员会<br>政府主管部门（如技术监督局） |

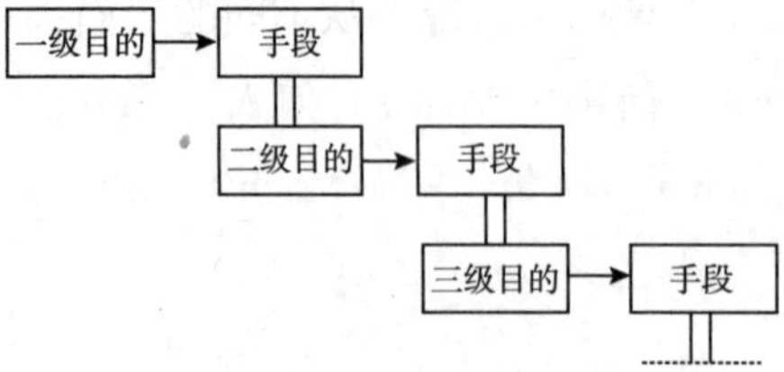


图2-9　创意解难法示意图

**创意解难法**。美国学者帕尼尔（Parnes）（1967）提出“创意解难”的教学模式，是发展自奥斯本所倡导的脑力激荡法及其他思考策略，此模式重点在于解决问题的过程中，问题解决者应以有系统、有步骤的方法找出解决问题的方案（图 2-9）。

**KJ 法**。KJ 法是日本川喜二郎提出的，“KJ”二字取的是川喜（Kawa Ji）英文名字的首字母。这一方法是从错综复杂的现象中，用一定的方式来整理思路、抓住思想实质、找出解决问题的新途径的方法，创意原理比较适合会展活动项目的主题策划或者主题思想、主题口号的提炼。

KJ 法的原理是把个别或分散的资料进行整理，以一定标准分别评价，并对资料相互关联性进行系统性探讨。基本步骤如下：

- 团体思考：资料收集，建立卡片，进行排列；
- 归类整理：卡片集合；
- 简洁提示：浓缩集合；
- 相似卡片：中度集合，循环反复；
- 制作相关图或构造图：再贴上各自所属的卡片，形成体系图、关系图，发现问题的本质所在。

例如，校园会展活动项目主题策划，就可以结合思维闪电运用 KJ 法进行创意训练，最后集中焦点（主题）深入项目策划（图 2-10）。

图2-10　校园会展活动项目主题策划思维闪电（KJ法）

## 二、会展活动策划创新方法

创新是策划的生命，也是创意、创造的源泉。技术创新只有通过理念创新、体制创新、管理创新、形式创新、产品创新、服务创新等才能够深入挖掘出来。不断创新是会展活动常办常新的关键，是会展活动吸引力和魅力所在。会展活动是以满足人的个性化体验为主，要能够提供独特享受，这就要求能超越常规，打破行业界限、思维局限，创新发展。通过以下方法可以达到创新的目的。

**深入挖掘法**。指首先分析当地各种各样的会展活动，对其重新进行名称、理念、内容等的定位。利用传统资源，策划和开发满足客源市场文化心理的会展活动，既保护传统资源，又赋予会展活动的开发理念，并富有时代气息。进行这类会展活动策划一定要注意对传统资源进行合理与适度的包装和开发，反对因深度挖掘不足而导致的缺乏内涵和市场吸引力低下等问题，也反对因为开发包装过度而导致的对传统资源的滥用。

**外部借鉴法**。指直接引进或者模仿其他国家和地区的活动名称、形式、内容而为我所用的一种会展活动策划方法。这种方法应该注意的是，要与所借鉴的会展活动展开差异化定位，要在借鉴的同时求发展，要体现当地特色。

**理性预测法**。具有一定的预见能力，即有对未来趋势的分析和判断能力，创新才能够成为可能。通过分析社会经济文化等综合信息、预测消费心理和消费趋势、经济发展前景和潜力、营销理念的转变、技术发展趋势等，与时俱进，顺势而动，策划全新会展活动。这种会展活动由于形式、内容的新颖，更能吸引公众和赞助商的眼球，但是因为创意是立足于对未来趋势的判断，所以好的活动往往并不是人云亦云，而是出乎意料又在情理之中。

**规划整合法**。对多个会展活动进行整合，是提高举办效率、取长补短、实现边缘性新思维的重要途径。做好一个地方的活动规划，整合所有优势资源，打造精品活动。整合是各种优势资源的集中与互补，是各种市场要素协调配置的有机重组，通过整合才能够达到推陈出新。同类的会展活动进行主题整合、内容整合、市场整合、组织运作整合，不仅可以使内容丰富、市场更加集中，还会大大提高组织运作效率，减少地区内会展活动之间的不必要竞争，避免重复举办而造成的浪费，也有利于树立地方统一的形象和品牌。

**抽样调查法**。是市场调查的重要方法之一，指按照一定方式从调查总体中抽取部分样本，用样本结论说明总体情况的一种调查方法。可以分为随机抽样和非随机抽样两大类，常用的抽样方法有：简单随机抽样法、分层抽样法、等距抽样法、配额抽样法等。抽样调查法是目前国际上公认和普遍采用的科学的调查手段。调查的理论基础是概率论。

**网络调查法**。是通过网络有系统、有计划、有组织地进行市场数据的收集、调查、记录、整理和分析，进行客观的测定和评价。具体来说，网络调查法又可以细分为网络访谈法、E-mail 问卷调查法、BBS 电子公告板、QQ 群联动调查等方法。调查结果一般都可以用圆饼图或直方图进行示意（图 2-11）。

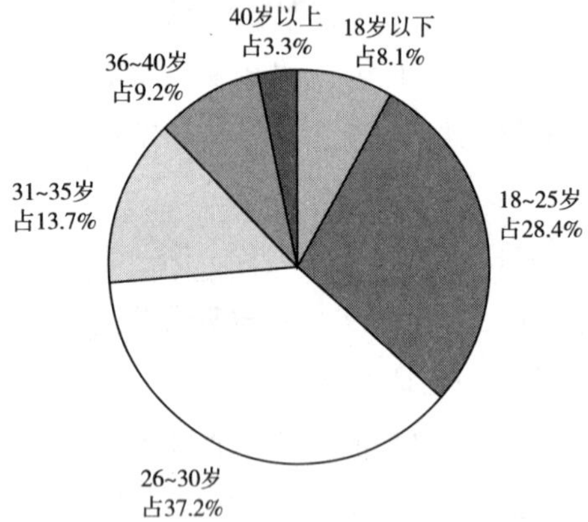


图2-11　网购奢侈品消费者年龄特征

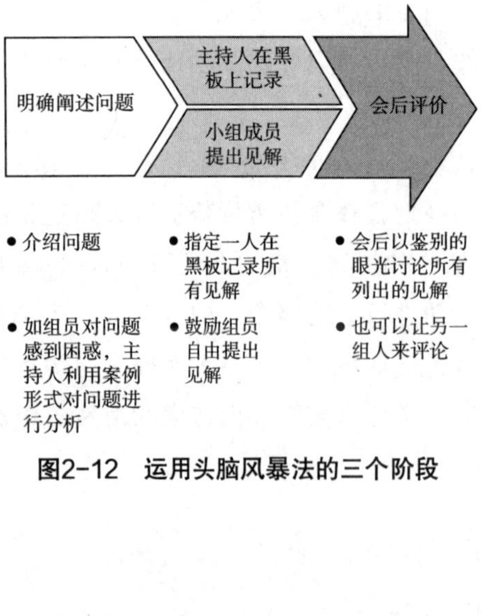


图2-12　运用头脑风暴法的三个阶段

**头脑风暴法**。又称“脑力激荡法”，其英文为 Brain Storming，缩写为 BS，该方法又简称为 BS 法。是指自由奔放、打破常规、创造性地思考问题，又称为集体思考法或者智力激荡法，最初由美国著名学者奥斯本提出。头脑风暴法与我国的“诸葛亮会”类似。它是考虑多种可能的解决方案，是提升思维创造力的集体训练法。头脑风暴法可以分为直接头脑风暴法（通常所指的头脑风暴法）和质疑头脑风暴法（也称反头脑风暴法）。一般采用会议的形式进行，前者是尽可能地激发创造性，专家们“自由”地提出尽可能多的方案，后者则是对提出的设想、方案逐一质疑，并分析其现实可行性的方法。一般由 5 ~ 13 个专家参与，主持人要熟悉所讨论的问题及其相关的知识，并要善于引导；参加人员既要有内部的人员，也要有外部的人员。从明确问题到会后评价，运用头脑风暴法有三个阶段（图 2-12）。

头脑风暴法有四条规则：①不互相指

责；②鼓励自由地提出想法；③欢迎提出大量方案；④欢迎完善别人提出的方案。在会议上对表达的设想不必追求全面系统，但记录工作一定要认真。国外经验证明，采用头脑风暴法提出方案比同样的人单独提出方案的效果要大 65% ~ 93%。

**德尔菲法**。也称“专家调查法”，是指采用问卷、电话、网络等方式，反复地征求多个专家意见，做出统计，如果结果一致，就再进行征询，直至得出比较统一的方案。这种方法的优点在于专家是背对背式，没有权威压力，表达意见自由充分，结论相对客观。作为一种主观、定性的方法，该方法不仅用于预测领域，还广泛应用于具体指标、内容等的确定过程。运用德尔菲法基本流程如图 2-13 所示。

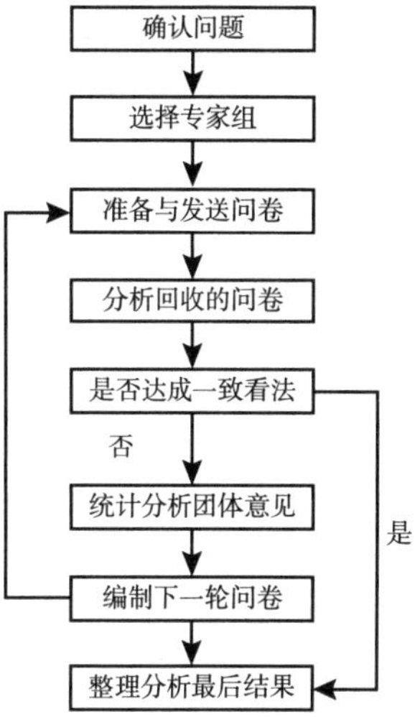

图2-13　德尔菲法流程图

**过程决策程序图法**。过程决策程序图法（Process Decision Program Chart，简称 PDPC 法）是在制订计划阶段或进行系统设计时，事先预测可能发生的障碍（不理想事态或结果），从而设计出一系列对策措施以最大的可能引向最终目标（达到理想结果）。该法可以用于防止重大事故的发生，因此也称为重大事故预测图法。

①顺向思维法。顺向思维法是定好一个理想的目标，然后按顺序考虑实现目标的手段和方法。这个目标可以是任何的东西，比如大的工程、一项具体的革新、一个技术改造方案等。为了能够稳步达到目标，需要设想很多条线路。总而言之，无论怎样走，一定要走到目的地。但行走的方案并不需要真正等到碰得头破血流以后才去解决，而应该事先就已经讨论过，所有的问题应该预先都预测到了，这样在计划的实施过程中就不会害怕突发性的事故（图 2-14）。

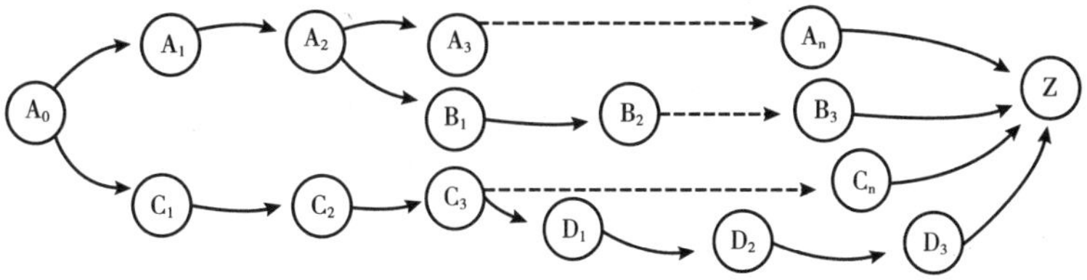

图2-14　顺向思维法示意图

②逆向思维法。当 Z 为理想状态（或非理想状态）时，从 Z 出发，逆向而上，从大量的观点中展开构思，使其与初始状态 $A_0$ 连接起来，详细研究其过程并做出决策，这就是逆向思维法。逆向思维应该从设定理想状态，或最坏结果倒着考虑实现这个目标的前提是什么，为了满足这个前提又应该具备什么条件，一步一步退回来，一直退到出发点。

通过正反两个方面的连接，倒着走得通，顺着也可以走得通，这就是过程决策程序图法。

**系统分析策划法**。把要策划研究的目标当做一个统一的整体，并把这个整体分解为若干子系统，在揭示影响子系统的环境、社会、经济、文化等各项因素及相互关系并对获取的信息进行综合整理、分析、判断和加工的基础上，选择出最优方案的策划分析方法。兰德公司对系统分析所下的定义是：系统分析是一种研究方略，它能在不确定的情况下，通过对问题的充分调查，找出其目标和各种可行方案，并通过直觉和判断，对这些方案的结果进行比较，帮助策划者在复杂问题中做出最佳的科学策划。例如运用 PDCA 管理过程循环在系统分析策划法中的运用（图 2-15）。

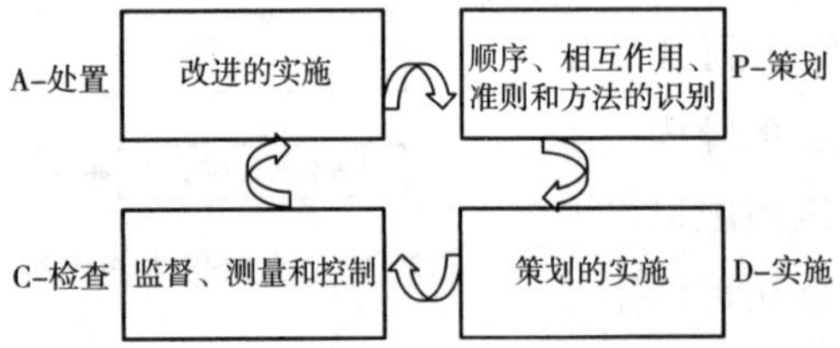


**图2-15　PDCA循环在系统分析策划法中的运用**

系统分析策划法的主要特征就是从整体的角度揭示出整体下各局部所产生的影响和相互关系，从而找出系统整体的运动规律，并分析达到目的的途径。它是通过明确一切与问题有关的要素（目的、方案、模型、费用、效果、评价）同实现目标之间的关系，提供完整的信息和资料，以便策划者选择最为合理的解决方法。

系统分析策划法的步骤：

确定策划目标：从系统整体出发提出需要解决的中心问题。确定目标的四个条件是唯一性、具体性、标准性和综合性。目标的确定，包括精简目标（去除不现实目标和子目标）和合并目标。

拟订合理方案：提供两个以上备选方案，各个方案互相排斥。

评价各种方案：对各个方案进行比较和评估，以区分各自优缺点。包括掌握策划方案的价值标准、满意程度和最优标准。①策划方案的价值标准：指一个方案的作用、意义和收效；策划需要受客观条件限制又具有一定的主观因素。②策划方案的满意程度和最优标准的条件：策划目标的量化程度、策划方案的完整性与实用性、策划方案的准确性、策划方案的可行性。③策划方案的评价方法：其一，经验判断法——淘汰法、排队法、归类法等，适用于策划目标多、方案多、变量多、标准不一的情况。其二，数学量化法——运用数学方法、运筹学方法等进行定量分析和测算，提出数据结果，供策划者加以权衡和选择。其三，场景模拟法——通过设立模型来揭示事物的性质、特点和功能并进行模拟寻找最佳方案或对方案进行修订或调整。

系统选择，方案选优：按照局部利益与整体利益相结合、多级优化和满意性原则等选出最优方案。

跟踪实施，调整方案：预测性策划，实践性检验，适时性调整，务实性修订。

# 第五节　会展活动策划的基本步骤

## 一、会展活动策划的主要程序

会展策划要遵循一定的程序：包括设定目标—调查预测—主题确定—设计方案—计划实施—费用预算—招商招展—会展组织—现场管理—效果评估等，其中设定目标、主题确定、设计方案、计划实施、效果评估是最重要的五个程序，会展策划的主要任务在设定目标、确定主题、设计方案三个阶段。

### （一）设定目标

目标是行动的方向和指南。选择并确定切实可行的目标，才能保证一项活动有效地实施。因此，确定合理的目标是会展策划的起点，也将贯穿会展策划的整个过程。

### （二）确定主题

主题是会展策划的灵魂，展会目标与活动主题关系紧密，目标不能脱离活动主题，主题必须根据目标确定。在会展策划过程中，最重要的工作是明确主题。主题是会展活动项目的核心，会展主题确定了，会展策划的内容才会条理清晰、逐步展开。主题明确有利于具体工作的开展，是成功策划的重要保证。

确定展览会目标和主题必须深入开展调查研究，一个成功的项目策划方案应该建立在丰富而全面的市场信息资料之上，这也是灵感和创意产生的源泉。要学会通过对资料的整理和分析，在头脑中逐渐形成创意的雏形。

### （三）设计方案

方案设计的各个环节和方面都要围绕展会主题和如何实现目标而展开，制定、设计具体行动的途径和方法。设计方案时应注意以下几项原则：

**量力而行原则**。从自身现有的条件、具备的能力出发，尽可能挖掘内部潜力，充分利用内部条件和外部有利因素。

**大胆创新原则**。对于策划而言，创新是关键，会展项目策划更需要创新。如何在同领域、同主题的各类会展项目中脱颖而出，是项目策划时必须考虑的重点。大胆创新为项目成功奠定基础。

**细致全面原则**。策划方案考虑的是整个项目，因此，需要考虑多方面的情况，既要照顾到项目的各个细节，又要体现出方案的独创性。

**方便操作原则**。策划方案写作简明扼要，便于执行，逻辑顺序合理清楚，主题鲜明，必要时可以辅以图表、实物照片、设计模型等。

### （四）计划实施

展会目标、主题、方案确定就可以进入计划实施阶段，策划方案基本确定后要做的就是制定实施细则，以保证项目目标实现过程的顺利进行。在方案执行过程中要防止任何意外事件的发生，精心编制应急方案，及时采取防范措施。任何事物的进展都有不可预测的情况，尤其是会展项目，每个环节都紧紧相扣，不能有半点疏忽。因此，方案的实施必须事先做好应急方案防范措施，以备不时之需。同时，也可以做几套备用方案，可以根据临时状况，随时启动使用。

### （五）效果评估

效果评估既可以是全程结束后的总体评估，也可以是阶段性的评估。对会展项目各项措施的执行效果进行评估，便于及时做出调整、补充和修正。这对于成功完成整个会展项目来说是极其必要的。会展策划并不是到策划书完成就结束了，保证方案的组织实施和有效执行并对实施结果进行分析评估，经过分析评估总结经验或教训，并将其改善在下一次会展策划中，会展策划才是一次完整的策划。

## 二、会展活动策划的流程设计

**展览项目策划基本流程。**展览项目策划主要围绕展览会主题策划进行，展览会主题是“灵魂”和核心，展览会的内容、形式、招商招展和举办场馆以及开闭幕式现场策划与管理等，都要围绕展览会主题进行。确定展览会主题取决于展览会最终概念的形成。在分析论证过程中，市场调查研究和充分的内部、外部讨论是确定展览会主题的前奏（图 2-16）。

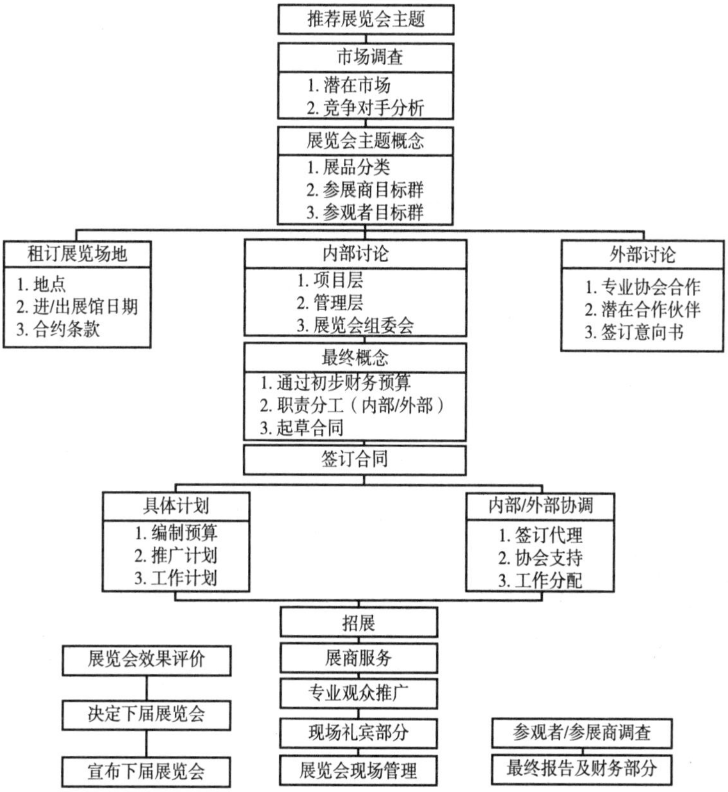


**图2-16　展览会项目策划基本流程**

**会议项目策划基本流程**。会议项目策划也要围绕主题展开。相对来讲会议主题的确定比较简单，会议的宗旨、会议的目的、会议的中心议题等都可以成为会议的主题。一般来说，在制定会议目标后即可以确定主题（图 2–17）。

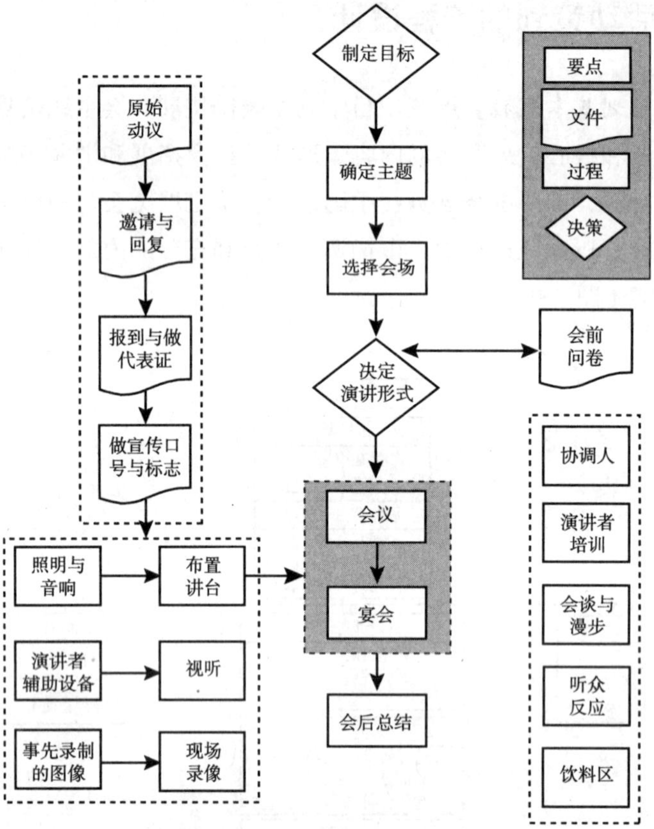


**图2–17　会议项目策划基本流程**

**活动项目策划基本流程**。活动项目主要以节庆和赛事的形式出现，包括节中展、展中会、会中赛、赛中演等各种形式的组合，活动项目的主题策划与展览项目、会议项目主题策划的方法类似，但要更符合节庆活动或赛事活动的特征，更要注重公众参与、市民狂欢的社会环境与活动氛围的营造。活动项目策划基本流程也必须紧紧围绕活动项目主题进行（图 2–18）。

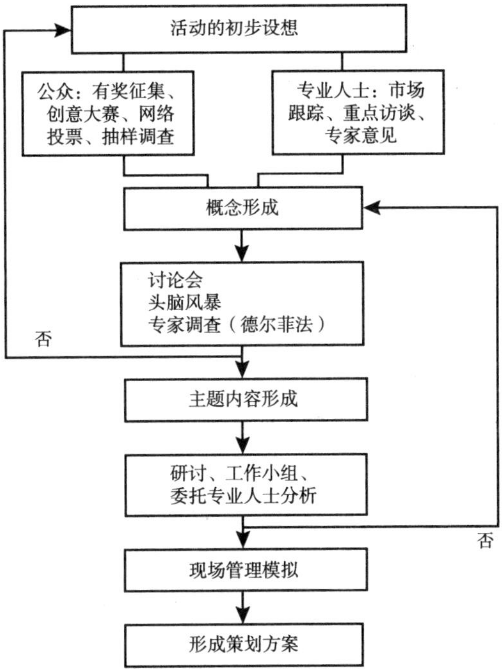


**图2-18　活动项目策划基本流程**

## 本章小结

在第一章会展与会展活动概述内容学习的基础上，通过2010中国（杭州）国际动漫节导入案例，学习领会会展活动策划的重要性，熟悉会展活动策划创意思维训练和会展活动策划创新方法，会展活动策划的主要程序和基本流程。

会展活动策划的步骤，主要介绍会展活动项目策划的程序和流程，强调会展活动策划的“程序说”、“管理说”、“系统说”，尤其要注意会展活动主题策划、主题内容策划、辅助内容策划、相关活动策划等在会展活动策划中的重要性。

会展活动策划原理和方法是本模块知识的重点，为此，本教材罗列了脑力激荡法、逆向思考法等16种创意思维训练方法和深入挖掘法、过程决策程序图法、系统分析策划法等10种会展活动策划创新方法，可以结合实战型（实践、实训、实验）会展活动项目进行创意思维训练或进行针对性策划。

通过本模块知识的学习，了解和掌握会展活动策划书的基本格式，并能够灵活运用会展活动策划原理和方法，按照会展活动策划书的基本格式要求，编制体例完整、内容丰富的《会展活动项目策划书》。

## 思考与训练

### 一、名词解释

整合策划　展览会主题　头脑风暴法　5W2H 检讨法

KJ 法　德尔菲法　过程决策程序图法　系统分析策划法

### 二、填空题

1.2010 中国（杭州）国际动漫节的主题是______。

2.会展活动策划和谐理念，包括会展活动______的和谐、______的和谐、______的和谐、________的和谐等。

3.衡量会展产品开发期、引进期、成长期、成熟期、衰退期的过程叫“______”。

4.计划完成情况的时间管理工具叫_______。

5.分析企业内部优势与劣势和企业外部机会与威胁的方法叫______分析法。

6.会展活动策划的基本理念包括______、_____、_____。

7.会展活动策划 ICSI 原理是指_____、_____、_____、_____。

8.衡量展览会规模的指标是_____、_____、_____。

### 三、选择题（单选题）

1.“第 100 届中国出口商品交易会”中的“出口商品”是展览会名称的____。

A. 基本部分　B. 限定部分　C. 补充部分　D. 必要部分

2. 负责展览会策划与组织、执行与管理并对展览会承担主要财务责任的办展单位是____。

A. 主办单位　B. 承办单位　C. 协办单位　D. 支持单位

3. 电子信息类展览会主要面向 IT 行业，这一定位称为____ 。

A. 目标定位　　B. 市场定位　　C. 主题定位　　D. 广告定位

4. 先设定一种理想状态或者最坏结果，然后按策划程序一步步往前倒推，这种策划方法叫____。

A. 顺向思维法　　B. 逆向思维法

C. 过程决策程序图法　　D. 系统分析策划法

5. 采用问卷、电话、网络等方式，反复征求多个专家意见直至得出比较统一的意见，这种方法称为____ 。

A. 脑力激荡法　　B. 专家调查法　　C. 德尔菲法　　D. 头脑风暴法

6. 策划方案主题鲜明扼要，逻辑合理，便于执行，这一原则体现了____。

A. 量力而行原则　　B. 大胆创新原则　　C. 细致全面原则　　D. 方便操作原则

7. 2006 杭州世界休闲博览会的主题是____。

A. 城市，让生活更美好　　B. 人与自然

C. 同一个世界，同一个梦想　　D. 休闲——改变人类生活

8. 不断地提出新理想或愿望进而探求解决问题和改善对策的方法叫____。

A. 属性列举法　　B. 希望点列举法　　C. 优点列举法　　D. 缺点列举法

9. 定好一个理想的目标，然后按顺序考虑实现目标的手段和方法叫____。

A. 过程决策法　　B. 顺向思维法　　C. 逆向思维法　　D. PDPC 法

10. 直接引进或者模仿外国或外地区的会展活动名称、形式、内容而为我所用的方法叫____。

A. 深入挖掘法　　B. 外部借鉴法　　C. 理性预测法　　D. 规划整合法

## 四、判断题

1. 在管理职能中策划贯穿管理活动始终。(　)

2. 在分析论证过程中，市场调查研究和充分的内部、外部讨论是确定展览会主题的前提。(　)

3. PDCA 管理过程循环是指策划、实施、检查、改进四个环节的循环。(　)

4. 创新是策划的生命，也是创意、创造的源泉。(　)

5. 设定一个理想状态（或非理想状态）逆向而上进行过程决策思维就是顺向思维法。(　)

6. 对多个会展活动进行整合，以取长补短提高办展效率的方法叫理性预测法。(　)

7. 两三人自由组合在3分钟时限内就讨论的主题互相交流意见的方法叫六六讨论法。(　)

## 五、简答题

1. 简述策划、规划、计划的联系与区别。
2. 简述会展活动的举办单位。
3. 简述会展活动策划方案的评价方法。
4. 简述过程决策程序图法。
5. 简述系统分析策划法。

## 六、案例分析

### 2010中国（杭州）国际动漫节案例

（案例见31页“2010中国（杭州）国际动漫节”）

根据上述案例回答如下问题：

联系国际动漫节的相关活动，谈谈2010中国（杭州）国际动漫节主题、内容、形式策划创新思维。

### 杭州娃哈哈西湖国际狂欢节案例

作为杭州西湖博览会的一项重要活动，杭州西湖国际狂欢节以“快乐杭州”为主题，成为最受杭州市民欢迎的国际性文化艺术交流活动和大型群众文化体育活动，狂欢踩街巡游的沿途观众不下10万人。在历届西湖国际狂欢节中，2005年娃哈哈西湖国际狂欢节是做得最好的。

2005娃哈哈西湖国际狂欢大巡游由三个行进式表演板块组成：第一板块为都市时尚板块，有帅气的骑警队，Cosplay秀，古典乐队，小朋友组成的小蜜蜂、小精灵、小太空人方阵，动漫卡通表演，轮滑表演，时尚街舞，果蔬方阵等15支时尚队伍表演。第二板块为民间艺术板块，新疆舞、侗族舞、瑶族舞、佤族舞及龙马灯、舞龙等民间表演各具浓郁民族特色。第三板块为世界风情板块，热烈奔放，充满异域情调，有来自德国、法国、巴西、英格兰等10余支外国表演队伍。狂欢巡游线路为从浙江省人民大会堂—环城西路—湖滨路—南山路—柳浪闻莺，全程约3500米。巡游队伍途经之路被热情的市民围得水泄不通。当狂欢的队伍经过时，热情的杭州百姓都用掌声、欢呼声响应。

根据上述案例回答如下问题：

分析杭州西湖国际狂欢节策划组织方面的不足，尤其是在如何让市民和游客参与方面提出具体建议（提示：必须联系国内外类似活动案例进行分析）。

## 七、实践与训练

实训题一：运用思维闪电策划法，策划一项自办校园展览项目。

校园会展活动试验项目可以运用思维闪电策划法进行创意训练，最后集中焦点（主题）深入项目策划（参阅本章图2–16）。

实训题二：运用过程决策程序图法（顺向策划法、逆向策划法）设计预测××春季休闲服饰展开幕式关键程序（点）。

过程决策程序图法是制订计划阶段或进行系统设计时，事先预测设计出一系列对策措施以争取达到理想结果的一种策划方法。按思维惯性的不同分为顺向思维法和逆向思维法（标出10个关键点以上）。

# 第三章 会展立项策划与可行性分析

会展活动项目立项策划和可行性分析是会展策划与管理的重点，能否独立或合作完成编写会展活动项目策划方案和可行性研究报告是衡量一个“会展人”策划水平和综合能力的重要标志。通过本章内容学习，有助于帮助掌握会展活动项目SWOT分析、可行性分析、财务分析的一般方法和技巧，并结合实训项目学习相关文案的编制。

本章内容包括：会展活动立项策划与会展活动可行性分析以及两者之间的逻辑关系，会展活动立项策划书基本格式和会展活动可行性研究报告编制规范，会展活动项目SWOT分析法及其相关战略战术、策略方法的应用，会展活动项目的市场环境分析、产品生命力分析、执行方案分析、财务盈亏分析等。

## 学习目标

### 方法能力目标

熟悉会展项目立项策划与可行性分析之间的逻辑关系，重点掌握会展活动项目SWOT分析、可行性分析、财务分析的基本原理和方法，并能灵活运用这些原理和方法，独立或与人合作开展会展活动项目立项策划或会展活动项目可行性研究。

### 专业能力目标

通过本章知识的学习，能够运用相关理论知识，按照会展活动项目立项策划书和会展活动项目可行性研究编制规范的基本要求，深入调查，独立思考、分析研究、团队合作，共同完成会展活动项目立项策划方案和会展活动项目可行性研究报告的编制。

### 社会能力目标

结合教学进度，对当地有代表性的会展活动项目开展调研，现场考察该会展活动项目策划、组织、运行模式；分别研究该会展活动项目题材选择、立项策划和可行性分析的基本思路；结合实训项目与会展企业探讨联合办展的可能性，并组织实施校内外实训项目。

## 案例

### 深圳高新技术产品交易会

每年10月在深圳举行的高新技术产品交易会（简称“高交会”）有“中国科技第一展会”之称，自从首届高交会由时任国务院总理朱镕基宣布开幕以来，到2010年共举办了12届，深圳高新技术产品交易会政府主导型展会的特征非常明显。但是，从2007年第九届高交会开始，深圳高新技术产品交易会市场化运作取得了突破，主要标志是往届高交会报名工作都是由深圳市委宣传部主导，而2007年以后统一由高交会交易中心负责招商招展。在此前的深圳行政体制改革中，高交会交易中心已经不再是政府事业单位，而是按照现代企业制度运行的企业法人。这一改变彰显了我国政府主导型展会正向市场化运作发展的巨大进步。

与德国汉诺威、法兰克福及我国香港等国际性展会相比，我国内地大型展会仍然带有比较浓厚的政府主导色彩，这主要体现在需要国家有关部门或各级政府、部门以发文、号召等方式，组织企业参展，各级政府和部门组织企业参展主要是一项“政治”任务，而不是“企业”行为，是国家机关和政府部门自上而下的“压力”所致，而非社会民间自下而上的“利益”驱动，这也是我国大型展会政府色彩浓厚的主要原因。诚然，大型展会在举办之初采用这种方式能够保证展会的规模和档次，但如果长期以政府为主导办展、办会、办节，就会与我国经济改革的目标取向背道而驰。

会展行业要吸引企业参展，必须淡化展会的政府色彩，必须强化展会的市场色彩，让会展走向市场化。政府可以支持行业组织办展览，但最好是“放手”而不插手。赢不赢利，主要看主办方“游泳”的本领，看会展本身的市场潜力和价值，看它对参展企业是否有吸引力。无论是举办专业展会还是综合展会，政府只能发挥“游戏规则”制定者和“裁判员”作用，要让会展公司真正成为“运动员”。既当裁判员又当运动员，不仅会牵扯政府精力，导致该做的事情做不好，更为严重的是会破坏展览市场的竞争秩序和展览行业的健康发展。随着我国市场经济体制改革的深化，政府办展、办会、办节实际上是“错位”的，既不该办也办不好，应该“放手”让会展企业去承办，已经办起来的“政府主导型展会”也应该朝市场化转型。深圳高交会市场化运作方面的尝试值得借鉴。

会展活动项目的可行性研究，除了争取政府部门大力支持外，更重要的是必须引入“优胜劣汰”的市场竞争机制，重视市场环境，加强市场条件和市场前景分析，归根结底，会展活动项目是否可行，关键不是由“市长”说了算而是要让“市场”说了算。

### 案例分析

根据深圳高交会市场化运作方面的尝试，联系本地展会实际，谈谈市场化运作的主要做法。

# 第一节　会展活动项目立项策划

会展活动项目是指以会议、展览、活动、节事旅游等形式出现，在特定的时空背景下面向专业观众或社会公众参与的聚集性活动。我们所说的会展活动项目策划，主要是指会展活动项目的立项策划，即编制会展活动总体（框架）方案的过程。会展活动项目立项策划是会展活动项目可行性分析的初级阶段，属于会展活动项目的机会研究或者预可行性研究。

## 一、会展活动立项策划的含义

会展活动项目立项策划，就是根据掌握的各种信息，对即将举办的展会活动的相关事宜进行初步规划，设计出会展活动的基本框架，提出拟举办展会的主题、内容、形式、措施等。

## 二、会展活动立项策划的基础

一般来说，新题材会展活动项目经过预可行性论证或者确实表明具备举办条件的可以进入立项策划，老题材会展活动项目一般已经举办过，经过适当改进可以继续举办的可以直接进入立项策划。

### （一）会展活动项目题材选择

**新立题材**。通过对信息的收集和整理，选定一个本展览机构从来没有涉及，或其他展会主办方进入得少甚至没有展会主办方进入的展览题材。

**分列题材**。将展会主办方已有的展会的展览题材再做进一步细分，从原来的大题材中分列出更小的题材，并将这些小题材办成独立的展会的选题方式。

**拓展题材**。将现有展会所没有包含的但与现有展会的展览题材有密切关联的题材，或是将现有展会展览大题材中还未包含的某一细分题材列入现有展会展览题材的方法。

**合并题材**。将两个或两个以上彼此相同或有一定关联的展览题材的现有展会合并为一个展会，或将两个或多个展会中彼此相同或有一定关联的展览题材合并在一个展会中展出。

### （二）会展活动项目立项报批

会展活动立项策划在业界也称为“项目报批”，即通过项目立项策划完成报批或备案的过程，以期得到主管部门审批或政府职能部门的认可。

根据国家会展业相关法规，在境内举办的对外经济贸易技术合作类国际展会（俗称“外展”），必须得到国家商务部系统或中国贸促会的批文，国际科技、文化、教育类展会活动还必须事先得到国家科技部、文化部、教育部的审批，国家商务部备案；国内商品展会（俗称“内展”）按照国家工商行政管理部门管理权限，必须受当地工商行政管理部门现场监管。只有经过主管部门审批的会展活动项目才能进入项目正式启动阶段（以对外招商招展为标志）。

### （三）会展活动立项策划要求

会展活动项目立项策划的主要任务是编制《会展活动项目策划书》或《会展活动项目策划方案》。

## 三、会展活动项目策划的内容

《会展活动项目策划书》或《会展活动项目策划方案》相当于我们平时所说的《会展活动项目总体方案》或者《会展活动项目框架方案》，无论是策划书、策划方案，还是总体方案、框架方案，都是通过策划为举办某项会展活动项目而提出的一套办展、办会、办节的整体规划、运作策略和实施方法，是会展活动项目灵活运用一系列策划原理和方法的重要成果，更是点子策划、创意策划、系统策划、整合策划的综合归纳和推演。主要内容包括：

**办展市场环境分析**。包括对展会展览题材所在产业和市场的情况分析，对国家有关法律、政策的分析，对相关展会情况的分析，对展会主办地市场的分析等。

**提出展会的基本框架**。包括展会的名称和举办地点、展会主办方的组成、展品范围、办展时间、办展频率、展会规模和展会定位等。

**展会价格及初步预算方案**。包括展位价格、广告价格、赞助价格、门票价格以及相应的收入支出预算计划。

**展会工作人员分工计划**。组建项目管理团队，确定项目经理和相关专业人员的团队组合及其工作职责分工。以政府为主导的地方标志性会展活动，还要确定相关职能部门的工作职责和分工。

**展会招展计划**。收集和拟定参展商目标客户群，按照市场细分和营销策略，对目标客户群进行招展。

**展会招商计划**。收集和拟定专业观众目标客户群，按照市场细分和营销策略，对目标客户群进行招商。吸引普通观众主要通过宣传推广手段进行。

**展会宣传推广计划**。结合招商招展编制宣传推广计划，重点是做好广告计划、媒体报道计划的编制。

**展会筹备进度计划**。利用时间进度计划管理工具（甘特图）进行编制，进度计划挂在墙上，更重要的是要落实在行动上。

**展会服务商安排计划**。广告商、搭建商、物流商、礼品商、快餐提供者、花卉植物提供者、志愿者服务等各类展会服务商的配合计划，做到万无一失，确保展会顺利进行。

**展会开幕和现场管理计划**。关注细节，细节决定成败，重视展会现场策划与管理，尤其是展会开幕式、招待酒会、新闻发布会、产品发布会等重要现场进行专题策划。

**展会期间举办的相关活动计划**。“节中展”、“展中会”、“会中赛”等各类会展活动以及综合性节庆活动、会展活动等，一般由许多项主体活动和配套活动组成，各项组成活动都应有详尽的计划安排。

**展会结算计划**。对展会预期目标和收益情况（赢利、平衡、亏损）进行事先计划，做到心中有数，胸有成竹。

某展会立项策划书框架内容，基本格式和写作要求可以供我们编制会展活动项目立项策划书时参考（图 3–1）。

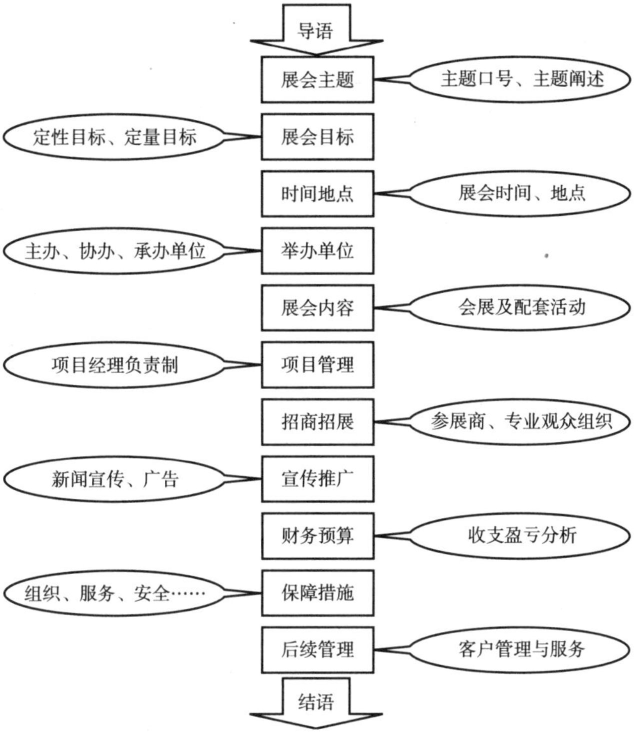


**图3-1　会展活动项目立项策划书参照格式**

## 四、会展活动项目策划书格式

### （一）展会名称

展会名称一般由基本部分、限定部分和行业标志（补充部分）三方面内容组成。例如，第100届中国出口商品交易会，基本部分：交易会；限定部分：中国、第100届；行业标志（补充部分）：出口商品。

基本部分用来表明展会的性质和特征，常用展会、博览会、展销会、交易会、××节、××赛等表示。

限定部分用来说明展会主办的时间、地点和地域范围，常用××年、××季、××届、××地区、中国、国际、世界等表示。

行业标志（补充部分）用来表明展览题材和展品范围，表示展会的基本属性，让人一目了然属于什么类型的展会，常用服饰、建材、五金等表示。行业标志通常是一个产业的名称，或者是一个产业中的某一个产品大类。

展会名称一般可以作为会展活动项目策划书的名称，例如《第十届大连服装节活动项目策划书》。

### （二）导语

导语是会展活动项目策划书正文的引言部分，简要介绍会展活动的目的和指导思想，办展、办会、办节的宗旨、理念、方针，简明扼要，言简意赅，提纲挈领，统揽全局。

### （三）展会主题

展会主题是会展活动项目策划书的灵魂，定位准确，思路清晰，口号响亮，并对主题思想进行必要的扩张和延伸（参阅 2006 杭州世界休闲博览会主题）。

相关链接　搜索

**2006 杭州世界休闲博览会主题**

主题：休闲——改变人类生活

主题思想：引进先进的休闲理念，倡导健康的休闲方式，提高城市的休闲服务水平，丰富人们的休闲体验，享受更加美好的生活！

主题口号：

1. 相约中国杭州，共享休闲时光！
2. 国际博览盛会，精彩休闲体验！
3. 感受休闲生活，领略世界风情！

### （四）举办单位

举办单位是指负责展会的组织、策划、招展和招商等事宜的有关单位。展会主办方要求是具有独立法人资格的企事业单位、行业协会、政府部门和新闻媒体等。

根据各单位在举办展会中的不同作用，展会主办单位分为主办单位、承办单位、协办单位、支持单位等。

**主办单位：** 拥有展会并对展会承担主要法律责任的办展单位。主办单位在法律上拥有展会的所有权。

**承办单位：** 直接负责展会的策划、组织、操作与管理，并对展会承担主要财务责任的办展单位。

**协办单位：** 协助主办或承办单位负责展会的策划、组织、操作与管理，部分地承担展会的招展、招商和宣传推广工作的办展单位。

**支持单位：** 对主办或承办单位的展会的策划、组织、操作与管理，或者是招展、招商和宣传推广等工作起支持作用的办展单位。

### （五）举办时间

包括时间点和时间段概念，例如展会开幕时间、展会延续时间、展会布展撤展时间、展会对专业观众和普通观众开放的时间、展会相关活动时间等。

### （六）举办地点

会展活动项目的举办国家、城市、展馆、主会场、分会场以及相关活动的举办场所。

### （七）展品范围

展品范围根据展会的定位、展会主办方的优劣势和其他多种因素来确定。展品范围可以包括一个或者是几个产业，或者是一个产业中的一个或几个产品大类，一般来说“博览会”和“交易会”的展品范围很广，如“广交会”的展品范围就超过10万种，中国义乌小商品博览会的展品范围超过20万种，几乎是无所不包；而德国“法兰克福国际汽车展会”的展品范围涉及的只有汽车产业。会展发展经验表明，越是会展发展中国家展会的会展活动项目的综合性越强，越是会展发达国家会展活动项目的专业性越高。

### （八）展会频率

展会频率受展会题材所在产业和展会产品生命周期所制约，产品处于开发期、引进期时大家对展会前景看不清、摸不透，有战略眼光的发展商可以尝试举办或不定期举办展会，逐步培育展会项目，培育期一般需要若干年，展会项目“一炮打响”的

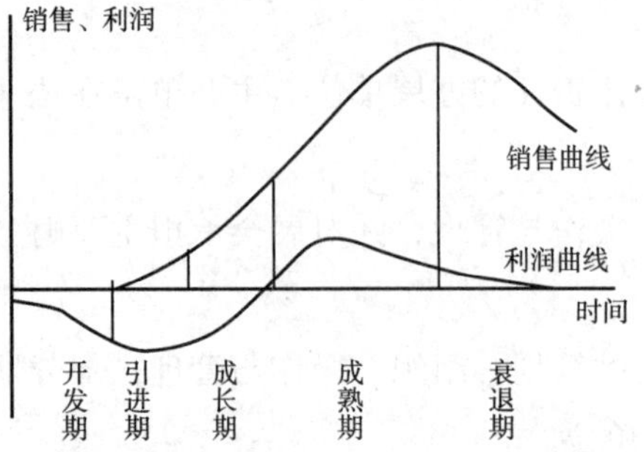


**图3-2　会展活动项目产品的生命周期**

还比较少见；到产品成长期、成熟期说明展会项目相对比较成熟，客户市场相对比较稳定，这时候可以把展会由不定期举办过渡到定期举办（如一年一届或两年一届），相伴相关产业快速发展，一道成长；过了成熟期就到了衰退期，展会项目要通过主题、形式、内容的创新尽可能延续发展，实在难以为继就要考虑逐步退出市场（图 3-2）。

会展活动项目举办频率与会展活动项目的生命周期密切相关。会展活动项目的引进期和成长期是企业踊跃参展的黄金时期，展会的办展频率要牢牢抓住这两个时期。

## （九）展会规模

展会规模包括三个方面的含义：一是展会的展览面积（参展单位）是多少；二是参观展会的观众有多少；三是展会成交金额是多少。在策划举办一个展会时，对这三个方面都要作出预测和规划。

## （十）展会定位

展会定位就是展会主办方根据自身的资源条件和市场竞争优势，通过建立和发展展会的差异化竞争策略，使自己举办的展会在参展企业和观众心目中形成一个鲜明而独特的印象的过程。

展会定位主要要明确展会的目标参展商和观众、办展目标、展会的主题等，包括目标定位、市场定位、主题定位、广告定位等。展会定位就是要清晰地告诉参展企业和观众本展会“是什么”和“有什么”。

## （十一）展会价格

展会价格主要是为参加展会的参展商（主要是展位）和会议代表（主要是会务费）制定一个合适的价格，以方便招商招展或会议代表邀请时报价。

展会价格包括展位价格、广告位价格、展具租赁价格、会刊广告价格、门票价格（如果有）、会议厅价格、饭店餐饮价格等。

展位价格包括室内展场的价格和室外展场的价格，室内展场的价格又分为光地价格和标准展位价格。

在制定展会的价格时，一般遵循“优地优价”的原则，即那些便于展示和观众流量大的展位的价格往往要高一些。同时必须遵循供求规律：当供不应求时价格上涨，当供过于求时价格下降。

### （十二）展会初步预算

展会初步预算是根据制定的展会价格对举办展会所需要的各种费用和举办展会预期收入进行初步预算。在策划举办展会时，要根据市场情况给展会确定一个合适的价格，这样对吸引目标参展商参加展会十分重要。

### （十三）人员分工计划，招展、招商计划和宣传推广计划

人员分工计划，招展、招商计划和宣传推广计划是展会的具体实施计划，这四个计划在具体实施时会互相影响。人员分工计划是对展会工作人员的工作进行统筹安排。招展计划主要是为招揽企业参展而制定的各种策略、措施和办法。招商计划主要是为招揽观众参观展会而制定的各种策略、措施和办法。宣传推广计划则是为建立展会品牌和树立展会形象，并同时为展会的招展和招商服务。

### （十四）展会进度计划、现场管理计划和相关活动计划

展会进度计划是在时间上对展会的招展、招商、宣传推广和展位划分等工作进行的统筹安排。它明确在展会的筹办过程中，到什么阶段就应该完成哪些工作，直到展会成功举办。展会进度计划安排得好，展会筹备的各项准备工作就能有条不紊地进行。最常用的时间管理工具是甘特图，例如会刊设计可以分为编辑加工、设计版式、图文制作、打印校样、印刷清样、设计封面等几个步骤，每个步骤都需要时间管理（图 3–3）。

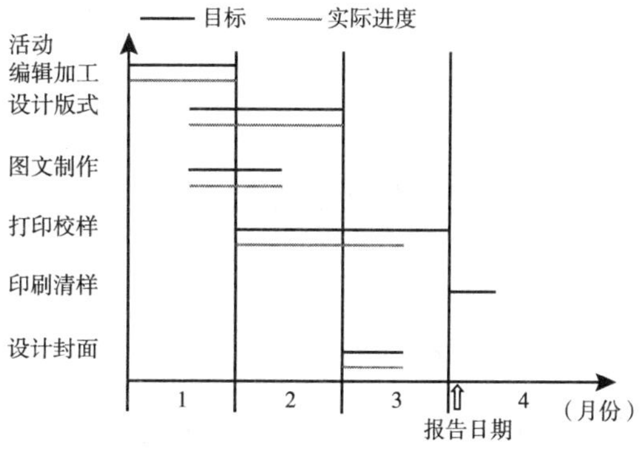

图3–3　会刊编制时间管理工具甘特图

现场管理计划是展会开幕后对展会现场进行有效管理的各种计划安排，它一般包括展会开幕计划、展会展场管理计划、观众登记计划和撤展计划等。现场管理计划安排得好，展会现场将井然有序，展会秩序良好。

相关活动计划是对准备在展会期间同期举办的各种相关活动作出的计划安排。与展会同期举办的相关活动最常见的有技术交流会、研讨会和各种表演等，它们是展会的有益补充。

## 第二节　会展活动项目可行性分析

完成会展活动立项策划并不意味着会展活动项目就可以举办了。项目立项只是对举办什么题材的展会和如何举办该展会提出了一个初步的意见，制订了一套初步的方案，属于会展活动项目的预可行性研究阶段，至于该展会是否真的可以举办和该方案是否真的可行，还需要对该展会项目及方案进行深入的可行性分析，即进入会展活动项目可行性研究阶段，除非一些中小型会展活动项目简便可行无须开展可行性分析，一般来说，可行性分析论证结论及据此作出的正确决策，才是决定最后是否可以举办该展会的最终依据（图 3-4）。

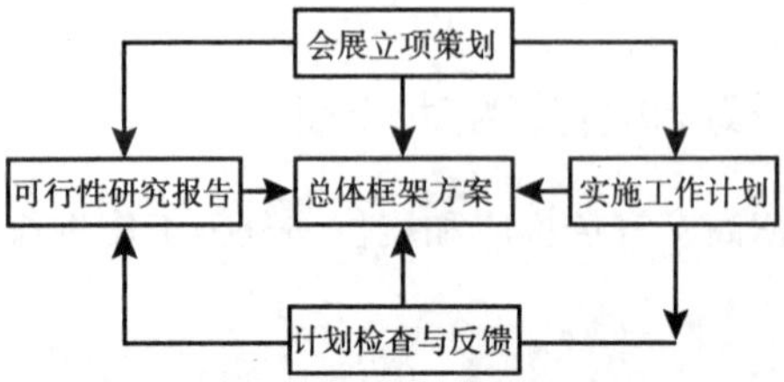

图3-4　可行性分析与立项策划关系图

### 一、可行性研究的含义

可行性研究又称可行性分析（简称“可研”），根据可行性研究编制的报告称为可行性研究报告（简称“可研报告”）。可行性研究报告是制订计划的前提，是通过全面调查和深入研究，分析论证某个商务活动项目是否切实可行的一种书面材料。

**预可行性研究。**项目预可行性研究也称项目机会研究或者初步可行性研究，一般是在投资机会研究的基础上（或者与投资机会研究一起进行），对项目方案进行初步的技术经济论证，对项目是否可行进行初步判断。

**可行性研究**。可行性研究是运用多种科学手段（包括技术科学、社会学、经济学及系统工程学等）对项目的必要性、可行性、合理性进行技术经济论证的综合科学。会展活动项目可行性研究是项目管理前期工作的主要内容，可行性研究通过市场分析、技术研究、经济测算，最后确定是否投资开发该会展活动项目。

可行性研究是在投资决策之前，对拟开发项目进行全面技术经济分析论证的科学方法，在项目管理中，可行性研究是指对与会展活动项目有关的自然、社会、经济、技术等进行调研、分析比较以及科学预测社会经济效益的经济技术方法。

如果通过会展活动项目可行性分析，证明会展活动项目的市场条件具备，在会展活动生命周期中具有生命力，各种执行方案策划合理，项目在经济方面有利、在技术上可行，运行风险较小，且有一定的社会效益和经济效益，就可以决策举办该会展活动项目。

**可行性评判依据**。可行性研究是运用多种科学手段综合论证项目在技术上是否先进、实用和可靠，在财务上是否赢利，提出环境影响、社会效益和经济效益的分析和评价，及项目抗风险能力等的结论，为投资决策提供科学的依据。可行性研究还能为银行贷款、合作者签约、规划设计等提供依据和基础资料，它是决策科学化的必要步骤和手段。

**可行性研究标准**。可行性研究是以市场供需为立足点，以资源投入为限度，以科学方法为手段，以多项评价指标为结果，它通常要处理两方面的问题：第一是要确定项目在技术上能否实施；第二是如何才能取得最佳的效益（主要是指经济效益）。可行性研究的基本出发点和归宿是市场，满足目标客户的需要并接受市场的检验，即市场导向原则是开展可行性研究的关键。可行性研究的重点在于投资回报，即能否取得最佳的经济效益，并兼顾社会效益和环境效益。

会展活动项目可行性研究是在展会立项策划基础上完成的研究报告，可行性研究是展会项目立项策划的延续和深化。展会项目立项策划主要是在掌握各种信息的基础上，初步提出计划举办的展会“是什么样的”；展会可行性研究则是在仔细研究各种信息的基础上，深入分析举办展会立项策划提出的“那样的展会”是否可行，为最后是否举办该展会提供科学的决策依据。

## 二、会展活动项目可行性研究

会展活动项目可行性研究是把会议、展览、活动、节事旅游等作为研究对象，主要从会展活动项目是否有市场发展空间，经济上是否切实可行，资金投入能否取得预期回报等方面进行深入研究。会展行业的可行性研究分为三类：

**宏观层面的可行性研究**。主要从会展产业发展大局，研究一个地区、一个城市会展产业发展的可行性。例如杭州下城区会展产业发展可行性研究，主要通过SWOT分析，分析研究21世纪会展产业所面临的机遇与挑战，并提出相应对策，以环球中心——西湖文化广场建设为契机，浙江展览馆、浙江科技馆、和平会展中心为主力，努力作为城市会展业发展龙头带动杭州会展业的发展。

**中观层面的可行性研究**。主要是会展中心建设对周边地区的带动影响，研究高星级饭店、国际会展中心、购物广场，高档写字楼、高级公寓等城市CBD综合体工程的可行性。中观层面的可行性研究围绕大型会展中心建设进行，与会展业发展密切相关。例如20世纪90年代兴建的浙江世界贸易中心就带动了杭州世贸板块的黄龙商圈形成，以世贸国际会展中心为标志性建筑，形成了世贸大厦、世贸大酒店、黄龙饭店、浙江图书馆、世纪广场、黄龙体育中心等城市综合体，“世贸现象”成为杭州西湖区最具有经济活力的一个象征。

**微观层面的可行性研究**。主要是从会展活动项目本身进行分析，西湖博览会每年都有100多项会议、展览活动，各个会展活动项目主办方、承办方都会对自己承担的项目进行深入的可行性研究（或者至少做好立项策划），项目主办方、承办方的投入肯定是要有回报的。因此，微观层面的可行性研究与企业的切身利益紧密相关。

以上三个层面的可行性研究，是会展可行性研究所特有的，宏观层面的可行性研究大大促进了会展产业的发展，性质上属于行业性可行性研究；中观层面的可行性研究大大推动了各地以会展中心为标志的城市CBD和旅游综合体的发展，性质上属于建设工程可行性研究；微观层面的可行性研究使得更多的会展活动项目更具有可操作性，项目抗风险能力和赢利能力大大增强，性质上属于商贸活动项目可行性研究。会展宏观层面的可行性研究以政府主管部门为主，会展中观层面的可行性研究主要以投资方为主，会展微观层面的可行性研究则主要以会展活动主办方为主。

会展活动项目可行性研究主要是指会展微观层面的可行性研究，即商贸活动项目可行性研究。

## 三、会展活动项目可行性研究的作用

**作为项目投资决策的依据。**一个会展活动项目，就像工程建设项目一样，同样需要资金的投入，尤其在大型展会和几家单位联合办展办会的情况下，花费的人力、物力、财力很多，不是只凭经验或感觉就能确定的，而是要通过对投资决策是否可行、会展活动项目是否为展商客商所接受、展会项目有无竞争能力、经济效益和投资回报如何等进行可行性研究分析，从而得出该会展活动项目该不该做，如果做按哪种方案会取得最佳的效果，以此作为会展活动项目投资决策的依据。可行性研究报告还是大型会展活动尤其是国际性会展活动报批的重要基础性材料。

**作为项目资金筹集的依据。**大型会展活动项目光靠自身投入是远远不够的，像北京奥运会、上海世博会投入动辄几十几百亿元人民币，更需要金融机构和财务公司、信托公司的大力支持，国际会展中心建设也需要银行贷款支持，金融机构都会把可行性研究报告作为项目申请贷款的审核依据，并对可行性研究报告进行全面、细致的分析评估，才能确定是否给予贷款。

**作为签订合作协议的依据。**会展活动项目举办单位包括主办单位、承办单位、协办单位、支持单位、赞助单位等多个法人主体，除了协办单位、支持单位与主办方关系相对松散外，一般来说法人主体之间都需要签订合作协议，而且目前国内大部分会展活动项目都有两家以上的主办或承办单位，很少有单打独斗的。相关合作单位最看重的当然是所提供的可行性研究是否可行，只有当可行性研究得到相关利益者认可，合作的意向和基础才能建立。

**作为编写实施方案的依据。**在可行性研究报告中，对会展活动项目的预期目标、规模、主题、内容、形式、目标客户、招商招展方案、宣传推广计划、时间进度计划等都有详尽的分析和论证，可行性研究报告活动主管部门认可后，会展活动实施方案等就可以据此有条不紊地进行深化设计。如果项目策划团队先做了可行性研究，那么项目的总体方案也可以根据可行性研究报告进行编制。

总之，可行性研究的根本目的是实现项目决策的科学化、民主化，减少或避免投资决策的失误，提高社会、经济、环境效益。可行性研究是围绕市场需求、资源供应、投资规模、招商招展、宣传推广、社会影响、资金筹措、经济效益、赢利能力等，从经济、技术、方法、手段等方面进行调查研究和分析比较，并对项目运营后可能取得的财务、经济效益及社会环境影响进行预测，从而提出该项目是否可行的建议，为项目决策提供依据的一种综合性的系统分析方法。它具有预见性、公正性、可靠性、科学性的特点。

## 四、会展活动项目可行性研究报告编制规范

一个完整的会展活动项目可行性研究报告主要包括以下内容，这一编制规范可以结合具体会展活动项目的实际灵活运用、深入研究（图 3-5）。

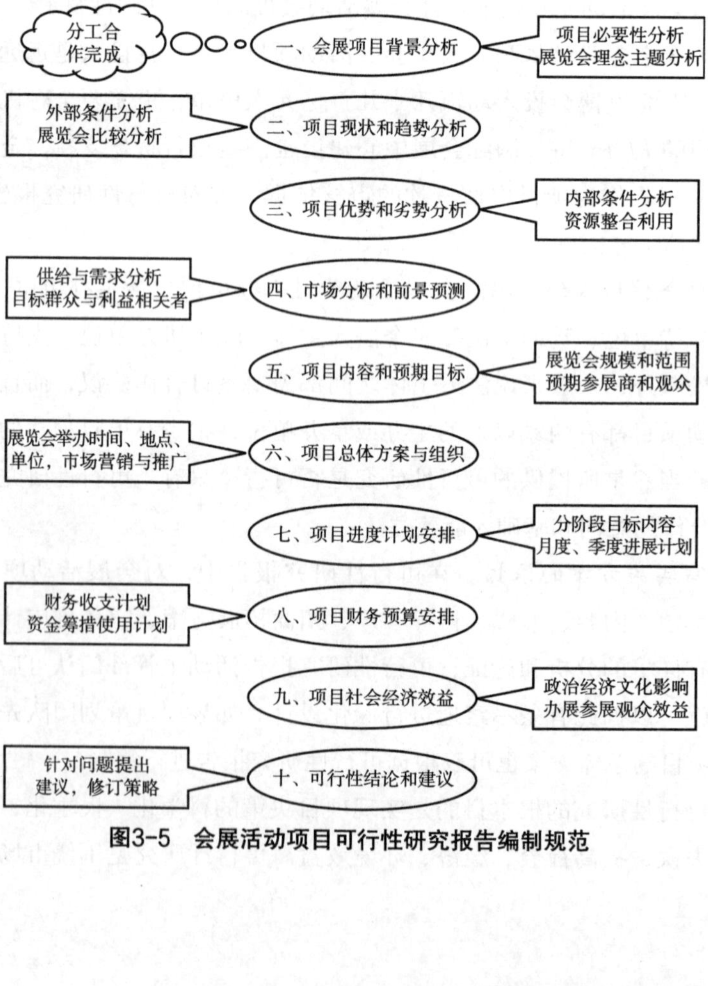


图3-5　会展活动项目可行性研究报告编制规范

### （一）会展项目背景分析

会展环境分析；
社会、经济意义分析；
会展活动项目立项的必要性；
会展活动项目的宗旨、主题、理念等。

### （二）项目现状和趋势分析

分析国内相关会展活动项目的现状与发展趋势。

### （三）项目优势和劣势分析

运用 SWOT 分析法，对展会主办方内部优势、劣势和外部威胁、机会进行实事求是的分析。

### （四）市场分析与前景预测

供给和需求。通过市场细分，分析现实和潜在需求。

市场和营销。分析市场结构，提出市场营销组合策略和市场促销策略。

确定目标群体和利益相关者。包括合作伙伴和参展商、客商、赞助商、服务商等目标客户群分析。

市场趋势和发展前景。包括国际、国内和地区市场趋势和发展前景。

### （五）项目内容和预期目标

题材选择与创新；
总目标、分阶段目标、预期效果；
主体内容与辅助内容构想。

### （六）项目总体方案与组织

展会时间、地点、规模安排；
确定合作伙伴；
确定招商招展营销和市场推广方式；

进行项目规划，包括内容安排、项目管理、进度控制等。

### （七）项目进度计划安排

项目实施进度和月度工作主要目标和内容。

### （八）项目财务预算安排

项目投资、筹资计划、资金预算与使用安排、还款能力分析等。

### （九）项目社会经济效益

社会效益：对当地政治、经济和文化方面所起的作用，包括城市或地区的形象、知名度，带动相关行业发展，促进文化交流等；经济效益：主办方收益、参展方和专业观众收益、会展品牌树立等，争取双赢、多赢局面。

### （十）可行性结论和建议

项目可行还是不可行，如果可行，其风险是大还是小，投资回收情况，并对有可能出现的问题提出相应对策和建议。

# 第三节　会展活动项目 SWOT 分析法

SWOT 分析法是会展活动项目可行性研究的重要方法，普遍适用于项目管理的各个阶段。

## 一、SWOT 分析法的含义

SWOT 分析法又称为态势分析法，它是由美国旧金山大学管理学教授韦里克于 20 世纪 80 年代初提出来的，是一种能够较客观而准确地分析和研究一个单位现实情况的方法。

SWOT 英文字母分别代表：优势（Strength）、劣势（Weakness）、机会（Opportunity）、威胁（Threat）。从整体上看，SWOT 又可以分为两部分：第一部分为 SW，主要用来分析内部条件；第二部分为 OT，主要用来分析外部条件。

**优势（Strength）**。是组织机构的内部因素，具体包括：有利的竞争态势，充足的财政来源，良好的企业形象，充实的技术力量，显著的规模经济，优质的产品服务，较大的市场份额，较低的成本优势，强大的广告攻势等。

**劣势（Weakness）**。是组织机构的内部因素，具体包括：人才缺乏，设备落后，管理混乱，缺少关键技术，研究开发落后，资金短缺，经营不善，市场不畅，竞争力差等。

**机会（Opportunity）**。是组织机构的外部因素，具体包括：新项目，新市场，新题材，市场壁垒解除，竞争对手失误等。

**威胁（Threat）**。是组织机构的外部因素，具体包括：新的竞争对手，同类产品增多，目标市场紧缩，行业政策变化，经济衰退，客户偏好改变，突发事件等。

通过 SWOT 分析法，可以从中找出对自己有利的、值得发扬的因素，以及对自己不利的、要避开的因素，发现存在的问题，找出解决的办法，并明确以后的发展方向。

## 二、SWOT 战略分析矩阵

SWOT 分析中，SW 主要用于内部因素分析，包括优势分析、劣势分析；OT 主要用于外部条件分析，包括机遇分析、威胁分析（图 3-6）。

在分析具体问题时，可以建立 SWOT 分析矩阵，针对主办方的客观环境，重点分析与主办方密切相关的主要因素，根据客观环境，分别执行 SO 战略、WO 战略、ST 战略和 WT 战略；并在战略运用中注意办展策略的灵活运用，做到战略上藐视对手，战术上重视对手，策略上超过对手，方法上胜过对手。

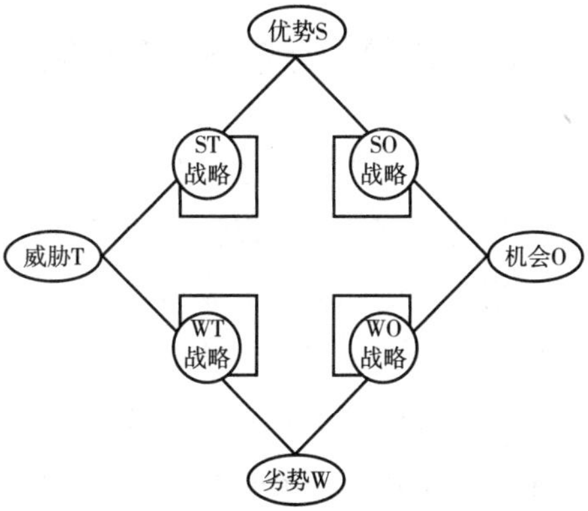


图3-6　SWOT战略分析矩阵图

**SO 战略**。SO 战略是自身优势十分显著又面临历史难得机遇的情况下采取的一种强势战略，即主要依靠自身的优势和市场机会开拓业务。例如，展会主办方有办展的丰富经验（内部优势），同时某一行业协会举办的某展会办展规模逐渐减小，并有意转让这一业务或办展主题新颖、没有竞争者等（外部机会），此时，展会主办方应充分利用自身的优势主动发展这一展会。

**ST 战略**。ST 战略是自身具有一定的优势但同时面临竞争威胁的情况下采取的一种灵活应对战略。即充分利用展会主办方的优势，同时规避或减轻外部威胁。例如，展会主办方的品牌优势显著（内部优势），但它却是刚刚涉足新题材的会展（外部威胁），此时，就可以利用此战略，利用品牌优势来吸引客户。

**WO 战略**。WO 战略是自身劣势明显但又面临市场进入机会的情况下所采取的一种分进合击战略，即把握市场机会，弥补自身薄弱力量。例如，通过市场分析得到结论，举办某题材的会展市场前景看好，地区行业支持展会等（外部机会），但展会主办方却缺乏相关经验，没有专业人士，缺乏资金等（内部劣势），此时，如果市场条件成熟，展会主办方就可以利用社会力量来举办此项展会。

**WT 战略**。WT 战略是面临市场威胁自身又处于显著劣势的情况下所采取的一种弱势战略，这种情况下自身没有任何优势可言，又面临生存与发展的巨大威胁，要改变这种局面，只能努力克服展会主办方劣势，通过增强企业实力来规避外部威胁。例如，展会主办方的某项展会与某有重大影响的同类展会有冲突（外部威胁），而自身又没有能力来改变这种状况，或对此展会缺乏办展经验（内部劣势），此时，展会主办方就应该利用此战略，对自己的展会进行重新定位或调整举办时间、地点。

## 三、SWOT 分析基本模型

根据 SWOT 分析法，我们可以将问题按轻重缓急分类，明确哪些是目前急需解决的问题，哪些是可以稍微拖后一点儿的事情，哪些属于战略目标上的障碍，哪些属于策略上的问题，需要讲究一些技巧。SWOT 分析基本模型把战略与策略、战术与技术进行有机组合，并把要解决问题的关键点列举出来，然后借用系统分析的思想，把各种因素相互匹配起来加以分析，从中得出一系列相应的对策性意见，这些对策性意见具有一定的科学性、可行性，有助于管理层做出正确的决策和规划。

在 SWOT 战略分析矩阵图的基础上，我们把战略与战术、策略与技术问题进行糅合，尝试建立 SWOT 分析基本模型（图 3-7）。

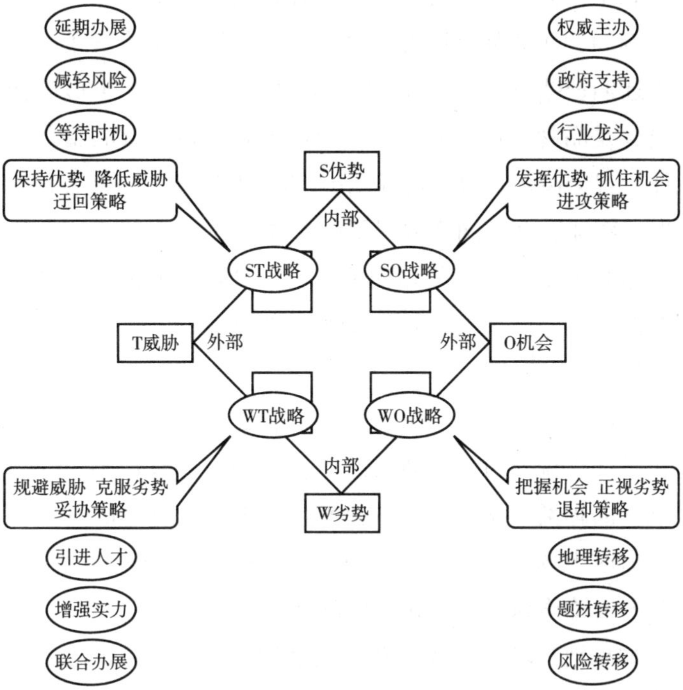


**图3-7 SWOT分析基本模型**

战略是目标与方向，策略是技术与手段，战略要解决战术问题，策略要解决技术问题。战略是方向性的总体把握，策略则是具体的行为动作。策略是从属于战略的，没有战略指导的策略不会有太大的价值；而战略也是需要各种策略支持的，没有看准时机，及时出牌，战略永远只是空想。所以，战略和策略的主要区别是战略要看方向，策略要看时机。

SWOT 分析中所讲的策略，实际上就是我们平时讲的策划、谋划、计划的概念，是需要我们缜密思考、周密安排的。根据 SWOT 分析基本模型，客观环境的变化对企业的影响是无处不在的，企业应该给予足够的重视并制定相应的对策。

在不同的战略目标下，展会主办方可以采取以下四种策略：

**进攻策略**。这是为配合 SO 战略而采取的一种主动型策略，主要指展会主办方发挥自身优势，抓住机会，在行业中抢占先机，通过提高话语权、发挥龙头影响，争取政府、权威机构的支持，主动承担起会展活动项目领头羊的角色。

**迂回策略**。这是为配合 ST 战略而采取的一种迂回型策略，主要在自身优势显著但市场竞争不利于主办方的情况下，通过迂回策略达到自己的目的，达到减轻环境威胁的目的。例如，面对强手已经举办的品牌会展活动项目我们不要强行与之竞争，而可以曲折迂回地错开时机和季节出其不意地通过举办类似展会取得成功。浙江省房地产博览会是品牌大展，一般在每年的 5 月举行，有的主办方有自己的客户资源和市场条件，就会错开 5 月而选择在 10 月举办房地产交易会，或者在元旦前后举办别墅、排屋、商铺展会，同样取得了巨大成功。

**退却策略**。这是为配合 WO 战略而采取的一种转移型策略，这种退却是战略性转移，是以退为进的策略，主要通过改变举办地点或办展题材等来改变自身的劣势和不利处境。例如：

地理转移：某地区不具有市场时，将会展举办地转移到另一地区。

题材转移：具体来说又分为三种方式：第一种方式是较小的变动，只变动个别产品项目或个别产品种类；第二种方式是在原有的展览题材的基础上，增加新的题材，以使展会更适应市场需要；第三种方式是依据市场环境的变化，放弃原有的展览题材，将主要力量转移到另一个新的行业，以求得发展。

风险转移：如果地理转移、题材转移仍然面临很大风险，可通过合作方、承办方、保险公司等途径，把办展、办会、办节、办赛的风险降至最低程度。

**妥协策略**。这是为配合 WT 战略而采取的一种被动型策略，这里的妥协是暂时的妥协，以等待时机，通过引进人才、增强实力、联合办展等手段，伺机而动，一旦时机成熟，即可反败为胜。当然，如果展会主办方在采取了各种措施之后仍不能改变市场环境的威胁，那么就应该果断地放弃举办这一展会。

## 第四节　会展活动项目市场环境分析

会展活动项目市场环境是指一切影响和制约会展活动的最普遍的因素的总和，是会展活动项目可行性研究的第一步。其具体分为会展宏观环境和会展微观环境。

## 一、会展活动项目市场环境因素分析

运用各种调查研究方法，分析出公司所处的各种环境因素，即外部环境因素和内部环境因素。外部环境因素包括机会因素和威胁因素，它们是外部环境对公司发展有直接影响的有利和不利因素，属于客观因素。内部环境因素包括优势因素和劣势因素，它们是公司在其发展中自身存在的积极和消极因素，属主观因素。在调查分析这些因素时，不仅要考虑到历史与现状，更要考虑未来发展问题。会展活动项目市场环境包括会展宏观环境和会展微观环境。

### （一）会展宏观环境

会展宏观环境是指对举办会展产生影响的各种社会因素，包括政治法律环境、社会经济环境、科学技术环境、社会文化环境等。

**政治法律环境**。包括政治体制、产业政策、法制建设、市场准入、集团利益、地方保护等。

**社会经济环境**。包括经济发展状况、人口与收入、相关行业发展状况、物质环境状况等。如经济发展状况，包括社会经济发展水平、市场规模、行业进出口结构规模、产业结构等；人口与收入，包括人口数量、人口分布、结构和变动趋势、购买行为与动机等。相关行业发展状况也将影响展览题材和策略制定；物质环境状况

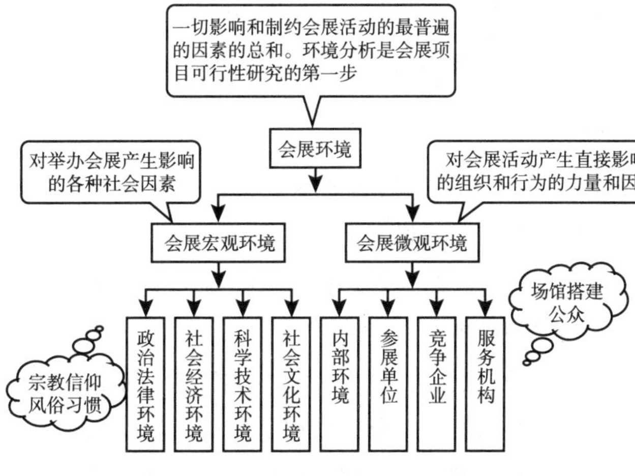


**图3-8　会展环境分析示意图**

要求展览资源和展览替代资源与展览题材相匹配。

**科学技术环境。**包括科学技术带来的会展新机遇以及科学技术可能对会展带来的威胁。

**社会文化环境。**如人们的思想观念、行为态度、文化习俗、宗教禁忌和审美观、价值观、宗教信仰对展会的影响（图 3-8）。

## （二）会展微观环境

会展微观环境是指对会展活动产生直接影响的组织和行为的力量和因素，包括展会主办方内部环境、参展单位、竞争企业、服务机构等。

### 1. 行业特征分析

包括行业规模、企业数量、产品用途、发展趋势等。对会展活动项目而言主要是指参展单位如生产企业、行业协会、研究机构等参展的可能性以及规模、地理分布；会展服务中介如招商招展代理、广告代理、运输代理、搭建商、饭店等，考察资质、信誉、业绩、能力等；社会公众包括潜在观众，如消费者、中间商、政府机构；媒体机构如专业媒体、大众媒体、小众媒体；金融服务机构如银行、保险公司、投资公司、财务公司、担保公司；其他公众如政府机关、权力部门、公用事业单位的服务与支持等。

### 2. 资源整合评估

是指直接制约会展活动能否举办的内部因素和外部条件，主要通过 SWOT 分析法，即内部优势、劣势分析，外部机会、威胁分析等。

### 3. 市场竞争分析

主要从行业企业进入状况，包括行业垄断情况和行业开放情况及竞争者的数量、规模、实力方面进行分析。市场的四种基本类型：

（1）完全竞争。相同展会多，规模小，参展商选择余地大，生产要素自由流动，价格完全由市场供求关系决定。

（2）完全垄断。某一类型题材的展会由垄断机构控制，价格不受供求规律的影响。

（3）垄断竞争。既垄断又竞争，展会题材、品牌、定位上有所差异。

（4）寡头统治。实行寡头政治，价格不透明，寡头之间又相互制约。

### 4. 市场细分策略

（1）细分市场的概念：是指通过市场调研，依据消费者的需要和欲望、购买行为和购买习惯等方面的差异，把某一整体市场划分为若干消费者群的过程。市场细分和目标市场的确定对展会成功举办具有重要意义。

（2）市场细分的依据：①细分市场的规模和发展前景：决定办展规模和效益预期；②细分市场的赢利能力：短期赢利能力或长期赢利能力；③细分市场的适当规模和吸引力：适当规模与展会主办方实力进行匹配。项目能否获利（吸引力）取决于现在的竞争者、潜在的竞争者、社会公众力量。

## 二、会展活动项目生命力分析

主要结合会展活动项目生命周期进行分析，通过分析要基本确定会展活动项目处于产品生命周期的哪一个阶段。一般来说，会展活动项目处于引进期和成长期是最佳的时机，处于成熟期和衰退期则要慎重考虑是否要进入该细分市场（表 3–1）。

**表3–1　产品生命周期阶段性特征和策略运用**

| 阶段 | | 引进期 | 成长期 | 成熟期 | 衰退期 |
|---|---|---|---|---|---|
| 特征 | 销售额 | 低 | 快速增长 | 缓慢增长 | 衰退 |
| | 利润 | 易变动 | 顶峰 | 下降 | 低或无 |
| | 现金流量 | 负数 | 适度 | 高 | 低 |
| | 顾客 | 创新使用者 | 大多数人 | 大多数人 | 落后者 |
| | 竞争者 | 稀少 | 渐多 | 最多 | 渐少 |
| 策略 | 策略重心 | 扩张市场 | 渗透市场 | 保持市场占有率 | 提高生产率 |
| | 营销支出 | 高 | 高（但百分比下降） | 下降 | 低 |
| | 营销重点 | 产品知晓 | 品牌偏好 | 品牌忠诚度 | 选择性 |
| | 营销目的 | 提高产品知名度及产品试用 | 追求最大市场占有率 | 追求最大利润及保持市场占有率 | 减少支出及增加利润回收 |
| | 分销方式 | 选择性的分销 | 密集式 | 更加密集式 | 排除不合适、效率差的渠道 |
| | 价格 | 成本加成法策略 | 渗透性价格策略 | 竞争性价格策略 | 削价策略 |
| | 产品 | 基本型为主 | 改进产品，增加产品种类及服务保证 | 差异化、多样化的产品及品牌 | 剔除劣势产品项目 |
| | 广告 | 争取早期使用者，建立产品知名度 | 大量营销 | 建立品牌差异及利益 | 维持品牌忠诚度 |
| | 销售追踪 | 大量促销及产品试用 | 利用消费者需求增加 | 鼓励改变、采用公司品牌 | 将支出降至最低 |

**项目发展空间**。即分析举办该展会所依托的产业空间、市场空间、地域空间、政策空间等是否具备。

**项目竞争力分析**。包括展会定位的号召力、展会主办方的品牌影响力、参展商和观众的构成、展会价格、展会服务等。

**内部优势、劣势分析**。包括企业经济实力、人才储备、客户关系、资源整合能力等。产品生命周期各个阶段的特征、市场营销策略包括各种促销手段的灵活运用如表 3–1 所示（可以把会展活动项目看做一个产品）。

**外部威胁、机会分析**。借助 SWOT 分析基本模型，把握机遇，迎接挑战，如实分析会展活动项目主办方所面临的难得机会和严峻威胁。

## 三、会展活动执行方案分析

会展活动执行方案一般是指总体（框架）方案及其相关的工作计划和实施方案，主要是分析计划和方案内容是否完备，相关措施是否能够保证会展目标的顺利实现。

### （一）会展活动总体（框架）方案

会展活动总体（框架）方案是会展活动项目可行性研究的核心内容，也是衡量一个会展活动项目是否可行的重要基础。一个展会的总体（框架）方案评估依据是：

- 展会名称和展会定位与展会题材、展品范围之间是否有冲突；
- 办展时间、办展频率是否符合展品范围所在产业的特征；
- 举办地点是否适合举办该展品范围所在产业的展会；
- 在展会展品范围所在产业里能否举办如此规模和定位的展会；
- 展会主办方在计划的办展时间内能否举办如此规模和定位的展会；
- 展会主办方对展会展品范围所在的产业是否熟悉；
- 展会定位与展会规模之间是否有冲突；
- 现实资源条件和组织措施能否保证展会预期目标（定量、定性目标）的实现。

### （二）招商、招展和宣传推广计划

招商、招展和宣传推广是会展活动筹备期间三个非常重要的执行方案，对保证会展预期目标的实现至关重要。招展方案关系到参展企业的质量，招商方案关系到专业观众的数量，宣传推广方案既关系到参展企业、专业观众、普通观众的参会意愿，又关系到会展活动的社会声誉和反响，都对会展活动的成果有直接影响。

招商、招展和宣传推广计划既相对独立又相互联系，缺一不可。招商计划主要是针对观众尤其是专业观众（客商），招展计划主要是针对参展企业（参展商），但招商与招展之间既互相影响又相互渗透——招商的过程实际上也是招展的过程，反之亦然。宣传推广计划主要是针对社会公众，但宣传推广做得好也可以大大推动招商、招展工作的开展，招商、招展声势浩大、有声有色，实际上也是在本地区、本行业、本系统进行了最有力的宣传推广。

### （三）会展活动项目进度计划

进度计划是对会展从筹备到结束的整个期间内的各项工作进行统筹安排。为了会展工作有条不紊地进行，它明确规定了各展会主办方的工作职责，即在什么时间完成多少任务、达到什么样的目标。会展进度计划方案是一项系统性工作，必须科学、客观地制定。在对会展进度计划方案进行评估时，主要考虑以下几个方面：

**工作进程的顺序性。**在不同的时间阶段，应该顺序地完成相关工作，而不能不分重点，颠倒顺序。

**工作目标的准确性。**在筹备期，在一定时期必须完成相应的工作，否则将影响到下一工作的顺利进行，进而影响到整个办展计划。

**工作安排的科学性。**进度计划安排必须切实可行，如果时间安排过紧，就会使工作不能按时完成，影响到其他工作；如果时间安排过于宽松，就会增加办展成本。因此各项工作安排必须体现科学性原则。

**工作进度的衔接性。**尽管展会的筹备期分为不同的阶段，每一阶段又有各自的工作重点，但这些工作必须互相衔接，以保证工作统一基调。

### （四）现场管理和各种活动安排

现场管理计划是对展会开幕现场、展会现场进行管理和安排以及在展会主办期间的各种研讨会、交流会和评奖、演出等其他活动的安排。这两项工作都是在展会的现场进行的，执行时会彼此影响。对现场管理和各种活动安排方案的评估原则如下：

**严密性原则。**现场管理计划的制订必须详尽，并且确保每一项工作都有专人负责，不出现遗漏。

**可控性原则**。由于现场局势复杂，必须保证无论现场出现何种局面都在展会主办方的控制范围内，不能出现不可控的事件。

**必要性原则**。展会期间举办的交流会、研讨会和表演等必须对展会的整体形象和功能的实现有所裨益，并与展会本身融为一体。

**和谐性原则**。各种活动在可行性的基础上，必须保证其举办不影响现场管理，同时现场管理活动不会影响到各种活动的效果。

## 四、会展活动项目财务分析

会展活动项目财务分析，是在财务预算数据的基础上进行的利润目标分析、费用成本分析、盈亏平衡分析、现金流量分析等。通过财务分析尤其是盈亏分析从经济上判断会展活动项目的可行性。

### （一）利润目标分析

举办一个会展活动项目，首先要确定基本的利润目标：赢利、平衡、亏损。具体分为以利润最大化为目标的管理，以追求社会效益最大化为目标的管理，既有经济效益又有良好社会效益，以综合效益最大化为目标的管理。

#### 1. 以经济效益最大化为目标

会展活动举办方以赚取利润为最大目标，这是绝大多数会展企业举办会展活动项目的主要目的，很少有企业会“赔本赚吆喝”的。以利润最大化为目标的好处：

- 有利于扩大服务产品的销售，拓宽项目收入渠道：提高服务质量，开发服务项目，改进营销策略等；
- 有利于加强经济核算，降低成本费用支出：全员、全过程成本管理，提高资金使用效率；
- 有利于调动员工积极性：把会展活动项目效益与员工利益紧密地结合起来；
- 具有很强的可操作性：指标分解、计划落实、成果考核、工效挂钩。

#### 2. 以社会效益最大化为目标

处于培育期或公益性的会展活动项目，可以外部效益即追求社会效益最大化为目标，培育期间的会展活动赚取利润还比较困难，举办方必须先投入扩大影响，但其最终目的还是要赚取利润，并逐步实现利润最大化。

会展活动项目的外部效益，是指通过会展活动项目的实施对企业未来的经营环境有所改善，包括市场资源的取得、企业商誉的提升、未来产品销量的增加等。会展活动项目的外部效益最大化注重长远效益，便于提升企业知名度、美誉度，有利于开拓市场。

以外部效益最大化为目标带来的主要问题是经营绩效的滞后性、绩效测量的主观性、成本控制的不确定性。如果没有政府部门的支持（尤其是财政拨款方面的支持）或企业赞助，没有强有力的市场化运作手段和很强的经济实力，一般的会展企业要以外部效益最大化为目标是“玩”不起的。

#### 3. 以综合效益最大化为目标

理论上讲，完全追逐利润最大化或社会效益最大化是不存在的，展会主办方不能为了追逐企业利润而牺牲社会公平，也不能为了追求社会效益最大化而做赔本买卖，最好的结果是既有一定的经济效益又有良好的社会效益，做到企业经济效益、社会效益、环境效益的有机统一，效率优先，企业赚钱，兼顾公平。在这种目标模式下，展会主办方哪怕是盈亏相抵即保持平衡也是一种比较理想的结果。如果经济效益、社会效益、环境效益都十分显著，那无疑是最成功的会展活动项目，许多地方的标志性节事活动和专业性展会都具有综合效益最大化的特征。

### （二）盈亏平衡分析

#### 1. 盈亏平衡的含义

就是通过计算盈亏平衡点分析项目的成本和效益的平衡关系。常以展位销量表示，即计算出招展到多少个展位时盈亏达到平衡（利润目标为“零”）。

#### 2. 盈亏平衡点的含义

盈亏平衡点又称零利润点、保本点、盈亏临界点、损益分歧点、收益转折点。通常是指全部销售收入等于全部成本时（销售收入线与总成本线的交点）的产量。以盈亏平衡点为界限，当销售收入高于盈亏平衡点时企业赢利，反之，企业就亏损。盈亏平衡点可以用销售量来表示，即盈亏平衡点的销售量；也可以用销售额来表示，即盈亏平衡点的销售额。

### 3. 现金流量分析

现金流量分析是指一定会计期间现金流入量与现金流出量的结构分析，现金流入量与现金流出量的差额为现金净流量。只有当现金流入量大于现金流出量的会展活动项目才值得举办。

现金净流量可能是正数，也可能是负数。如果是正数，则为净流入；如果是负数，则为净流出。现金净流量反映了企业各类活动形成的现金流量的最终结果，即企业在一定时期内，现金流入大于现金流出，还是现金流出大于现金流入。现金净流量是现金流量表要反映的一个重要指标。

有的会展活动项目投资回收期很长，主要依靠银行贷款，项目投入运营后可能若干年内很难赢利（如一些大型会展活动项目需要几年的培育期），但是项目本身有充沛的现金净流量（包括固定资产折旧），营业收入足以缴纳税金、人员工资和支付银行利息等基本费用，企业现金流量活跃，这样的项目“三年不开张，开张吃三年”，从现金流量分析的角度来看也是值得一搏的。

## 本章小结

会展活动项目立项策划是会展活动项目可行性研究的基础工作，属于机会研究、预可行性研究，衡量一个会展活动项目特别是大型活动项目是否可行，还需要开展深入的可行性研究。立项策划和可行性研究是会展活动项目前期策划阶段的主要任务，会展人首先要熟悉会展活动项目题材选择、立项策划、项目报批等流程，然后才能深入了解和掌握会展活动立项策划书和可行性研究报告的编制。

会展活动 SWOT 分析是会展活动项目战略分析、策略运用的重要方法，也是一个会展活动项目能否为市场所接受和在市场中求生存、谋发展的重要方法，需要在会展实践和项目实战中随机应变、灵活掌握。在不同的战略目标下，会展活动项目主办方可以分别采用进攻策略、迂回策略、退却策略、妥协策略等，但是各种策略的运用都是辩证的，暂时的退却是为了进攻，目前的妥协是为了长远的发展。

会展市场环境分析、会展组织管理执行方案分析、会展活动进度计划分析、会展利润目标和财务盈亏平衡分析等内容，是会展活动项目可行性分析的一般方法和技巧，需要结合不同的会展活动项目作具体分析。本章实训项目可以作为会展活动项目可行性研究和立项策划（总体框架方案）实战训练，主要目的是为方便了解会展活动项目可行性研究报告和会展活动立项策划书编制的一般格式。

## 思考与训练

### 一、名词解释

项目立项策划　　展会定位　　可行性研究

SWOT 分析法　　细分市场　　盈亏平衡分析

### 二、填空题

1. 会展活动项目的可行性研究必须引入______的市场机制。

2. 会展活动项目的立项策划属于会展活动项目的______研究。

3. 会展活动立项策划在业界也称为______，即通过项目立项策划完成报批或备案的过程。

4. 展会名称一般由_____、_____和行业标志（补充部分）三方面内容组成。

5. ____是会展活动项目策划书的灵魂。

6. 某地区不具有市场而将会展举办地转移到另一地区的策略叫_____。

7. 通过合作方、承办方、保险公司等途径把会展风险降至最低程度的策略叫____。

8. 一般来说会展活动项目处于____和_____是最佳的时机。

9. 举办一个会展活动项目有____、____、____三种情况。

10. _______又称保本点。

### 三、选择题（多选题）

1. 会展活动基本框架方案包括以下方面内容____。

A. 展会主题　　B. 展会内容　　C. 展会形式　　D. 展会措施

2. 展会名称一般由____组成。

A. 基本部分　B. 限定部分　C. 行业标志　D. 补充部分

3. 会展活动举办单位负责展会的组织、策划、招展和招商等事宜，其包括____。

A. 主办单位　B. 承办单位　C. 协办单位　D. 支持单位

4. 展会定位包括____。

A. 目标定位　B. 市场定位　C. 主题定位　D. 广告定位

5. 会展行业的可行性研究分为____。

A. 会展产业发展可行性研究　B. 会展中心建设可行性研究

C. 会展活动项目可行性研究　D. 会展活动项目 SWOT 分析

6. 为配合 WO 战略而采取的转移型策略，包括____。

A. 人员转移　B. 地理转移　C. 题材转移　D. 风险转移

7. 市场分为____。

A. 完全竞争　B. 完全垄断　C. 垄断竞争　D. 寡头统治

8. 在不同的战略目标下，展会主办方可以采取____。

A. 进攻策略　B. 迂回策略　C. 退却策略　D. 妥协策略

9. 会展宏观市场环境分析包括____。

A. 政治法律环境　B. 社会经济环境　C. 科学技术环境　D. 社会文化环境

10. 会展活动项目利润目标管理主要是要确定一个利润目标，包括____。

A. 以经济效益最大化为目标　B. 以社会效益最大化为目标

C. 以环境效益最大化为目标　D. 以综合效益最大化为目标

## 四、判断题

1. 会展行业要吸引企业参展，必须强化其展会的市场色彩。(　)

2. 无论是新题材展会还是老题材展会活动项目都要经过立项策划。(　)

3. 展会价格包括展位价格、广告价格、赞助价格、门票价格。(　)

4. 会展活动可行性研究与会展活动项目立项策划两者可以选其一。(　)

5. 会展活动项目名称交易会、博览会展品范围要比展会、展销会小。(　)

6. 展会频率是一个展会在一定时期内举办展会的次数。(　)

7. 制定展会价格一般遵循优地优价和供求规律的原则。(　)

8. 举办单位是指拥有展览会并对展览会承担主要法律责任的办展单位。(　　)
9. 制定展览会价格主要是为了方便主办方招商招展或会议代表邀请时报价。(　　)
10. 完成会展活动立项策划意味着会展活动项目可以举办。(　　)
11. 可行性分析的重点在于经济效益即能否取得投资回报。(　　)
12. 通过财务分析尤其是盈亏分析可以判断会展活动项目经济上是否可行。(　　)

## 五、简答题

1. 简述会展活动项目立项策划与可行性研究的关系。
2. 简述会展活动项目可行性研究的类型。
3. 简述 SWOT 分析法。

## 六、案例分析

### 青岛国际珠宝展案例

青岛国际珠宝展已经连续举办了10届，成为中国第四大珠宝展，得到了众多国家级行业协会、政府机构、行业组织及学术机构的广泛关注和大力支持。青岛国际珠宝展规模达15000平方米，吸引300多家来自海内外的知名品牌参展，展出各类顶级珠宝及中高档金银饰品、钻石、琥珀、流行饰品等万余款。展会不仅规模宏大，档次也达到业界一流水平，吸引了1万多名来自海内外的业内人士光临现场，展会期间参观总人数达3万多人次，85%以上为专业观众，其中外国客商占总比例的15%。

青岛国际珠宝展之所以取得巨大成功，主要得益于青岛地区拥有完善的珠宝首饰及饰品产业。目前，青岛已经发展成为珠宝首饰行业大型的国际化专业市场，辐射整个华北、华东、东北地区，更涉及日本、韩国、俄罗斯及东南亚、欧美等国家或地区。由青岛政建投资实业有限公司投资10亿元人民币建设的中国青岛中韩国际小商品城，总建筑面积40万平方米，分为中韩国际饰品配件专业街，中韩工艺品配件城，中国高端珠宝、饰品、工艺品、小商品销售平台三大部分。吸引了依泰莲娜、晶晶、琳琅、新光、新鹏利、怡美、威尼华、美联、金得利、庆琳、妙佩、奥丽尔等30多家中国流行饰品知名品牌，为青岛珠宝饰品行业走向国际市场奠定了基础。

根据上述案例回答如下问题：

运用 SWOT 分析法，对青岛国际珠宝展内部条件和外部因素进行分析。

## 七、实践与训练

根据会展活动项目可行性研究报告编制规范，团队合作、分工完成，编写《中国（杭州）运动休闲装备博览会可行性研究报告》，并根据该可行性研究报告拟订会展活动项目总体（框架）方案，最后完成立项（审批）策划。

提示：参照会展活动项目可行性研究报告编制规范和会展活动项目立项策划书格式要求，先完成会展活动项目可行性研究报告编制，后完成会展活动项目总体（框架）方案编写。

# 第四章 会展征集与造势策划

在项目筹备阶段，会展征集是一项重要的日常性工作，是活动推广和造势宣传的有效手段。会展征集还是建立良好社会公共关系的载体，更是会展活动项目凝聚社会共识的基础性工作。通过会展征集有助于扩大会展活动项目的社会影响，大大提高会展活动的知名度。

本章内容包括：征集活动的概念，征集活动的特点，征集活动的种类，征集活动的运作过程，征集活动的实务操作，企业赞助与回报政策，征集活动方案公告写作等。

## 学习目标

### 方法能力目标

会展征集是会展活动项目筹备阶段与造势宣传联系最为紧密的一项日常性工作；会展征集是凝聚社会共识的一项重要的公共关系活动，会展征集的方法和途径是需要我们认真揣摩和训练的一项技巧性工作。

### 专业能力目标

通过本章知识的学习，了解会展征集与造势宣传之间的相互影响和依存关系；熟悉会展征集的基本分类、会展征集的主要途径和方法；企业赞助征集以及赞助回报政策制订；掌握会展征集公告、方案的编制，并能熟练运用会展征集的技术和方法开展会展征集和造势宣传。

### 社会能力目标

结合社会和校园艺术节、文化节、旅游节等征集活动，参与主办方开展徽标、吉祥物、招贴画、广告与主题口号征集工作，把活动征集与活动推广紧密结合起来；通过中国征集网和当地社会征集公告，有针对性地组织参加社会征集活动；积极响应徽标、吉祥物、宣传画、主题口号等的社会征集活动。

案 例

## 澳大利亚“大堡礁看护人”全球征集

几乎在一夜之间，澳大利亚大堡礁成为全球媒体和公众关注的焦点——因为那里有“全世界最好的工作”——“大堡礁看护人”！这是一次非常成功的全球征集和造势活动，被称为历史上最成功的旅游营销策划案例。

“天下第一美差——大堡礁看护人”，是由澳大利亚昆士兰州旅游局组织的，但是真正的幕后推手是Sapient公司澳大利亚全国管理总监——迈克尔·布拉纳。大堡礁虽然早在1981年就被列入《世界遗产名录》，但它周边的岛屿并不出名，对于打算去海岛度假的游客，他们首先想到的是夏威夷、加勒比海、马尔代夫和爱琴海诸岛等。在澳大利亚，类似大堡礁这样的岛屿并不见得有多大的旅游吸引力。

布拉纳的策划团队经过分析，认为应该从消费者心理入手，“让游客成为当地居民，切身体验当地文化”，于是布拉纳团队决定实施“感受大堡礁，生活在这里”营销策略。经过进一步讨论，又引入“工作”这个概念。“在一个美满的人生里，我们都想要一份我们热爱的工作，一份能让人乐意从床上跳起来的工作。这是现代生活中最广泛和普遍的梦想之一。”布拉纳说。2009年年初，正值金融风暴席卷全球，企业大量裁员、失业率居高不下之时，谁能够拥有一份稳定、高薪的工作，绝对是一件令人羡慕的事情。

于是“天下第一美差——大堡礁看护人”的创意就这样出来了：在大堡礁附近的岛屿上清理游泳池、喂鱼和收发邮件，然后和世界上的每一个人分享他的经历。而每个月的工作只需12个小时就能完成，半年薪金超过10万美元（约合70万元人民币），谁能不为这份工作心动呢？

澳大利亚“大堡礁看护人”全球征集，吸引了世界18个国家3.4万名竞争者，经过几个月的选拔，来自英国的冒险小子、慈善事业工作者本·绍索尔获得了这一美差。当本·绍索尔带着女友“悠闲”地在大堡礁“工作”时，真是羡煞世界各地的俊男靓女……

“大堡礁看护人”征集结束了，但大堡礁的自然风光和天然美景给人们留下了深刻印象，大堡礁旅游一下子“火”了，而澳大利亚昆士兰州旅游局支付给看护人的“工资”不过区区10万美元（1美元约等于1澳元），仅相当于营销策划费用的1/10！“世界上最好的工作”、“天下第一美差”、“看护人”……对大堡礁宣传推广和造势活动的意义不言而喻，成为旅游营销策划的神来之笔！2009年四川成都“熊猫守护使”正是从“大堡礁看护人”征集活动中得到启示，全球征集和造势活动同样取得了巨大成功。

### 案例分析

根据“大堡礁看护人”全球征集案例，分析社会征集、公关活动之间的联系。

# 第一节　征集活动的内容与形式

## 一、征集活动的内容

### 1. 征集活动的概念

所谓征集活动，是指会展或活动组织机构、政府机关和社会团体等，为了组织展览、会议和节事活动，保证会展活动的顺利进行，面向社会公众或特定的单位和个人，为达到特定的目的所开展的公开召集的社会活动。这里的“会展活动”，包括会议、展览、节庆、赛事活动等，与“节事旅游”的关系十分紧密。

征集活动多用于市场营销与宣传推广，是会展活动宣传推广最为有效的手段，更是会展活动造势策划最有效的方法，会展活动策划必须与征集活动相呼应，例如杭州世界休闲博览会标志、吉祥物征集，北京奥运会标志、吉祥物征集，上海世博会徽标、吉祥物征集等，都对会展活动的宣传与推广起到了巨大的促进与推动作用。人们往往通过这些征集活动进一步对杭州世界休闲博览会、北京奥运会、上海世博会有了更为全面深入的了解（图 4-1）。

图4-1 上海世博会徽标、吉祥物

征集活动作为会展活动、节事活动的一种重要配套活动，尤其是作为一种宣传推广造势活动，可以为扩大活动影响，提高活动知名度、美誉度，起到事半功倍的作用。

征集活动属于社会征集，是向社会公开征召对某项会展活动共同关注或者基本创意的集合，是凝聚社会共识的一项重要公关活动。征集活动一般带有商业性特征，哪怕是公益性活动如中华人民共和国成立 50 周年图片展，其征集活动也带有商业性特征：一方面宣传该活动的重要意义，另一方面也有利于该活动的市场化运作。即使征集活动的初衷不是为了商业目的，但为了扩大该展览的社会影响而做的社会征集活动

（一般与奖励挂钩）本身也是商业性的。征集活动既是扩大社会影响、提高社会知名度的重要途径，也是会展活动实行商业化、市场化运作的重要载体和方法。

### 2. 征集活动的特点

（1）征集活动目的的商业性。征集活动是会展活动运作最普遍的手法，可以说是会展活动运作的重要步骤。许多会展活动特别是国际、国内大型会展活动，都是从会展活动征集开始为人们所逐步认识的，所以在某种意义上与其说征集活动还不如说是造势活动，就是要通过征集活动向社会公开宣示本会展活动已经开始运作，提请社会各界和社会公众注意。

（2）征集活动范围的社会性。征集活动既然是一项商业性活动，自然希望社会各界和社会公众给予广泛关注，社会参与者越多越好，许多大型会展活动如世博会、奥运会、“世界杯”足球赛等还面向国外征集，尽管实际参与者可能只是少数人，但征集的本意是希望全世界的人都知道，至少要在某一特定地区深入人心。征集活动范围的社会性决定了征集对象的广泛性，不受机关企业、团体个人、民族人种、年龄性别的限制。美国印第安纳州波利斯儿童博物馆 50 周年纪念日广告宣传画《绿色恐龙》征集就出自一位 6 岁幼童之手。

当然征集活动的社会性并不是要我们向社会盲目征集，正如市场营销必须进行市场细分一样，对不同地区、不同人群、不同单位的征集对象进行细分是十分必要的，征集活动对绝大多数人群只是告示，而对特定人群则要寄予厚望。如会展活动会标（徽标）征集，广告策划公司、媒体传播机构、美术学院和艺术学院的师生等专业设计人员可能就是征集活动的重点人群。通过分类研究和征集细分，会使征集活动更好地实现。

（3）征集活动成果的有偿性。征集活动成果一般与奖励挂钩，征集作品一旦入围或被采用，被征集人既可以获得奖励，还可以借此机会出名，可谓“名利双收”，最重要的是其创意成果的价值真正得到了体现。

（4）征集活动作品的正当性。征集活动要求按照“公开、公平、公正”的原则进行，征集过程客观、公正、透明，必须经受社会和舆论的监督，有一定的选拔、筛选程序，最后入围作品还要通过媒体向社会公示。因此要求征集活动作品必须正当合法，不会产生任何争议或歧义。会展活动会标、吉祥物、主题口号、宣传画等征集作品必须没有知识产权方面的纠纷。同时征集活动作品一旦被采用或入围，被征集者必须放弃所有权，这也是与征集活动成果的有偿性相对应的。

## 二、征集活动的种类

征集活动一般与会展活动的规模和影响相适应，会展活动的规模决定会展活动的广度，会展活动的影响决定会展活动的深度。征集活动的基本原则就是要考虑征集的广度和深度：在征集活动规模上“宁广勿窄”，在征集活动影响上“宁深勿浅”，征集活动的广度和深度直接影响了征集活动的效度。当然在实际运作过程中还要同时考虑一定的人力、物力、财力的支持。

### 1. 按征集活动的范围分为国际性征集、全国性征集、地区性征集、行业性征集

国际性会展活动一般面向国际范围来征集，如世博会、奥运会、世界旅游大会等；全国性会展活动一般面向全国范围来征集，以此类推。但不论是国际性征集还是全国性征集，不论是地区性征集还是行业性征集，我们把征集活动统称为“社会征集”，都必须面向社会各界、社会公众来征集，任何小范围、特定渠道或者不公开的征集，都是与征集活动的目的不相符的。而且按照“宁广勿窄”、“宁深勿浅”的原则，征集活动的广度和深度要适当扩大和延伸，例如为了进一步扩大会展活动的影响，全国性会展活动开展国际性征集，地区性会展活动开展全国性征集，行业性会展活动开展地区性征集，也是征集活动策划时考虑的基本方向，只要人力、物力、财力允许，通过征集活动把会展活动的影响进一步做大并不是坏事。这方面我们尽可以“无事生非”、“小题大做”。

### 2. 按征集活动的性质分为标志形象征集、会展活动项目征集、展品征集

标志形象征集是一般征集活动运用最多、最广的征集，具体包括会标、吉祥物、主题口号、宣传画以及会歌、会旗征集等，活动形象大使、形象代言人也可以列入标志形象征集或者通过选拔、选秀、选美等方式产生。会展活动项目征集一般适用于大型博览会，特别是国际性、全国性、综合性的会展活动，需要开展相关展览、会议、活动项目的，例如 1999 昆明世界园艺博览会“国家馆”、2006 杭州世界休闲博览会“城市馆”和中国杭州西湖博览会会展活动项目征集等都属于此类。

展品征集情况比较特殊，专业性展览参展商都会根据会展活动主题要求自行组织展品参展，主办方对参展品也会提出具体要求，没有必要专门进行展品征集，一些正规的特别是国际性专业展览参展前则会要求参展商提供样品或实物图样，以便与参展实物对应，但这种征集主要是为了保证展览的顺利进行，防止意外变故发生，展品征集的所有权并不发生转移（主办方展品征集并不是为了占有）。展品征集多用于博物馆尤其是新开博物馆，因为展品陈列需要，这些展品多具有文物或重大纪念意义，而且完全是社会公众自发自愿的公益性行为。

展品征集是博物馆征集活动最常用的手法，如西湖博物馆展品征集时，许多市民捐献出了自己珍藏多年的文物，短短几个月时间征集到1868件西湖“宝贝”。经浙江省文物鉴定委员会专家鉴定，确定为珍贵文物的有62件（套），其中国家一级文物1件，二级文物11件，三级文物50件；有的文物是从西湖污泥清理中发现的，极具象征性意义。

### 3. 按照征集活动的内容分为标志类征集、设计类征集、广告语类征集、综合类征集

标志类征集包括各种形象标志（会标、徽标）、吉祥物等，是区别会展活动的重要标志，具有鲜明的排他性。设计类征集主要是指广告设计、方案设计、项目设计等，例如某会展活动方案为了集思广益、博采众长，也可以通过设计类征集进行，通过征集往往会取得意想不到的效果。广告语类征集主要是针对主题口号进行的，例如“中国—东盟博览会”通过征集得到的口号有：中国—东盟，合作共赢；对接中国—东盟，连接全球市场；盛会，机会，互惠——中国—东盟博览会等。主办方可以选择一条或若干条主题口号进行宣传。综合类征集包括上述各类征集以外的所有征集，例如会歌、会旗、对联、楹联、征文、名称、点子等，只要认为征集活动需要并有利于提高该会展活动的影响力，都可以列入征集活动范畴。

### 4. 按征集活动的方式分为邮递征集、广场征集、广告征集、有奖征集、活动征集、网络征集、定向征集

在实际征集过程中往往是各种征集方式结合起来运用，以取得最好的效果。

（1）邮递征集。就是通过邮递的方式，向目标单位或个人进行征集，目标明确，要求清楚，一般有专人联系跟踪，效果较好。

（2）广场征集。就是结合广场推广活动向市民或游客进行征集，也叫直接征集，效果较好，非常适合一些小型的会展活动。广场征集不一定在广场，也可以在商店、街头征集，包括临时性征集和常设性征集。临时性征集一般在街头临时设点，常设性征集就是持续性征集。一般来说，广场、商店、街头征集引人注目，而且易于产生群体效应、轰动效应。但这种征集一般设在闹市区，如果组织不好，可能会造成交通阻塞、群众围观等问题，最好事先能与相关部门协商，必要时办理设点审批手续。

（3）广告征集。就是在电视台、广播电台、报纸杂志上发布公告、广告进行征集，这种征集形式受众广，影响大，但需要一定的广告经费投入。征集活动方（主办方）要善于利用新闻热点，邀请媒体主动采访、发新闻稿或图片（通称“软广告”），配合广告征集，往往会收到事半功倍的效果。可见，广告征集实际包括硬广告征集、软广告征集。如果不花钱或者少花钱同样能取得很好的社会影响和征集效果，当然是最好的方案。但征集活动作为一种商业性活动，除非是行政命令、政府行为，否则要想不花钱或者少花钱取得好的征集效果一般来说是不可能实现的。

（4）有奖征集。有奖征集是指奖励有普遍性或者有意识地开展“有奖竞猜”，如凡是参加征集的无论是否入围或入选都将发给纪念品或本会展活动门票，或者应征作品与组委会最后入选作品相符将给予奖励（类似于体育竞猜）。有奖征集直接与利益挂钩，有利于双方互动，所以征集效果较好。有奖征集将大大提高征集成本，征集方（主办方）必须考虑是否合算，不是实力强大的征集单位是无法采用这种方式的。

（5）活动征集。就是通过举办会展相关营销推广活动，邀请特定单位的嘉宾和公众人物参加而进行的征集。除了广场自发性活动外，征集方可以通过举办专场演唱会、主题音乐会、专题讨论会、新闻发布会、社交舞会、招待宴会等活动开展征集，这是一种很有效的征集方式。参加对象一般是社会各界知名人士，如大企业的老板、股份公司的高级管理人员以及著名的广告策划设计大师，必要时还可以邀请政府官员、社会名流参加。由于是活动征集，所以档次要高，氛围要好，但无须奢华、铺张，以免产生不好的副作用。

（6）网络征集。随着网络时代和网络经济的发展，网络征集已经成为征集活动最常用、最有效的手段。征集广告通过网络传播速度很快，网民竞相呼应，这是传统媒体无法比拟的。事实上许多大型会展活动，如世博会、奥运会、“世界杯”比赛等，都是通过网络进行相关征集活动的。网络征集，除了建立本会展活动网站外，还要大力依托政府网站、门户网站，同时要建立后台信息处理平台，与征集工作密切互动。

（7）定向征集。就是针对最有可能应征的目标进行征集，也是最保守的征集方式，包括登门游说、上门拜访、邀请访问、电话联系等，这种征集需要事先周密安排，它要求先对征集对象的脾气、秉性、有关历史、业务范围等都了解得比较清楚，并准备好一套说辞。定向征集是社会征集失败的一种基本保障，万一社会广泛征集不尽如人意，主办方希望通过定向征集能得到比较好的作品或成果。

## 第二节 会展征集活动的组织与实施

征集活动的目的是为了扩大会展活动的社会影响和提升活动品牌知名度。凡是有利于扩大会展活动的社会影响和提升活动品牌的知名度的举措，征集方或主办方都可以开展，以吸引社会各界和社会公众广泛关注和共同参与。许多有影响的大型活动，都是从社会征集开始得到公众认可的。2008 北京奥运会吉祥物“福娃”正是由于著名画家韩美林的参与设计而声名大噪——不是北京奥运会“炒”热了韩美林，而是韩美林参与设计而使“福娃”一炮打响！可见征集活动如果吸引名人参与，发挥“名人效应”，更有利于借力发力、借势造势，迅速扩大活动的社会影响。

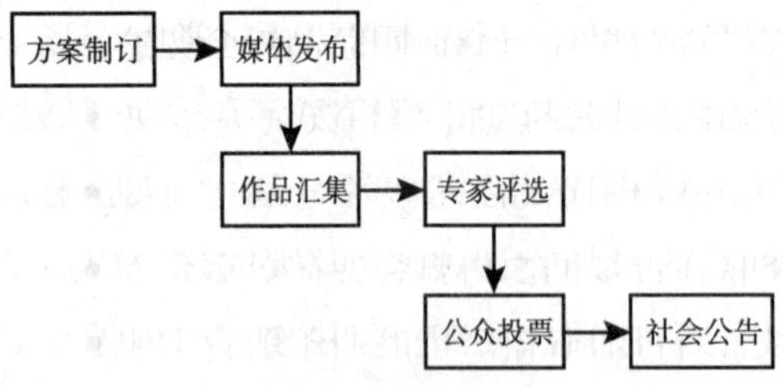

图4-2 会展征集活动的组织与实施

无论是哪种类型的征集活动，都需要做好准备、实施、后续三个方面的阶段性工作（图 4-2）。

## 一、征集准备阶段

征集活动的准备阶段是整个征集策划的重点，也是征集活动能否取得成功的关键。“未雨绸缪”，“不打无准备之战”，“台上一分钟，台下十年功”，充分说明准备阶段的重要性。

### （一）确立征集的目的和内容

必须根据会展活动的主题确定征集活动的目的和内容。一些大型会展活动并不是一次性完成征集，而是配合广告宣传，分阶段、多次性征集，以便不断掀起高潮，吸引社会关注，因此，必须把征集活动的目的和内容进行分解，完成分阶段征集的目标和任务。

### （二）成立征集办公室和专家委员会

征集工作人员应是积极肯干、富于理性、认真负责的人员。其中既有善于创意、思路开阔的策划设计人才，又有踏实肯干、一丝不苟的组织管理人员，而且两种人能够密切配合，能够形成坚强有力的项目团队和领导核心。同时邀请社会名流、专家教授和政府官员担任专家委员会委员，以提高社会征集工作的公信力。必要时还可以邀请公证部门、主流媒体和群众代表参加。

### （三）开展征集活动调查研究

开展详尽而周密的调查对成功征集具有重要的现实意义。调查的内容应当尽量广泛，主要包括：

第一，明确告诉公众将会有怎样的征集，以及征集作品或成果的用途。被征集者一般希望用途、目标非常明确，不模棱两可，否则会有上当受骗的感觉。

第二，设计一些问题，例如：

- 你认为这次征集的成功可能性如何？
- 你认为采取哪几种征集方式比较科学？
- 如果请你做征集工作志愿者，你有兴趣吗？
- 如果请你参加征集，你愿意吗？

当然，如果有必要，也可以再多设计一些问题。但这类调查问卷切忌烦琐，应视实际情况而定。调查活动应尽量在较大范围内进行。如果可能的话，还可以多采取几种方案，以取得更好的效果。调查也可以说明以下一些问题：如果举行征集，有哪些人会参加，参加的目的是什么？人们对征集的兴趣如何？人们对征集机构的信心如何？征集活动能否产生较大的影响？等等。这些问题明确之后，应当看看是否与最初的设想相一致，否则，就得改变思路，另辟蹊径。

### （四）制订详尽的征集方案

在征集活动公告之前必须把征集方案这一核心工作做好，征集活动调查研究已为做方案打下了基础。征集方案要尽可能的详尽，要考虑到方方面面的情况，将能想到的细节尽量列入。想得越周密，未来的征集工作也就越成功。一个好的征集活动方案，包括策划的六个要素，俗称“5W1H”：为什么征集（Why）？征集什么（What）？什么时间开始征集（When）？在什么地方征集（Where）？谁来征集（Who）？如何征集（How）？

#### 1. 明确征集目的

包括为什么征集，要征集多少。既然面向社会征集，就必须有一定的“量”的要求，有一定的“量”才有一定的“质”。如征集主题口号，十八条与一千八百条的选择余地是完全不一样的——尽管一千八百条里面好的可能也只有几条口号可以采用，但毕竟是“百里挑一”、“千里挑一”选出来的，这也是衡量社会参与度、社会公信力的一个“尺度”。

#### 2. 确定征集对象

这无疑是征集计划中的一个重点。有经验的营销专家看重市场细分，因为有目标集中点总是能提高效率。寻找征集对象也许意味着放弃另一些征集对象，两全其美是困难的，甚至往往是不可能的。寻求征集对象要求了解一些心理学的知识，要根据相关调查进行判断，在调查中要注意按一定比例来确定征集对象。

#### 3. 成立征集班子

征集人员是否能干并认真负责，对征集的成功有重大的意义。一般来说，征集总是需要很多临时性的工作人员。对工作人员制订训练计划是必要的。满腔热忱仅仅是参与征集工作的必要条件。一个能够清楚地陈述事实并能作充满激情的演讲的工作人员更能扩大征集的影响。如果能以自己的热情激发公众的热情，那么这个工作人员可以被认为是出色的。工作人员对征集活动的理解直接影响着公众对征集本身的理解，工作人员的形象也直接影响着公众对征集本身的印象。征集活动的工作效率受到每个人的制约，工作人员的素质也直接影响着征集本身的质量及效果。

### 4. 选择征集方式

征集方式的选择对于征集者的智慧是一个考验。前面我们介绍了多种征集方式，但任何一种方式都有利弊，主要取决于征集本身的性质。过多过滥的社会征集现在已面临挑战，有奖征集正在使它失去自身的魅力。财力的约束也往往使征集工作难以充分施展，而合适的方式往往可以使征集工作更加有效。

### 5. 重视征集宣传

好的征集策划往往在宣传方面体现功力。宣传的首要目标是向公众说明计划的内容，其次是实现计划的手段。征集不是商战，透明度越高，就越能使参加人产生信任感，而这正是成功的关键。成功的征集不仅是使公众参与，而是要让他们参加。宣传应是具体的、分阶段推进的。宣传工作本身也应当有一个切实可行的计划。周密的计划应包括宣传的方式，宣传的地点、时间，工作人员的分工。宣传经费（包括广告）也应被列入征集方案中。

### 6. 编制征集预算

会展活动征集经费都是有保障的，但也要掌握“度”的问题，当然一个大型的会展活动靠少量的经费是不可能开展有效征集的——其实征集活动的过程也是广告宣传的过程，征集活动的经费一般也应按广告费用来预算，同时列入广告计划中。征集活动的经费主要包括三个方面：一是征集活动的公告（广告）费用，这方面要根据活动的规模和预期影响（目标）安排经费，一般来讲，征集方（主办方）总是希望花最少的钱达到最大的效果，但实际上这是很难做到的，另外强势媒体和弱势媒体、全国性媒体和地方性媒体的版面的公告费用相差很大。二是征集活动奖励费用，包括入选（第一名）奖励和入围（前 10 名）奖励以及征集纪念品发放等，根据征集标的不同设定不同的奖励标准，如果是系列性征集，还要同时考虑系列征集费用。奖励标准的设定要讲究技巧，奖励金额低难以吸引被征集者，奖励金额高征集方（主办方）又难以承受，到底多少合适要结合会展活动实际，一般来说征集设计方案奖励金额为 8 万 ~10 万元；国际性征集奖励金额相对高一些，小范围征集奖励金额可以相对低一些；入选者大奖，入围者小奖，这是设置奖项的基本原则。三是征集工作经费和专家评审费用等。总之，无论资金紧张还是充裕，征集活动的经费都要精打细算，这是编制征集预算方案应当遵循的基本原则。

### （五）对方案的效益和效率进行检查

征集方案（一般要两个方案以上）拟订后要组织相关工作部门和专家进行讨论，充分听取大家的意见，保证方案和实施计划科学可行。方案确立之后匆匆上马是冒险的，也是不负责任的，必须经过方案可行性论证后才能付诸实施。

## 二、征集实施阶段

**注意征集活动的时间节点。**征集方案和实施计划所确定的时间进度必须以满足征集工作效率为前提。也许我们不能充分估计到公众的反应，但即使变动后的组织工作、填表工作、宣传工作等都必须在具体规定的日期前完成，征集进度计划之间要保持有机的联系。

**征集活动的宣传推广。**宣传推广应始终是积极的，热情洋溢的，即使遇到任何麻烦，也不应改变这一点。宣传应当是走入公众中去，而不是等着公众走到身边来。

**征集活动的持续传播。**在特定的一段时间内，或者在一个特定的范围内，征集活动必须重复宣传、持续宣传。把征集活动的理念不厌其烦地灌输给参与者，相隔一段时间后还要反复进行，直至取得大多数公众的支持。不过宣传的连续性并不是单调地重复同一种方式。针对公众变化态度的不同时期，传播方式也要不断创新，这样才能获得越来越多的公众的理解和支持。

**征集活动的同步原理。**所有的征集活动都要保持一种同步氛围。人们往往在自己做一件事时关心别人的所作所为，心理学上称之为“从众心理”，即大多数人的做法会对某个人产生影响。因此，让公众意识到别人在和他做同样的事是重要的。

**征集活动的高潮迭起。**征集活动宣传的整个过程中，要善于制造几个高潮，充分调动起公众的热情，但热情是不可能保持很长时间的，因此，应尽力策划好下一次宣传的高潮，让公众的心潮随着宣传的波峰—波谷—波峰这种节律的起伏而起伏。准确把握这种起伏的节律需要经验、智慧和灵感。这方面可以向宣传专家、公关顾问、广告公司进行咨询。

**征集活动的艺术再现。**要让被征集者认识参加这项活动是很有意义或至少是非常有意思的一项活动，从而积极参与进来。试想你设计的会标成为本会展活动的标志，特别是该会展活动是社会公众都十分关注的一次盛会，由于你的参与而使该会展活动更加增光添彩，你既有机会获奖又有可能扬名，何乐而不为呢？当然征集的艺术完全靠征集方宣传，要把社会公众的积极性、创造性最大限度地调动起来。当该征集成为全社会关注的焦点时，离成功征集也就不远了。成功的征集并不等于成功征集到作品，而是能够吸引社会各界和社会公众广泛关注和共同参与。

## 三、征集后续阶段

后续阶段看起来似乎可有可无，其实不然。一次好的后续工作，既是上一次征集的结束又是下一次征集的开始；既是上一次的后续又是下一次的准备。要在做好一件事的同时为做下一件事铺路。例如，安排媒体采访获奖者，可能比征集开始还要有意义，人们总是关注最后的“悬念”，善于把握这一“悬念”就可以很好地制造新闻点。

**征集活动工作总结。**我们的征集是否成功？我们是否在人们心中树立起了会展活动的形象？征集的作品或成果是否达到预期目标，是否能为下一次征集打下一个坚实的基础？我们的费用是否超出了合理的限度，是否在征集过程中有过不必要的花费？征集工作的效率如何？我们在征集中所遇到的情况是否在我们的计划中？征集的质量是否经受住了事实检验？这一切都需要总结，总结的结果不妨通过大众传播媒介告诉公众。人们总是关心自己所参与的活动的结果如何。成功的活动会使大众更有信心。透明度提高，其实受益的是征集机构本身。征集工作者最重要的形象要素就是诚实可靠，这是公众信心的源泉。如果活动的结果不尽如人意，不妨也告诉公众，当然，在宣布结果时要注意方式，不能使公众产生组织机构无能的感觉，应当设法让公众原谅并相信你仍具备成功组织征集活动的能力。一次成功的总结可以使组织者原本很好的形象更加完美，也可以扭转由于组织失误而令公众产生的看法，还可以给人以有始有终的感觉。

**保持与征集者的联系**。做事不能是一锤子买卖，征集者总希望参加活动后能有回音。因此，对于那些参加过征集活动的人，应与其保持联系，如有可能最好是由征集方领导签名致函或发公开信表示感谢，告诉他所参加活动带来的良好的效果。使他更加了解这次活动的始末，并且可以借机扩大宣传。现在网络、短信业务非常发达，但是在实际操作中与征集最后入选、入围者联系，最好还是运用传统手段，如寄挂号信、口头通知，以提高可信度。

**征集作品广告宣传和商誉品牌资源开发**。征集活动并不是为征集而征集，而是为进一步扩大广告宣传，开展商誉品牌资源开发。对一个大型会展活动来讲，征集活动只是一个开端，正式的大规模的宣传活动都是在征集揭晓以后。征集公告、公示都是为了后续的广告宣传和商誉开发做铺垫的。必要时还要对征集作品或成果进行知识产权保护和登记。2006 杭州世界休闲博览会会标、吉祥物征集活动结束后就立即向国家商标局进行了专用标志商标登记，并出台了《2006 杭州世界休闲博览会名称、会标、吉祥物等专用标志使用管理办法》，后续工作环环相扣、无懈可击。

征集本身也是一种社会公共关系，需要社会公众的大力支持。征集活动的过程也就是社会公共关系日益成熟的过程。公共关系是一门艺术，要善于运用这门艺术。现代社会，征集的范围非常广泛，不仅会展活动需要征集，一座城市、一个机构、一家企业，为了扩大影响，吸引公众参与，都可以开展社会征集。征集现象作为现代社会公共关系活动，在我国经济生活中越来越普遍。

## 第三节　会展征集活动的实务操作

按征集活动的性质分为标志形象征集、会展活动项目征集、展品征集等三种主要类型的征集活动。下面以杭州世界休闲博览会、杭州西湖博览会、杭州西湖博物馆相关征集活动为例，简要介绍征集活动实务操作的主要模式。

## 一、标志形象征集

2003 年 4 月，杭州世界休闲博览会组委会办公室向社会各界发出了征集世界休闲博览会会标、吉祥物、宣传画、宣传口号的公告。到当年 7 月共收到来自全国 23 个省市的 532 件会标、吉祥物等设计类稿件和 2247 条宣传口号，经过专家组评选各产生了 10 件候选作品，7 月 14 日起在有关媒体和世界休闲博览会网站向社会公布，最后由社会公众投票产生与世界休闲博览会主题“休闲——改变人类生活”最相吻合的作品（图 4-3）。

图4-3 世界休闲博览会吉祥物——晶晶

2006 杭州世界休闲博览会形象大使的产生则比较特殊，按照组委会办公室最初的设想是通过全国性选拔“2006 杭州世界休闲博览会休闲使者”的方式产生，不受性别、年龄、国籍、民族限制，由于著名主持人杨澜清新靓丽的形象与组委会的要求相符，最后组委会聘任杨澜为 2006 杭州世界休闲博览会形象大使。杨澜作为 2006 杭州世界休闲博览会形象大使，为 2006 杭州世界休闲博览会增光添彩，成为大型活动通过名人效应“借冕生辉”的一次成功尝试。当然组委会办公室通过全国性选拔“2006 杭州世界休闲博览会休闲使者”的设想也一直没有放弃，杭州世界休闲博览园“百城馆”各个城市的“休闲使者”，就是按照最初的征集方案由全国各参与城市选拔出来的。

## 二、会展活动项目征集

杭州西湖博览会项目征集除了符合西博会办会宗旨的要求，如主题突出，特色鲜明，名称规范；主办、承办、协办单位落实，项目承办单位资信良好，具备经营资质、运作业绩、经济实力和承担风险的能力等共性条件外，还必须符合会展活动专业条件。

### （一）展览项目

**在专业展馆内（不包括专业市场）举办。**展会名称中有“国际”字样的，境外参展商参展面积（或展位）应不少于20%，境外参观商占专业观众的比例不少于20%。不得展示展销与会展活动名称和主题不相符的商品。

**贸易类、技术类展会。**主要面向专业客商，以品牌和技术展示、洽谈、订货和批发交易为主，可兼有部分零售。室内展览面积6000平方米（光地，下同）以上，工艺品、书画、珠宝饰品等特殊商品展览面积不少于4000平方米，其中特装展位面积不少于20%。参观人数达3万人次以上，其中专业客商比例不低于15%，成交额3亿元以上。

**消费类展销会。**主要面向消费观众，零售生活消费品，兼营批发。室内展销面积达到6000平方米以上，工艺品、书画、珠宝饰品等特殊商品展销面积不少于4000平方米，参观人数达5万人次以上，成交额5000万元以上。

### （二）会议项目

展会名称中有“国际”字样的，境外代表应不少于50人。

**专业研讨会（包括论坛）。**由国际性或全国性、区域性权威机构参与主办（以确认书原件为凭），会期2天以上，正式参会代表100人以上，有知名人士参加，发表重要论文50篇以上，引起媒体关注，在本行业、本专业领域有较大影响。以演讲、主题报告会形式的论坛会议，论文数量可不作要求。

**投资洽谈会。**由市级以上机构参与主办，正式参会代表300人以上（对外投资洽谈会境外代表100人以上），协议引进内资20亿元以上，或协议引进外资1亿美元以上。

**著名品牌推广会。**由跨国公司和知名企业组织举办的新产品推广或品牌发布会，会期半天以上，正式参会代表300人以上，有知名人士参加，引起媒体关注，产生较大影响。

**其他会议。**参会人数500人以上，有知名人士参加，会议主题新颖，引起媒体关注，产生较大影响，对杭州市社会经济发展促进作用明显。

### （三）节事活动项目

**旅游观光活动。**参观人数在10万人次以上，其中，国内外组团游客参观人数在1000人次以上。媒体关注，影响较大。

**文艺演出活动**。观众在5万人次（单场在1000人次）以上。有知名艺术家和演艺人员参加，媒体关注，影响较大。

**赛事活动**。省级以上体育主管部门、国内外专项体育协会或其他权威机构参与主办，有国内外著名选手参赛，媒体关注，影响较大。

**公众商贸活动**。与日常生活消费和文化消费相关的大众参与性活动，一般在广场、街道等城市公共空间或服务场所举办，包括小吃、美食、庙会、特色商品展示等活动。参观人数5万人次以上，成交额500万元以上。媒体关注，影响较大，经济和社会效益明显。

**文博展示活动**。一般在博物馆、图书馆等文化经营场所举办，具有较高艺术水准的文化艺术品包括文物、收藏品、邮品、字画等的展示活动。展出面积1000平方米以上，参观人数达到1万人次以上。媒体关注，影响较大。

**其他活动**。引起媒体关注，产生较大影响，经济社会效益良好。具体内容、标准根据实际情况确定。

会展活动项目征集是杭州西湖博览会办展的一大特色，也是中国“政府主办、企业参与、市场化运作”办展模式的一大突破。每年10月中旬到11月上旬举行的西湖博览会都有几十个上百个项目同时进行，综合办展，盛况空前，业内人士称之为“西博会”节，极大地带动了杭州社会经济尤其是会展旅游的发展。

## 三、展品征集

杭州西湖博物馆展品征集最成功的地方，就是以一纸《捐献证书》换回了无数西湖“宝贝”。这项工作由西湖博物馆征集办公室负责，先通过媒体发布征集公告，杭州市民包括在海外的侨民都竞相献宝。

木质封面的《禹航胜迹》十八景册页为清乾隆年间的精品。轻轻翻开，绢绫质地尤显高贵，每页分图、文两部分，工笔画里带些许写意，一笔一画都勾勒得极为细致，所用颜料是上好的矿物质，至今没有一点退色。“禹航”为“杭州”旧称，此册页描绘了当时的十八景：“法云寺”、“虎跑寺”、“大佛寺”、“蕉石鸣琴”、“玉带晴虹”、“双峰插云”、“龙井寺”、“天竺香市”……《禹航胜迹》十八景册页向我们讲述了200多年前的杭州名胜，记载了杭州的古地名，具有很高的艺术价值和文献价值。它是原主人王先生从香港嘉士德拍来的，他得知征集西湖文物便忍痛割爱。

商代青铜云雷纹直内戈为国家一级文物，是在西湖淤泥里出土的，收藏者为杭州市民王先生，听说西湖博物馆征集文物，他就把这心爱之物捐献出来。他还捐献了1000多枚从战国到清朝的钱币，这西湖水下出土的历代古币，有着沉甸甸的分量。

## 四、企业赞助征集

### （一）企业赞助的含义

企业赞助是指企业（赞助方）向会展活动主办方（接受赞助者）提供资金、实物、技术和劳务等支持，活动主办方则给予赞助企业冠名、指定产品、广告宣传、专利促销等权利作为回报的一种等价交换的商业行为。赞助与回报，双方各得其所，实现共赢。它是一种继广告、促销和公关等传统沟通手段之后行之有效的新型营销沟通手段。

从赞助商角度看，活动赞助是企业营销战略的重要组成部分，从被赞助活动的角度看，赞助是主要的资金来源和物质基础。会展节庆活动和企业赞助之间是一种互惠的交换关系：赞助商为大型活动提供资金、场地、设备、基础设施、物资、服务、技术等诸多方面支持，提高了大型活动的规模、档次，保证了大型活动的顺利举行，会展节庆活动凭借其影响力和吸引力提升了赞助商的企业形象、品牌认知，并增加了赞助商产品销售的潜在机会（图4-4）。

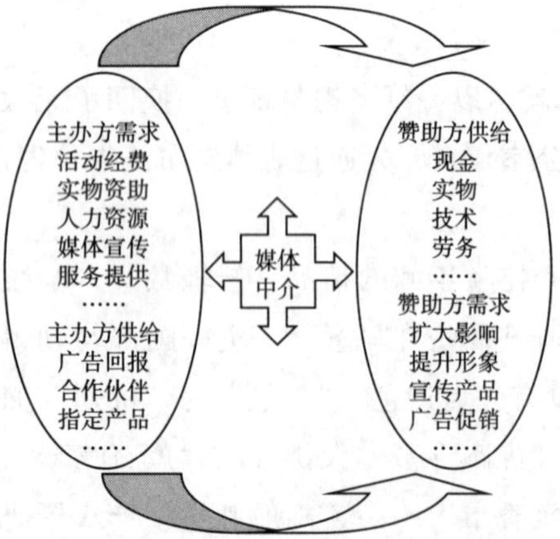


**图4-4　企业赞助或活动回报互惠关系图**

### （二）企业赞助的特点

**隐含性。**企业赞助属于广告范畴，是一种软性的、间接的广告行为。看起来不像广告那样具有明显的商业性，比较含蓄、内敛，但效果不比广告差甚至更好，在不知不觉中起到了宣传的作用，显示出独特的传播魅力。

**丰富性**。企业赞助的回报形式种类繁多，因项目的不同而丰富多彩。比如主办、协办、冠名、指定产品、赞助商、供应商、装备商等，再通过报刊、电视、广播、场地广告、报贴、会刊等各种媒体，多以广告的形式回报给赞助商，使赞助活动锦上添花，富有感染力和影响力。

**依附性**。广告、促销和公关等沟通手段都是企业单方面的意愿和行为，效果好坏完全取决于企业单方面。而赞助是企业和中介机构以及媒体的共同行为，需要它们的密切配合。

**领先性**。在赞助、广告、促销、公关等沟通手段中，赞助是第一位的，任何一个会展、节庆、赛事活动都首先要取得企业赞助权利，与活动举办方建立紧密型合作平台，然后才有相关的广告、促销、公关等权利。

**风险性**。企业赞助是一个系统工程，从策划到完成，历经时间长、涉及人数多、不确定因素多，任何一个环节出现问题，都会给企业赞助和活动主办方带来负面影响。

## （三）企业赞助的原则

**活动合法原则**。企业赞助的主办方或会展、节庆、赛事活动本身必须是正当的、合法的，是对社会公众有益的，这是最基本的原则。

**目标明确原则**。尽可能地通过指标来实现目标，并使之具体化和定量化，如确定知名度、信誉度、媒体曝光度、现场观众数、电视收视率、广告覆盖率等定量指标。

**合作共赢原则**。“赞助活动”是一种产品，也要讲究设计和包装，要站在对方的角度，给对方实实在在的回报，这样才能吸引对方参与，既要考虑“核心产品”（如活动本身），还要重视“附加产品”，如策划制作活动专题节目、安排明星参加赞助、企业新产品发布会等（图 4-5）。

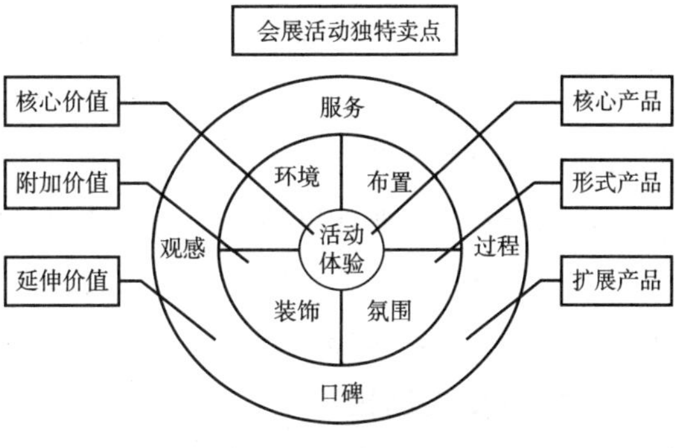


**图4-5　会展活动产品的三个层次**

**媒体参与原则**。赞助活动能够成功，最关键的因素是能够取得媒体的关注和宣传。媒体推波助澜的中介作用要远远超乎我们的想象。一个没有媒体参与的会展活动，很难让企业积极参与赞助。活动主办方要联合报纸、杂志、电台、电视、网络、广告公司等媒体，共同举办一系列声势浩大的推广活动，增加活动的曝光率，提高“产品”的精彩度和市场销售能力。

**多元回报原则**。应设计多元化的赞助权益回报菜单供不同的赞助企业选择。赞助权益的大小可以根据赞助金额的多少来确定，要让企业了解提供什么样的赞助可以享受什么样的权益，满足不同层次企业的需求，增加赞助企业的数量。

**利益排他原则**。在同一节事中，通常只容许同一行业的一家企业参与，避免对双方造成资源的浪费，并且降低企业间的竞争。奥运会的赞助计划赋予了赞助企业垄断的权力，最大限度地确保赞助企业的商业利益，并因此促使奥运品牌的无形资产与日俱增，从而实现奥运会与赞助企业的双赢。

**广泛参与原则**。企业赞助是会展活动尤其是节事活动资金充足的前提，也是活动内容和形式可以扩展的保证。为此，应该努力吸引不同行业的赞助商参与节事活动的赞助活动，使双方都获得收益，既可以为节事活动提供有力的资金或物质保障，又可以为企业进行有效直接的宣传，发挥节事活动广泛的影响力。

**规范运作原则**。企业赞助必须公开、透明，严禁暗箱操作，私下拿回扣。从征集到实施的整个过程都要达到规范化，这也是大型活动取得巨大成功的重要先决条件。上海 F1 赛事由中石化提供赞助，但是由于运作不规范，私下给赞助方高官回扣，该事件被相关部门查处，F1 赛事的声誉也因此受到了影响。

**市场化原则**。会展活动进入市场化运作必须遵循市场规律，引入“成本与利润”、“投入与产出”的观念。会展活动资金来源不能依赖政府财政投入和企业自有资金投入，要最大限度地争取企业赞助，建立“投资—回报”机制，逐步提高活动知名度和影响力，吸引大企业、大财团以及主流媒体的参与。

**产业化原则**。要围绕节事活动，从项目策划、集资、广告、会务、展览、场地布置、彩车制作、观礼台搭建、纪念品制作等，都以招标投标、合同契约的有序竞争方式进行，并逐步形成新兴的“节事经济”和“会展产业”，产业化更能促进市场营销的深入和发展。

### （四）广告资源整合

作为现代展会市场化运作的重要手段，企业赞助和广告收入正成为决定会展活动成功举办的重要标志。一个品牌知名度市场化程度比较高的展会项目，有着极其丰富的广告资源。通过整合广告资源可望取得显著的广告效益和赞助效益。现代展会的广告资源很多，主要包括：

- 证件广告，贵宾证、嘉宾证、代表证、参展证、工作证、记者证、通行证等；
- 入场券广告；
- 会刊广告，除参展名录免费刊登外，黑白彩色整页、跨页广告另行收费；
- 现场广告，汽模、拱门、气球、横幅、路牌、信物、纪念品等；
- 手提袋广告；
- 专用信封、信纸广告；
- 媒体网络广告；
- 收费方式参会，邀请参展商、观众等参加讲座、研讨会、新产品发布会但需要另行收费；
- 企业赞助，往往与广告回报挂钩，赞助企业可以借助会展活动项目进行宣传；
- 指定广告位出租等，各种广告资源很多，就看如何进行资源运作，把广告资源变成经济效益。

### （五）赞助回报政策拟定

现代展会企业赞助也是花样繁多，赞助企业通过有偿使用展会名称、会徽、会旗、会歌、口号、吉祥物等方式进行资助，与活动主办方实行双赢、共赢。企业赞助回报的主要形式有：

- 商品、商品包装或者容器；
- 商品交易合同；
- 服务项目合同；
- 广告宣传、商业展览、营业性演出以及其他商业活动；
- 展会活动指定使用商品；
- 销售、进口和出口含有展会活动标志的商品；
- 制造或销售展会活动的标志；

- 组委会领导或邀请演艺明星参加赞助企业产品发布会。

……

赞助回报方式一般采用菜单形式，赞助金额越大，菜单越长，反之越短。

相关链接　搜索

### 2006 杭州世界休闲博览会赞助回报政策（赞助金额 500 万元以上）

- 获世界休闲博览会“主赞助商”称号，其产品（或服务，下同）为同类产品中的唯一指定，授予“世界休闲博览会唯一指定产品”称号；
- 召开一次由组委会秘书长以上领导出席的独家新闻发布会；
- 特邀 1 名代表作为嘉宾参加开幕式和开幕酒会，由组委会免费提供交通、食宿费用；
- 准许在指定产品上使用世界休闲博览会名称、会标、吉祥物，并在广告宣传中注明“合作伙伴”；
- 在组委会开发或管辖的主要户外广告上免费发布赞助企业广告，面积为 100 平方米；
- 开幕式、闭幕式贵宾入场券各 3 张；
- 开幕式、闭幕式普通入场券各 20 张；
- 世界休闲博览会参观通票 120 张；
- 在世界休闲博览园免费提供不少于 10 平方米的指定产品专卖店；
- 在园区大门外挂空飘条幅 1 条；
- 在全国性报纸上刊登整版广告 1 次；
- 世界休闲博览会会刊做彩页广告两整版；
- 世界休闲博览会指定网站宣传推广赞助企业；
- 赞助商法定代表人为世界休闲博览会组委会荣誉委员；
- 颁发荣誉证书、“杰出贡献奖”奖牌和纪念品；
- 在世界休闲博览会纪念册、纪念碑上署名刻字做永久纪念；
- 在企业赞助回报政策范围内，根据企业的宣传计划要求，共同策划制订具体宣传推广方案和实施计划。

说明：赞助 500 万元以下按照金额大小回报政策菜单依次酌减。

征集活动的模式很多，不同的征集模式都有着自己的特色，但基本的征集原理、征集步骤、征集运作都是基本相似的。我们熟悉了征集活动的主要模式，实际上就掌握了征集活动的钥匙，结合每个会展活动的实际情况，加以灵活应用，精心策划，合理设计，就可以打开征集活动的所有大门。

# 第四节　征集活动文案的写作

## 一、征集活动方案和公告要求

对某些会展活动比较单纯、内容简单的征集活动，一般可以把征集活动方案和公告合在一起写作，这时候方案就是公告，公告就是方案，称之为“方案公告”。应征者根据方案要求即可以完成创作。

“方案公告”比较适合会展活动会标征集、吉祥物征集、主题口号征集、宣传画征集等，征集文案写作的基本格式比较接近，许多会展活动往往会把几类征集活动集中在一起进行，例如 2006 杭州世界休闲博览会就把会标、吉祥物、主题口号、宣传画放在一起征集，由于这类作品本身有一定的内在的、本质的联系，集中征集便于联想思维，集体创作，声势更大，更能凝聚社会共识。

吉祥物征集原理与徽标征集基本相同。主要区别是设计要求上吉祥物既要符合展会的主题又要更加形象生动。吉祥物就是为展会本身征集的形象大使，所以其亲和力、感染力和社会认同感更加重要。

## 二、征集公告与征集方案写作技巧

考虑到征集公告的发布费用和征集活动设计工作的复杂性，大型会展活动特别是国际性会展活动一般把征集公告和征集方案分开来发布。征集公告以相对比较小的代价和篇幅通过国内外强势媒体发布，征集方案则可以挂在自己的网站或者相关链接的网站上供应征者查询。通过强势媒体公告只是告诉大家有征集这回事，具体要求则请参见征集方《征集方案》或《设计规则》。

## （一）征集公告写作

属于公文写作范畴，具有公文写作的基本格式和要求。要求言简意赅，清楚地写明事项、时间、地点、要求。

相关链接　搜索

### 上海世博会吉祥物征集公告

中国2010年上海世博会将于2010年5月1日至10月31日在上海举行。为把本届世博会办成一次“成功、精彩、难忘”的盛会，经2010年上海世博会组委会同意，上海世博会事务协调局在全球范围内公开征集中国2010年上海世博会吉祥物设计。本次征集活动自2007年1月17日开始，至2007年5月31日止。具体规定见《中国2010年上海世博会吉祥物设计征集规则》。

特此公告。

上海世博会事务协调局

二〇〇七年一月十七日

## （二）征集方案写作

征集方案是征集工作的原则、方针和行动规则，组织结构比较严谨，对每一位应征者体现机会平等、竞争公平。征集活动方案没有好坏之分，但有翔实和简易之别，一般要求必须面面俱到，但也不要过于啰唆琐碎。征集方案一经发布，其基本规则就不能随便更改。

2007年1月17日，上海世博会事务协调局颁布关于《2010年世界博览会吉祥物征集公告》，为开展这次全球范围内的征集工作，上海世博会事务协调局还详细拟订了《中国2010年上海世博会吉祥物设计征集规则》。该征集规则首先对征集目的和主题进行了阐述：举办2010年上海世界博览会吉祥物设计征集活动（简称“征集活动”）旨在举全国之力、集世界智慧，遴选符合上海世博会理念和主题的吉祥物设计，并通过吉祥物设计的征集向全世界传播“理解、沟通、欢聚、合作”的上海世博会理念，宣传“城市，让生活更美好”的上海世博会主题。征集规则对主办方、征集时间、应征者、应征作品、应征办法、应征作品的评选和决定、奖励、相关声明等都作了明确规定。其“第四条 应征作品”对设计作品提出了明确要求：应征者应提交包括《吉祥物设计稿》、《报名表》和《承诺书》三份文件；《吉祥物设计稿》应包含吉祥物的绘制形象、名称和设计说明，并应符合“理解、沟通、欢聚、合作”的上海世博会理念和“城市，让生活更美好”的上海世博会主题；吉祥物的绘制形象可以由单幅图稿表现，也可以由不同情境、姿态和色彩的多幅图稿组成；吉祥物设计应融合中国文化特色，反映上海世博会的形象，具有拟人化特征，并深受大众喜爱；在表现形式和技术手段上，适用于平面、立体和电子媒介的传播和再创作。充分显示了上海世博会吉祥物征集严谨、规范，可以作为征集方案撰写的一个范例。

主题口号也称宣传口号或者广告语，或者说展览广告主题（词）。有时候展览主题非常明确，但其主题口号不够响亮或朗朗上口；为使展览主题深入人心，为社会公众所接受，还必须通过社会征集对展览主题进行升华。与会标、吉祥物征集的最大不同点就是会标、吉祥物是以图案形式提交，而主题口号（广告语）则是以文案形式提交。例如，第五届中国国际农产品交易会主题口号征集中对主题口号的基本要求是：具有时代感，符合新时期农业发展方向；语言简洁明快，响亮有力，富有感染力。

## （三）征集工作方案写作

征集公告和征集方案都是对外公布的，主要是给社会公众看的，征集工作方案则是对内的，是全体征集工作人员必须遵循的基本程序和守则。征集工作方案也需要周密安排。主要包括制订征集工作计划、征集广告宣传计划、征集评选奖励办法、征集使用管理办法等。《2006 杭州世界休闲博览会名称、会标、吉祥物等专用标志使用管理办法》就是为了规范 2006 杭州世界休闲博览会的名称、会标、吉祥物以及“世界休闲”标志等专用标志的使用和管理，切实保护 2006 杭州世界休闲博览会知识产权而制定的管理办法。该办法规定下列情况必须签订有偿使用的许可协议：（1）使用标志以出售和营利为目的的各类商品、纪念品的生产和销售；（2）使用标志举办各类商务性展览、演出及竞技活动；（3）商业性广告；（4）商业性电视、电台转播；（5）相关互联网页制作；（6）各类赞助和捐赠；（7）其他具有营利性的文字、图形、音乐和美术作品、影视作品、计算机软件、数据库、网络名及其他设计等。该办法尽管是征集活动结束后制定发布的，但从文案性质上看属于征集工作方案，目的是为了更好地开发、使用、管理2006杭州世界休闲博览会专用标志。这也是为征集活动最后使用管理立规矩，做到“有章可循”，体现征集活动“有始有终”的原则，是征集活动后续工作非常重要的一个环节。

## 本章小结

大堡礁真的需要“看护人”吗？非也，实际上这是澳大利亚昆士兰州旅游局一次成功的旅游推广和造势策划。会展征集也需要这样的效果：通过征集引起社会的广泛关注，变“要你参与”为“我要参与”。能够引起社会反响、公众关注、市民参与的会展征集，会展活动项目就算成功了一半。

会展征集主要是指徽标、吉祥物、宣传画、主题口号、广告语、会旗、会歌的征集，综合性节事活动还包括活动项目征集、展品征集等，无论是哪类征集，最终都要开展商誉开发和品牌资源的运作，因此在会展征集中尤其要注重对知识产权的保护，把知识产权保护与商誉开发结合起来。

企业赞助征集相对比较复杂，除了技术层面的工作外，还要有广泛深厚的人脉关系。企业赞助主要是要做好回报政策的制定，让丰厚的回报引发赞助商的兴趣，同时通过有效的公关手段，完成企业赞助。企业赞助实质上就是广告，但是赞助要比广告更加有效。

## 思考与训练

### 一、名词解释

征集活动　　广告征集　　标志形象征集

### 二、填空题

1. 征集活动属于______，是向社会公开征召对某项会展活动共同关注或者基本创意的集合，是凝聚______的一项重要______。

2. 征集活动多用于______、______、______。

3. 征集活动要求按照_____、______、_____的原则进行。

4. 会展活动征集一般适用于大型博览会，特别是____、____、____会展活动。

5. 无论是哪种类型的征集活动，都需要做好___、___、___三个方面的阶段性工作。

6. 吉祥物属于_____类征集，主题口号属于______类征集。

## 三、选择题（单选题）

1. 标志类征集包括各种形象标志（会标、徽标）、吉祥物等，是区别会展活动的重要标志，具有鲜明的____。

A. 目的性　　B. 准确性　　C. 排他性　　D. 商业性

2. 征集活动的目的一般带有____ 。

A. 自发性　　B. 目的性　　C. 准确性　　D. 商业性

3. 征集活动在规模上____ 。

A. 宁深勿浅　　B. 宁广勿窄　　C. 宁高勿低　　D. 宁长勿短

4. ____已经成为征集活动最常用、最有效的手段。

A. 网络征集　　B. 定向征集　　C. 活动征集　　D. 有奖征集

5. 征集活动范围的社会性，决定了征集对象的____ 。

A. 大众性　　B. 广泛性　　C. 不定性　　D. 多样性

## 四、判断题

1. 征集活动的社会参与者越多越好。(　 )

2. 标志形象征集是一般征集活动运用最多、最广的征集。(　 )

3. 征集活动对象受年龄限制。(　 )

4. 征集活动成果具有有偿性。(　 )

5. 征集活动的广度和深度直接影响其效果。(　 )

## 五、简答题

1. 简述征集活动的分类。

2. 简述征集活动的目的。

## 六、案例分析

### 上海世博会吉祥物设计征集案例

中国2010年上海世博会吉祥物的设计征集吸引了来自五大洲设计界、美术界、卡通界以及广大支持上海世博会朋友的关注，截至2007年5月31日18时整，征集办收到了来自亚洲、欧洲、南美洲、北美洲、大洋洲五个大洲，包括中国、美国、英国、法国、德国、澳大利亚、意大利、西班牙、芬兰、罗马尼亚、新西兰、墨西哥、葡萄牙、日本、韩国、印度尼西亚、马来西亚、新加坡、委内瑞拉、加拿大、哥伦比亚21个国家的26655件设计作品。

在造型各异的众多应征作品中，既有虎、海豚、熊猫、中华鲟、胭脂鲤等动物形象，也有东方明珠、水滴、阳光、树木等造型的拟人化身，还出现了许多表现力鲜明、风格独特的虚拟形象。绝大多数作品既吸收了上海世博会“理解、沟通、欢聚、合作”的理念，又融汇了“城市，让生活更美好”的2010年上海世博会主题。上海世博会组织者制定了严格的评选标准，设定了严谨的工作程序，评选委员会公平、公正地评选出既能体现“城市，让生活更美好”这一主题，又为世界各地人民所喜爱的形象作为2010年上海世博会吉祥物。中国2010年上海世博会吉祥物最终命名为“海宝”，并于2007年12月正式揭晓。

根据上述案例回答如下问题：

结合案例论述会展征集活动的运作过程。

## 七、实践与训练

参照上海世博会徽标、吉祥物征集规则，编写一份《××学院形象小姐大赛吉祥物征集方案》。

# 第五章 会展活动项目组织与实施

以会展活动项目管理为会展运营的基础，通过不断借鉴各方面的管理经验，提升会展活动项目运作的水平和能力。通过本章内容的学习，使学生能够从展前、展中、展后三个方面对会展活动项目进行实施和管理。

本章内容包括：会展活动项目组织管理、会展计划管理、会展活动项目现场管理以及会展活动项目财务管理。其中，会展活动项目组织管理讲述了会展管理组织机构设置的原则、类型以及会展活动项目经理人应具备的素质；会展活动项目的计划管理讲述了会展活动项目计划编制的程序及方法；会展活动项目现场管理讲述了会展现场布置、现场风险管理以及会展现场的后勤管理；会展活动项目财务管理讲述了会展活动项目财务管理的内容及会展活动项目利润的预测。

## 学习目标

### 方法能力目标

通过本章知识的学习，熟悉和掌握会展项目管理的基本内容，包括项目组织管理、项目计划管理、项目现场管理和项目财务管理；能够构建会展项目的组织结构，制定项目实施计划；了解和掌握会展项目现场管理的基本内容和方法；能够对会展项目的财务进行基本分析。

### 专业能力目标

能够熟练运用本章所学的知识进行会展项目的过程管理，能够从专业“会展人”的角度去组织并实施一个中小型会展项目。

### 社会能力目标

通过分组的形式，组织学生参加、参观当地著名的展会，了解其会展项目管理情况及过程，并承办校内相关展会，对项目实施过程进行控制和管理。

## 案例

### 中国（杭州）文化创意产业博览会

杭州作为长三角地区最发达、最具活力的城市之一，经济总量多年在全国省会城市中居第二位。2010 年杭州地方生产总值达到 6000 亿元，人均 12000 美元。同时，杭州的民营经济发展迅猛，全国民营企业 500 强中，杭州占据了 65 席。因此，民间资本雄厚、投资交易活跃、市场需求旺盛、经济体制完善，这些特点为杭州发展文化创意产业提供了强大的支撑。

经过几年的发展，杭州已经初步形成了体现城市定位和特色的文化创意产业，拥有国家动画产业基地、国家数字娱乐产业示范区、国家软件产业基地等一批国字号的文化创意产业集聚区，同时，一大批具有鲜明地域特色和相当水准的 LOFT 创意园区也应运而生。目前，杭州创意产业的综合实力名列全国第五位。

根据杭州市委、市政府关于“依托杭州的人才、文化、环境优势，发展‘创意经济’，打造以文化、创业、环境高度融合为特色的全国文化创意产业中心”的战略部署，以中国国际动漫节永久性落户杭州为标志，杭州已经建成十大文化创意产业园区，初步形成“国内领先、世界一流”全国文化创意产业中心。

为进一步打响“创意杭州”品牌，从 2007 年开始，中国（杭州）文化创意产业博览会应运而生，规模达到 500 个展位，共计接待 3 万多名观众，其中专业观众 2 万多名。每届展会有 200 多家境外媒体、国家级媒体、省市级媒体采访和报道。它的成功举办促进了杭州市创意产业的发展，为杭州市打造“全国文化创意产业中心”创造了浓郁的氛围，搭建了良好的平台。

### 案例分析

杭州如火如荼的会展业发展需要有会展企业和会展活动项目团队的支持。请问：一般会展活动项目团队的组织结构类型有哪几类，各有什么特点？

# 第一节　会展活动项目组织管理

## 一、会展活动项目组织的概念

项目组织是为了完成某项会展活动项目而建立的组织，一般也称为会展活动项目班子、会展活动项目管理班子、会展活动项目团队等。一些大型的会展活动项目组织叫做项目经理部，由于大型的会展活动项目管理工作量很大，因此，项目组织部门专门履行项目管理功能，具体技术工作由他人或其他组织承担。而有些会展活动项目由于管理工作量不大，没有必要单独设立履行管理职责的班子，因此，其具体技术性工作和管理职能均由会展活动项目组织成员承担。

会展活动项目组织的具体职责、组织结构、人员构成和人数配备等因会展活动项目性质、复杂程度、规模大小和持续时间长短等有所不同。会展活动项目组织可以是另外一个组织的下属单位或者机构，也可以是单独的一个组织。会展活动项目组织的一般职责是会展活动项目策划、组织、指挥、协调和控制。会展活动项目组织要对会展活动项目的范围、费用、时间、质量、风险、人力资源和沟通等多方面进行管理。

## 二、会展活动项目组织机构设置原则

**目的性原则**。会展活动项目组织机构设置的根本目的是为了产生组织功能，实现会展活动项目目标。从这一根本目的出发，就应因目标设事，因事设岗，因职责定权利。

**精干高效原则**。大多数会展活动项目组织是一个临时性组织，会展活动项目结束后就要解散，因此，会展活动项目组织应精干高效，力求一专多能，一人多职，应着眼于使用和学习锻炼相结合，以提高人员素质。

**会展活动项目组织与企业组织一体化原则**。会展活动项目组织往往是企业组织的有机组成部分，企业是它的母体，会展活动项目组织是由企业组建的，会展活动项目管理人员来自企业，会展活动项目结束之后，会展活动项目组织也随即解散，其人员仍回企业，所以会展活动项目的组织形式与企业的组织形式密切相关。

## 三、会展活动项目组织结构的类型

会展活动项目组织结构类型有许多，常见的有工作队型、部门控制型、项目型、矩阵型。

### （一）工作队型

（1）特征：①项目经理在企业内抽调职能部门的人员组成管理机构；②项目管理班子成员在项目工作过程中，由项目经理领导，原单位领导只负责业务指导，不能干预其工作或调回人员；③项目结束后机构撤销，所有人员仍回原部门。

（2）适用范围：适用于大型项目，工期要求紧，要求多工种、多部门密切配合的项目。

（3）优点：①能发挥各方面专家的特长和作用；②各专业人才集中办公，减少了扯皮和等待时间，办事效率高，解决问题快；③项目经理权力集中，受干扰少，决策及时，指挥灵便；④打乱企业的原有结构。

（4）缺点：①各类人员来自不同部门，具有不同的专业背景，配合不默契；②各类人员在同一时期内所担负的管理工作任务可能有很大差别，很容易产生忙闲不均；③成员离开原单位，需要重新适应环境，也容易产生临时观点。

### （二）部门控制型

（1）特征：按职能原则建立项目组织，把项目委托给某一职能部门，由职能部门主管负责，在本单位选人组成项目组织。

（2）适用范围：一般适用于小型的、专业性较强、不需涉及众多部门的项目。

（3）优点：①人事关系容易协调；②从接受任务到组织运转，启动时间短；③职能专一，关系简单。

（4）缺点：不适应大项目需要。

### （三）项目型

（1）特征：企业中所有人都是按项目划分，几乎不再存在职能部门。在项目型组织里，每个项目就如同一个微型公司那样运作，完成每个项目目标所需的所有资源完全分配给这个项目，专门为这个项目服务，专职的项目经理对项目组拥有完全的项目权力和行政权力。

（2）适用范围：项目型组织结构适用于同时进行多个活动项目。

（3）优点：项目型组织的设置能迅速有效地对项目目标和客户的需要作出反应。

（4）缺点：资源不能共享，成本高，项目组织之间缺乏信息交流。

### （四）矩阵型

（1）特征：①项目组织与职能部门同时存在，既发挥职能部门的纵向优势，又发挥项目组织的横向优势；②职能部门是永久性的，项目组织是临时性的。职能部门负责人对参与项目组织的人员有组织调配和业务指导的责任。项目经理将参与项目组织的职能人员在横向上有效地组织在一起。项目经理对项目的结果负责，而职能经理则负责为项目的成功提供所需资源。

（2）适用范围：适用于同时承担多个会展活动项目的企业。

（3）优点：①将职能与任务很好地结合在一起，既可以满足对专业技术的要求，又可以满足对每一项目任务快速反应的要求；②充分利用人力及物力资源；③促进学习、交流知识。

（4）缺点：①双重领导；②各项目间、项目与职能部门间容易发生矛盾；③项目组成员不易管理。

## 四、会展活动项目组织结构的设计与选择

除了前面介绍的几种常见的组织结构形式之外，还可能存在其他组织结构形式。可以说，每一种组织结构形式都有其优点、缺点和适用范围，没有一种万能的、最好的组织结构形式。不同的会展活动项目应根据具体目标、任务条件、项目环境等因素进行分析、比较，设计或选择最合适的组织结构形式。一般来说，部门控制型的组织结构适用于项目规模小、专业面窄、以技术为重点的会展活动项目；如果是大型的常年性的会展活动项目，应采用项目型的组织结构；如果一个展览公司每年举办的会展活动项目不太固定，并且专题与内容差别较大，技术复杂，要求利用多个职能部门资源时，比较适合选择矩阵型组织结构；如果要完成一个大型的、重要的、复杂的、要求利用多个职能部门资源的会展活动项目，则可以采用工作队型组织结构。

## 五、会展活动项目经理

### （一）会展活动项目经理的角色定位

一个成功的会展活动项目，会展活动项目经理是不可或缺的主要因素。除了对会展活动项目的计划、组织、实施、控制方面发挥领导作用外，会展活动项目经理还应具备一系列技能以激励会展活动项目人员来完成工作，赢得客户信赖。培养员工的能力、非凡的沟通技巧、良好的人际交往能力、处理压力和解决问题的能力以及管理时间的技能，都是一个卓有成效的会展活动项目经理所必须具备的能力。作为会展活动项目经理常常要扮演如下的角色：

#### 1. 领导者

会展活动项目经理对会展活动项目行使管理权，也对会展活动项目目标的实现承担全部责任，他所要扮演的角色是任何其他人所不能替代的。会展活动项目经理是会展活动项目团队的最高领导人，负责沟通、协商，解决各种矛盾、冲突和纠纷，制定各项明确的目标、目标重要性的排序以及达到各项目标的先后顺序；以项目目标与目标的排序为衡量标准，对于下属的各种建议和意见作出反应；谨慎从事，以身作则，身体力行，为下属树立典范；领导语言的通俗化，使组织中最基层的人都明了自己的作风和想法。

#### 2. 协调者

一个会展活动项目会涉及许多的组织、群体和个人的利益，这些组织、群体或个人都是这一项目的相关利益主体和相关利益者。一个成功的会展活动项目经理必须协调好与组织内部和组织环境各相关利益者之间的关系。在会展活动项目管理中，一个项目的主要相关利益主体通常包括下述几个方面：

（1）会展公司：会展公司是会展活动项目的投资人和所有者，是会展活动项目的最终决策者。

（2）会展活动项目客户：主要是参展商和采购商。

（3）会展活动项目经理：负责管理整个项目的个人，一个项目的领导者、组织者、管理者和项目管理决策的制定者，也是项目重大决策的执行者。

（4）会展活动项目团队：从事项目全部或者部分工作的组织和群体，是由一组个体或几组个体作为成员，为实现项目目标而协同工作的群体。

（5）会展活动项目的其他相关利益主体：如政府主管部门、行业协会、会展场馆、会展活动项目直接或间接涉及的市民、搭建商以及运输、餐饮、住宿、交通、旅游服务商等。

### 3. 资源分配者

资源分配者的职责包括对诸如“谁应该得到什么，以及得到多少”进行决策。或许一位经理所能分配的最重要的资源是他的“宝贵时间”。要扮演好这一角色需做好以下工作：

- 要有众所周知的分配资源的明确标准；
- 资源通常都按目标的先后次序分配；
- 合理的工作分类，适当的授权；
- 合理细分会展市场，划分下属的业务范围和业务区域；
- 合理地为会展活动项目团队的时间排定先后顺序；
- 对于各种事物不抱成见，应以开诚布公的态度来观察。

### 4. 谈判者

与其他项目的管理不同，会展活动项目经理始终处在一个谈判场里面，如制定公司的目标，组成一个会展活动项目团队，与参展商、采购商交流，甚至争取政府有关部门的支持等。几乎每项工作都是一个谈判、讨价还价的过程。对整个会展活动项目来说，每一个展位的销售都是经过谈判而来的，都是和参展商讨价还价的结果，会展活动项目经理需要特别注意授权问题，即需要明确“什么样的谈判情况才需要项目经理亲自出场，什么样的情况则留给下属自行处理即可”，否则能力再强、精力再充沛的项目经理也分身乏术。

### 5. 危机管理者

会展行业是在一定产业基础上发展起来的，受到社会环境多方面因素的影响。制度条件和政治经济形势变化、突发性事件都有可能带来致命的打击，如2003年的

“非典”疫情等事件给我国会展业带来了巨大冲击，许多会展活动项目被迫延期、取消，许多会展公司难以为继。危机事件直接影响到会展公司的生存状况，这就要求会展活动项目经理在突发事件面前能保持清醒的头脑，冷静决策，转危为安。

## （二）会展活动项目经理应具备的素质

现代项目经理是项目管理的中心。项目经理的素质对项目管理的绩效举足轻重，会展行业的特殊性决定了对会展活动项目经理的素质有更高要求。会展活动项目经理需要具备下列三种能力：

### 1. 团队领导能力

会展活动项目经理首先必须是一个合格的团队领导者，他所肩负的责任就是领导他的团队准时、优质地完成全部工作，在不超出预算的情况下实现会展活动项目目标。这就需要会展活动项目经理具备良好的信誉，使会展活动项目团队成员觉得他是一个有诚信、有效率、有能力的项目经理；他必须具有灵活的人际关系，善于在各团队成员之间和公司各支持部门之间进行协调；他必须有广泛的经营常识，知道各个团队成员所负责工作的功能和经营管理方法，能够正确确定哪些工作应由团队内部的哪些人员完成，哪些工作应交给承包商完成；他必须有卓越的指导能力，能够协助团队成员解决问题，或者懂得什么时候需要聘请外部专家来解决问题；他必须有高度的学习意愿与创新意图，因为他是团队内部营造创新环境、推动创新观念的关键人物；最后也是最重要的一点是他还必须具备激励团队士气、为团队成员创造工作意义的能力。

### 2. 会展活动项目经营能力

很多会展活动项目经理认为自己是一个执行者而不是计划者，当接受一项任务时，第一个反应就是着手开始解决这个问题。然而在会展经济不断国际化、全球化的今天，会展活动项目的成功必须依靠创新精神与创新能力，因此，会展活动项目经理必须具备与高层一同研拟策略、设定目标并排列目标优先顺序的能力。会展活动项目经理还是会展活动项目的设计师，他必须正确设定会展主题、精心设计节目。会展活动项目经理必须善于着眼于“大画面”的事务，例如会展活动项目的生命周期、工作分工结构的开发、管理流程变动的实施等。

### 3. 会展活动项目管理能力

会展活动项目经理进入项目执行之前，首先要制定一份完备的工作进度，对展前、展中、展后各个阶段，在什么时间完成什么事进行详细的规划，并在会展活动项目实施过程中监督执行。会展活动项目的各项工作是环环相扣的，哪些工作可以“并行”，哪些工作必须“串行”，哪些工作需要多少资源，都必须认真规划，并在执行过程中做到任务、进度、资源三落实。同时，要知道再完美的计划也会时常遭遇不测，会展活动项目经理应该能够预测变化并且能够适应变化，在会展活动项目发生变化时能够及时作出调整。

一个会展活动项目经理最重要的特质就是辨识和解决问题的能力。这同时也决定了会展活动项目经理要有风险管理能力，能够在信息不完备的情况下做决定，预先进行风险确定、风险冲击分析以及风险应对计划，并在危机事件发生时正确处理。另外，会展活动项目经理还要有质量管理能力，熟悉基本的质量管理技术，例如制作和说明质量控制能力；要求掌握较强的合同管理技巧，了解签约中关键的法律原则；具有较强的交流能力，能与他们的经理、客户、厂商及下属进行有效的交流；具有较强的成本管理能力，处理诸如成本估计、计划预算、成本控制、资本预算以及基本财务结算等事务；具有较强的国际事务处理能力，了解国际惯例和相关国家的语言、文化、习惯、法令规章等。

## （三）选择会展活动项目经理的标准

选择合适的会展活动项目经理是会展能够成功举办的重要因素，会展企业可以根据会展活动项目经理应具有的素质选择会展活动项目经理，选择的标准包括以下几个方面：

**会展活动项目管理的背景和经验。**会展项目运作涉及面广，并且各环节环环相扣，如果其中一个环节出现差错，就会影响全局。因此作为会展活动项目经理必须有一定的会展专业背景以及会展运作的经验，这样才能掌控全局，使会展活动项目顺利进行。

**领导才能和战略眼光。**通常会展活动项目经理需要在缺乏直接管理权限的情况下取得会展活动项目团队成员的合作与支持，这就意味着会展活动项目经理的领导技巧特别重要。作为领导者，会展活动项目经理的成功还要看他能否将项目和公司战略联系起来，这通常是会展活动项目经理应处理关系的核心，也是他处理团队成员关系的一个砝码。

**专业技术**。会展活动项目经理不需要知道会展所涉及的所有细节，但是他确实需要足够的知识知道提出什么问题、如何解释回答、是否已经有足够的信息来进行决策等。

**人际关系**。会展活动项目经理的工作迟早要体现在成功的人际交往上。在会展的整个筹办过程中，会展活动项目经理需要与项目团队、其他项目经理、职能经理、高层经理、客户、外部承包商和供应商交往，所有这些交往都是对会展活动项目经理交际能力的挑战，如谈判、处理冲突和解决问题等。

**管理才能**。如战略规划、预算计划、员工计划、质量管理、业务过程重构和人事开发等。

除此之外，会展活动项目经理还应热情、乐观、精力旺盛、坚韧、勇敢和有成熟的性格。学习和发展是伴随一生的活动，没有止境。人不可能天生具有成为一名优秀会展活动项目经理的各种能力，必须通过多种方法来培养，如尽可能多地参加会展活动项目以获取经验；和一些具有你想学习的技能的会展活动项目经理进行探讨；参加会展培训项目；善于自我批评总结，改正错误；阅读学习相关资料等。

## 第二节　会展活动项目的计划管理

### 一、会展活动项目计划的含义

计划是管理的一种手段，计划在实际执行中是可以不断修改的。通过对项目的范围、任务分解、资源分析等制订一个科学的计划，能使项目团队的工作有序地开展。无论是大型的世博会还是小型的会展活动项目，涉及的细节问题非常繁多，需要在展会主办之前就制订详细的计划，以指导项目团队的工作，在实施过程中以计划作为参照，并通过对计划的不断修订与完善，使后面的计划更符合实际，更能准确地指导项目工作，保证活动项目顺利完成。

会展活动项目计划工作是项目团队成员在预算范围内为了完成会展活动项目的预定目标而进行系统安排任务的一系列过程。项目计划主要回答以下问题：

**什么（What）**：确定项目目的、需要和范围。其结果要素具体说明了项目成品、期望的时间、成本和质量目标（回答是什么、做多少和什么时候）。

**怎样（How）**：确定如何完成这些工作和任务。指定的工作活动、任务或达到目标的工作被分解、下定义并列出清单（回答怎样做这些工作）。

**谁（Who）**：创建一个项目组织以指定部门、分包商和经理对工作活动负责（回答由谁做）。

**何时（When）**：准备进度计划以表明工作活动的时间安排、截止日期和里程碑（回答何时做、依照什么顺序做）。

**多少（How Much）**：准备预算和资源计划。表明资源的消耗量和使用时间，以及工作活动和相关事宜的开支（回答做多少）。

**哪里（Where）**：确定各项工作在什么地方进行（回答在哪里做）。

## 二、会展活动项目计划原则

制订会展活动项目计划是会展活动项目管理的重要阶段，在项目中起承上启下的作用，因此在制订过程中要按照项目总目标、总计划进行详细计划。计划文件经批准后作为项目的工作指南。因此，在项目计划制订过程中一般应遵循以下原则：

**目的性**。任何项目都是一个或几个确定的目标，以实现特定的功能、作用和任务，而任何项目计划的制订正是围绕项目目标的实现展开的。在制订计划时，首先必须分析目标，弄清任务。因此项目计划具有目的性。

**系统性**。项目计划本身是一个系统，由一系列子计划组成，各个子计划不是孤立存在的，彼此之间相对独立又紧密相关，从而使制订出的项目计划也具有系统的目的性、相关性、层次性、适应性、整体性等基本特征，使项目计划形成有机协调的整体。

**经济性**。项目计划的目标不仅要求项目有较高的效率，而且要有较高的效益。所以在计划中必须提出多种方案进行优化分析。

**动态性**。这是由项目的生命周期所决定的。一个项目的生命周期短则数月，长则数年，在这期间，项目环境常处于变化之中，使计划的实施会偏离项目基准计划，因此项目计划要随着环境和条件的变化而不断调整和修改，以保证完成项目目标，这就要求项目计划要有动态性，以适应不断变化的环境。

**相关性**。项目计划是一个系统的整体，构成项目计划的任何子计划的变化都会影响到其他子计划的制订和执行，进而最终影响到项目计划的正常实施。制订项目计划要充分考虑各子计划间的相关性。

**职能性**。项目计划的制订和实施不是以某个组织或部门内的机构设置为依据，也不是以自身的利益及要求为出发点，而是以项目和项目管理的总体及职能为出发点，涉及项目管理的各个部门和机构。

## 三、会展活动项目计划的编制程序

**定义项目的目标并进行目标分解**。如某大学筹备建校 100 周年庆典活动，最终目标是通过该活动的成功举办，实现答谢宾朋、缅怀先辈、凝聚校友、弘扬学术、光大传统、规划未来等目标。

**进行任务分解和排序**。如某校建校 100 周年庆典活动中，校庆宣传活动板块包括编印校史、筹办百年校史展、领导和知名人士题词、发布校庆公告、利用媒体宣传报道、开通校庆网站、制作一部百年办学成就宣传片、联络校友等具体任务；校庆教研活动板块包括百年校庆教学经验研讨会和交流会、聘请专家学者（包括校友）进行学术讲座；庆典活动板块包括百年校庆庆典大会、校庆文艺演出、校庆讲演、摄影、集邮、书画、体育竞技等系列活动。

**完成各项任务所需要时间的估算**。完成各项任务所需要时间的估算尤其重要，各项任务必须在规定的时间内完成，否则会影响到整个会展项目的推进。如参展商和观众的确定必须在展会开始的前两个月完成；如果不能确定，接下去的展位设计与搭建、相关服务的预约等都难以开展。

**以网络图的形式来描绘活动之间的次序和相互依赖关系**。如通过甘特图、里程碑图、顺序图等形式，描绘各项工作所需要的时间及相互之间的关系。

**进行各项准备活动的成本估算**。列出各项活动所需要的固定成本和可变成本，尤其需要注意的是在成本估算时需要考虑到原材料市场变化、劳动力市场变化等诸多对成本产生重要影响的因素。

**编制项目的进度计划和成本基准计划**。编制出项目的进度计划和成本基准计划，根据项目进度计划，估算出每一个项目阶段所需要的资金。

**编制完成各项工作所需要的人员、资金、设备、技术、原材料等资源计划。**确定完成各项工作所需要的人员、资金、设备、技术、原材料等资源。注意这些资源的供给方式可以多种多样，可以从项目组织内部解决，也可以从项目组织外部获取。资源供给分析要分析资源的可获取性、获得的难易程度以及获得的渠道和方式，可以分别从内部、外部资源进行分析。

**汇总以上成果并编制成计划文档。**

## 四、会展活动项目进度计划管理

### （一）会展活动项目活动进度计划的含义

进度计划是表达项目中各项工作的开展顺序，开始、结束时间及相互衔接关系的计划。会展活动项目进度计划管理就是为保证会展活动项目各项工作及总任务按时完成所需要的一系列的计划工作与过程。制订进度计划的目的是控制项目时间和节约时间。

### （二）会展活动项目进度计划管理的目的

（1）保证按时获利以补偿已经发生的费用支出。

（2）协调资源。由于会展活动项目小组通常是临时组建的，某些项目小组成员或设备可能不属于会展活动项目经理直接管辖，需要对这些资源做出合理的预期和假设。

（3）使资源在需要的时候可以利用。

（4）预测在不同时间点上所需要的资金和资源的级别以便赋予项目不同级别。

（5）满足严格的完工时间约束。

### （三）会展活动项目进度计划管理的工具

#### 1. 甘特图

甘特（Gantt）图又称横道图，是应用广泛的进度表达方式，横道图通常在左侧垂直向下依次排列工作任务的各项工作名称，而在右边与之紧邻的时间度表中则对应各项工作逐项绘制道线，从而使每项工作的起止时间均可由横道线的两个端点表示。由于简单、明了、直观和易于编制，它成为项目整体的进度计划和控制的主要工具及高层管理者了解全局、基层工作人员安排进度或工作时间的有用工具。甘特图是一个二维平面图（表 5-1），具体操作方法如下。

**表5-1　某展会时间进度计划——甘特图**

| 任务编码 | 任务名称 | 1月 | 2月 | 3月 | 4月 | 5月 | 6月 | 7月 | 8月 | 9月 | 10月 |
|---|---|---|---|---|---|---|---|---|---|---|---|
| 1110 | 制定目标 | — | | | | | | | | | |
| 1120 | 制订营销计划 | — | | | | | | | | | |
| 1150 | 确定赞助商 | | | — | — | | | | | | |
| 1210 | 数据库管理 | | | — | — | — | — | — | — | — | — |
| 1220 | 印刷资料 | | | — | — | | | | | | |
| 1230 | 广告宣传 | | | | | — | — | — | — | — | — |

（1）为了达到既定目标，将整个会展活动项目方案分解成数个活动项，按时间先后排于表格中。

（2）先确定开始时间，估算完成每个会展活动项目所需要的时间，在图中标以矩形。该矩形以开始日期为起点向右延伸，其长度由完成该活动项的时间和标于表格下方的时间刻度决定，形成会展活动项目计划展示图。

（3）为便于随时了解会展活动项目整体的进展情况，在会展活动项目计划展示图的基础上编制会展活动项目执行展示图，在图中标记每个活动项实际完成所花费的时间，用来和计划安排作比较。

## 2. 里程碑计划

里程碑是项目中的重大事件，通常是指一个主要可交付成果的完成。它是项目进程中的一些重要标记，是在计划阶段应该重点考虑的关键点，里程碑既不占用时间也不占用资源（表 5-2）。可交付成果是指为了完成项目或其中一部分而必须完成的可度量的、有形的及可以核实的任何工作成果或事项。一般来说，项目有中期可交付成果和最终可交付成果。如启动阶段结束时，批准可行性研究报告是一个里程碑，其可交付成果是可行性研究报告；计划结束时，批准项目计划是一个里程碑，其可交付成果是项目计划文件；执行结束时，会展活动项目成功举办是一个里程碑，其可交付成果是会展活动项目成功举办的事实；收尾阶段结束时，项目交接是最后一个里程碑，其可交付成果是会展活动项目总结报告。

**表5-2　某会展活动项目里程碑计划**

| 里程碑事件 | 2009.1.2 | 2009.3.3 | 2009.6.2 | 2009.6.8 | 2009.7.10 |
|---|---|---|---|---|---|
| 审批完成 | ◆ | | | | |
| 筹备工作开始 | | ◆ | | | |
| 开幕式 | | | ◆ | | |
| 闭幕式 | | | | ◆ | |
| 会展活动项目总结报告 | | | | | ◆ |

### 3. 网络计划

网络计划，就是以时间为基础，用网络形式来描述一个系统，对系统进行统筹安排，寻求资源分配的协调方案。网络计划能够从系统的观点出发，用形象直观的图表达生产过程中的各项工作之间相互制约、相互依赖的关系，易于协调和配合，保证有计划、有节奏地完成任务。网络图能反映系统之间内在的联系，分清问题的轻重缓急，使管理人员能抓住工作重点，科学地组织和指挥生产。网络计划能实现“纸上谈兵”，合理协调人力、物力、财力，预见工程项目中可能产生的麻烦及工期拖延的原因，从而合理安排有限的人力、物力、财力资源，尽快完成工程项目。网络技术方法包括节点法、箭线图法等。以下重点介绍节点法。

节点法又称为顺序图法（precedenced diagramming method，简称 PDM）或单代号网络图法（AON），它用单个节点（方框）表示一项活动，用节点之间的箭线表示项目活动之间的相互依赖关系。活动之间的依赖关系包括以下四种类型：

结束—开始关系：A 活动必须结束，然后 B 活动才能开始（图 5-1）。

开始—开始关系：B 活动开始前 A 活动必须开始（图 5-2）。

结束—结束关系：A 活动结束前 B 活动必须结束（图 5-3）。

开始—结束关系：A 活动结束前 B 活动必须开始（图 5-4）。

图5-1　节点法中结束—开始关系

图5-2　节点法中开始—开始关系

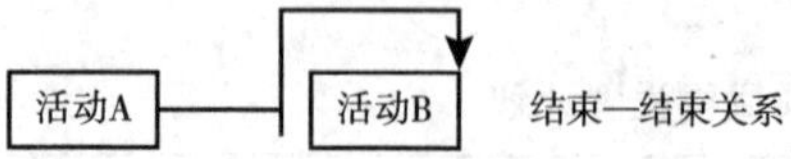


图5-3　节点法中结束—结束关系

图5-4　节点法中开始—结束关系

在节点图中，结束—开始关系是最常见的，开始—开始关系和结束—结束关系是最自然的，开始—结束关系完全是理论上的，现实中比较少见。各项活动或工作之间需要根据会展活动项目的特点安排先后顺序。如会展活动项目组织者需要在做好活动前场地租借、营销等准备工作的基础上，才能进行现场管理工作，然后才会有其他后续工作，这种活动的自然运作流程是不可更改的，也就决定了这几项工作的前后顺序，这种活动之间的必然联系被称为项目活动排序的“硬逻辑”关系，是不可违背的先后顺序关系。但会展活动项目中有很多工作是没有严格的先后顺序的，如在会展活动项目营销、拉赞助过程中有些活动是可以交叉进行的，这些工作可以根据具体情况进行顺序安排，带有明显的主观性和人为性，因此被称为“软逻辑”。

节点法的具体画图法如图 5-5 所示。

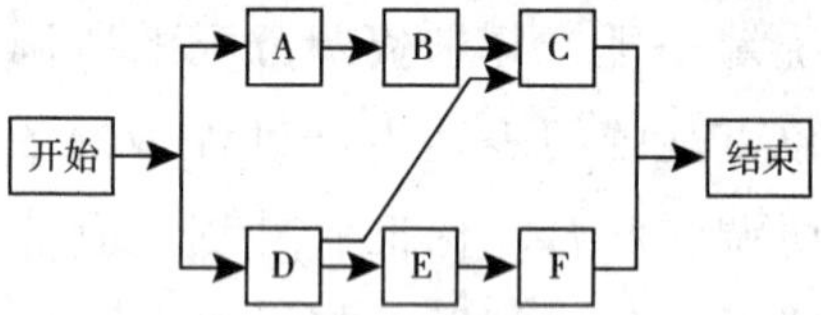


图5-5　某会展活动项目主要活动节点图

# 第三节　会展活动项目现场管理

## 一、展会现场布置与管理

### （一）布展管理

从展会主办方的角度看，布展是指对会展现场环境进行布置和对参展商的有关工作进行协调和管理。根据国家对会展的管理规定，展会主办方在组织会展布展前需要到工商、消防、安全保卫和海关等部门办理有关手续，经这几个部门报批和备案后方能开始布展。如果展馆位于城市的中心地带，在有些城市还需要办理外地车辆进城证，以方便外地企业运送展品到会展现场布展。

此外，在布展前，展会主办方还需要与会展指定承建商和展品运输代理商进行充分的协调和沟通，共同交流对会展现场环境布置和展位搭建的指导思想、意见和建议，及时解决展品运输过程中可能出现的各种问题，避免出现现场布展格调不统一或展品迟迟不到等不良现象，保证会展布展现场秩序井然。

会展布展正式开始后，展会主办方要对布展工作进行全方位的协调和管理。

**展位画线工作**。按照各参展单位租用的场地面积和位置划好每一个展位的地域范围，确定每一个展位的具体位置，方便参展商在自己租用的地方搭建展位和陈列展品。展位画线工作涉及每一个参展商租用展位的具体位置和面积大小，展会主办方要认真仔细，一丝不苟，要按照事先对参展商的承诺如实办理。

**展馆地毯铺设**。在展馆计划铺设地毯的地方按计划铺设地毯，如展馆的公共区域、某些标准展位等。地毯铺设一定要紧贴地面，要美观，不能妨碍行人通行。

**参展商报到和进场**。各参展商凭合同及其他有关证明到会展现场报到，付清各种款项，领取相关证件，办理入场手续。

**展位搭建协调工作**。除了一些特装展位由参展商自己搭建以外，展会主办方一般还要负责搭建一些标准展位。不管是标准展位还是特装展位，展会主办方都要监督所有的承建商按会展要求搭建。对于展位搭建中出现的各种问题，展会主办方要及时协调处理。

**现场施工管理和验收**。展会主办方要派出专门人员管理各承建商的现场施工，如现场用电、用火、噪声、展位高度控制、电线电缆的安装和走向、灯光的设计和使用、标准展位的标准配置等，要及时查验，避免施工现场秩序混乱和出现安全隐患。

**海关现场办公**。对于海外参展的展品，要及时办理海关通关手续。如果海外参展比例较大，可以邀请海关现场办公。对于所有海外参展展品，展会主办方要陪同海关进行现场抽样查验。

**展位楣板的制作、安装和核对**。各参展商展位的楣板上标有参展商的单位名称和展位号，有的还有参展商的企业标志或展品商标。这些内容关系到参展商的门面，对参展商非常重要，一定不能有丝毫的差错，展会主办方要派出专门人员认真核对。

**现场安全保卫工作**。布展期间，现场人员众多，各单位布展施工涉及用水用电，有一定的危险性。展会主办方要负责本次展会的一般安全保卫工作，但对参展商的展品丢失、损坏和人员意外伤亡等事故则不承担责任。

**消防和安全检查**。所有的展位布置完毕以后，展会主办方还要陪同消防和安全保卫部门对所有展位进行一次全面系统的检查，保证展会符合消防和安全要求，彻底清除会展现场可能存在的安全隐患。

**现场清洁和布展垃圾的处理**。会展布展往往会产生大量的垃圾，垃圾要及时收集和运出展馆并进行处理。

上述布展工作结束以后，会展的现场布置已经基本就绪。布置好会展的开幕现场、序幕大厅、观众登记处、会展相关活动现场和其他各服务网点以后，展会主办方就可以按计划举行会展的开幕式，对外正式宣布会展开幕了。

### （二）展会期间现场管理

开幕以后，会展就进入了展览期间的现场工作阶段。这是会展最重要和最关键的阶段，会展前期的所有准备工作都是为了使这一个时期的工作能顺利进行。展会主办方的目标、参展商的展览目标和观众的参观目标主要是在这一阶段得到实现的。这一阶段的工作直接决定会展举办得成功与否。

展览期间的现场工作是保证会展展览现场秩序的重要工作，也是展会主办方与参展商、观众和其他有关各方进行直接沟通和交流的重要时机，展会主办方一般都极为重视。会展展览期间的现场工作主要包括以下几个方面：

**参展商现场联络和服务**。展览期间，所有的参展商都亲临展会，展会主办方一般都会抓住这一机会，亲自到各参展商的展位拜访参展商，或者邀请参展商座谈，与他们联络感情，了解他们的需求，征求他们对展会的意见和改进建议，及时为他们提供所需的各种服务。

**观众登记和服务**。观众通过登记进入展会会场以后，展会主办方要对观众参观、观众信息咨询、中场休息场地和设施、观众与参展商贸易谈判等提供快捷、便利的服务。

**公关和重要接待活动**。展览期间，展会往往会安排一些重要的公关活动，如邀请重要领导视察和参观展会、接待外国参展和参观代表团、接受行业协会和商会的考察、接受外国驻华机构代表的访问等。这些公关和接待活动对扩大展会影响、树立展会良好形象有重要作用。

**媒体接待与采访**。展览期间，展会还会安排一些媒体对展会进行参观和采访，一些著名的会展媒体还会主动申请采访。接待媒体与安排媒体采访对扩大会展宣传推广有重要作用，展会要认真对待。另外，展会还可以通过新闻中心有意识地对外发布新闻，以进一步扩大影响。

**展览期间的设备设施管理**。展会主办方一般都会提供展具的租赁服务，比如，办公设备、接待车辆、空调、布展设备的出租服务；在展览期间，向参展商提供生活用品、摄像机、电视机、安保设备和保安人员等的出租服务等，或者将展具出租商的名单提供给参展商。租用展具要事先申请，提前租定，按需填好租用表交展览举办方或展具出租商。如果是展具出租商，那么，展具出租商就会按约定的时间将展具送到展位。会展结束后，展具出租商会自动搬走展具。

**会展相关活动的协调管理**。对于展览期间举办的会议、比赛、表演和其他相关活动，展会主办方要积极安排和协调。

**现场安全保卫工作**。展览期间的安全保卫工作主要是防止可疑人员进入展会，防止展品丢失和被盗，进行会展消防安全保护，协助参展商处理一些安全保卫方面的工作等。和布展时一样，展览期间展会主办方也只负责提供一般的保护工作。

**现场清洁**。展会主办方一般要负责展场公共区域（如通道等）的清洁卫生工作，展览期间以及每天闭馆后派相关人员清洁和打扫这些区域。展会主办方一般不负责各展位里面的清洁工作，这些区域的清洁卫生工作由各参展商自己负责。

**有关信息的收集整理**。展览期间，各种信息汇集于同一个展馆里，展会主办方要抓住这一时机收集有关信息，如对参展商和观众进行问卷调查，了解他们对会展各方面的看法和意见等。展览期间收集的信息是改进会展办展策略的重要参考资料，展会主办方要认真收集、分析和整理。

**与场地部门结算**。展会主办方要派出专门人员与展馆场地部门核对会展租用面积、参展类别和各种服务收费，准备相关资料和数据，为会展闭幕后与场地部门结算做准备。

**与有关方面商谈下一届展会的合作与代理事宜**。展览期间，会展的各合作单位和招展、招商代理商一般都会亲临展会。展会主办方需要与他们商谈下一届展会的合作与代理招展、招商等事宜，为下一届展会提前做准备。

**为下一届展会招展预订展位**。展览期间，行业内企业和人员大量汇集，展会主办方可以在大会现场设立招展办公室，负责为参展商预订下一届展会的展位提供服务。

### （三）知识产权保护

展会是一个包括参展商、承办者、主办者、布展者、观展者在内的多方利益的聚合体，其中，各种利益相关者又互相牵制、互相影响。在知识产权的保护上，对于展会主办方来说，要严格审查展品。展品出运前，组委会应要求各参展单位提前自查，有疑问或不能肯定的产品不能出运，敏感的产品种类需在参展之前提供产品专利或相关认证，层层把关，责任到人。展会主办方还要与各参展单位签署参展知识产权保证书。出现问题展品的单位，如确有侵权行为，将取消其下一届参展资格。

### （四）撤展管理

会展的撤展工作主要包括展位的拆除、参展商租用展具的退还、参展商展品的处理和回运、展品出馆控制、展场的清洁和撤展安全保卫工作。

**展位的拆除**。展览完毕，各参展商的展位要安全拆除，让展览场地恢复原貌。展位的拆除工作一般在展品取下展架后进行。如果参展商使用的是标准展位或者委托施工的展位，展位的拆除工作一般由承建商负责。展位的拆除工作有时比布展工作更为复杂，也更为危险。展会主办方要监督各参展商或承建商按规定的程序进行展位的拆除工作。

**参展商租用展具的退还**。展览完毕，各参展商临时租用的展具要及时退还给展馆服务部门或者各承建商。如果参展商在退还展具时和展馆服务部门或承建商之间出现问题，展会相关人员可以从中协调。

**参展商展品的处理和回运**。展览结束后，参展商的展品有四种处理办法：出售、赠送、销毁和回运。不管是哪一种处理办法，参展商都要提前做好计划和准备。例如，有些展会不许现场出售展品，这时参展商就不能在展览结束后将展品卖给观众。展览结束后，参展商可以将展品赠送给客户、当地代理商或其他有关人员。如果某些展品不便赠送或者参展商不愿出售和赠送，往往就地销毁。对于一些价值较大又无法现场售出的展品，参展商往往要将它们运回去。

**展品出馆控制**。为了保证所有出馆人员带出展馆的展品不是他人的物品，在会展展览期间及会展结束后，要对所有的出馆展品进行查验。展会可以对出馆展品实行“出门条”控制。需要出馆的展品参展商可向展会主办方申请“出门条”，展会主办方查验展品与“出门条”一致时才准许其出馆。

**展场的清洁**。展会撤展时往往会比布展时产生更多的垃圾。对于这些垃圾，展会主办方或其指定的承建商要及时处理。展会主办方不要在会展结束后在展馆留下大量的垃圾，也不要弄脏展场地面和其他有关设施。

**撤展安全保卫工作**。展会撤展时往往比较杂乱，展会主办方不能放松撤展现场的安全和消防保卫工作。展会的撤展工作是在会展闭幕后才进行的，但展会撤展管理的准备工作要在展会撤展前就准备就绪，这样才能保证展会撤展工作有条不紊地进行。不然，撤展工作就可能会出现混乱。

## 二、展会现场风险管理

### （一）现场的安全管理

**对场地进行安全分析**。会展主办方要做好会展现场的安全保卫工作，一定要对场馆进行安保检查。测定的内容主要有：有无发生过火灾、盗窃事件；出入场馆的交通是否符合交通安全标准；场馆内的安全设施是否齐全等。在场馆的安保检查过程中，安保人员应着重检查用电安全监控系统和应急服务，反复询问大量有关安全的问题，直到觉得这个场所相对比较安全为止。

**同当地的安全管理部门之间建立良好的工作关系**。在会展开幕前，要陪同消防和安保部门对所有的展位进行一次全面系统的检查，保证会展符合消防和安全要求，彻底消除可能存在的安全隐患，并且确定当会展出现安全问题时能得到相关部门的帮助。

**制作安全小册子、标牌以及其他交流方式**。要确保所有参加会展的客户和工作人员都能读懂这些标牌。例如，可采用的最好撤退线路、出口标志、急救标志、警告标志、紧急援助电话号码等。

**制订一个媒体管理计划**。媒体对会展风险管理具有重要影响，媒体可以帮助展会主办方更好地处理危机，也可以给危机管理带来很多负面影响。因此应将媒体作为一个重要的管理对象纳入危机管理计划，具体应注意以下事项：多渠道地与媒体保持沟通和密切联系；适当地控制媒体在危机中的活动范围以便为危机管理赢得一定的时间；尽量提供真实的信息；不要和媒体发生冲突等。

## （二）突发事件的管理

危及会展安全的事件多种多样，工作人员的失职、盗窃、抢劫、突发急病、食物中毒，甚至爆炸、恐怖主义等。下面就几种常见的危机事件进行论述。

**盗窃**。这是在会展中经常发生的一类事件。由于会展活动的参加人数多、流动性大，对进入展馆的人的身份核查一般都是填写一份表格，而表格的有效性难以核对，加上珠宝展、文物展、奢侈品展的兴盛，给盗窃分子提供了可乘之机，而盗窃一旦发生，丢失的财物很难寻回。近几年，会展中发生的盗窃行为愈演愈烈，甚至有很多盗窃团伙、盗窃集团也把会展看成是难得的“契机”。在一次“香港国际珠宝展”上，仅在开幕之日就发生了两起珠宝失窃案。两名参展商在两分钟内，先后被两批外来的珠宝大盗偷去价值 200 万美元的钻饰。

预防盗窃事件首先要从出入口开始，保证合格人员的进入，对有“前科”的人员要提高警惕，加快电子身份核查系统的开发和应用。对于安全要求标准较高的展会，要加大安全预算支出，引进和改进电子监控设施。此外，要加强安全保卫队伍的建设和与武警官兵的联系。

**火灾**。火灾也许是第二个最为常见的人为灾难。大部分火灾都是人为因素造成的。例如，展馆内部和外部的电路复杂，稍有疏忽就会引起火灾；会展现场的某些观展者可能将尚未完全熄灭的烟头丢弃，加上搭建展台用的材料很多是易燃易爆材料，很容易使火势蔓延。更为可怕的是火灾发生后会引起人群恐慌，自然地向入口逃散，往往给救火工作造成阻碍。

如何把会展现场火灾的风险降到最低，这需要会展主办方和场馆管理者在最初的策划或现场的服务中将所有可能造成火灾威胁的注意事项（如禁止吸烟的标示要醒目，员工要熟知消防器材的安放地点和使用方法等）、紧急逃散方式（出入口以及紧急出口的标志要明显）、在发生危害时的急救措施告知每一位与会者（会前的宣传手册告知和危害发生时的现场指导相结合）。迄今为止，展览业中还没有发生过严重的火灾事故，但管理者依然要对此给予足够的重视。

**医疗卫生**。会展现场是人的聚集地，其中可能有传染病携带者，而病人和展会主办方可能不知情；拥挤或者过于激动也可能造成突发性疾病或者晕厥；在统一安排的条件不是很完善的就餐环境中，可能会发生食物中毒等医疗卫生事故。所以基本上每个会展活动都应采取基本的医疗救助措施来维持会展活动的正常进行。

国际会展管理协会（IAEM）的《生命/安全指导方针》指出：每个会展或每项设施都要有合格的员工在场馆处理紧急医疗事件。除了对正式员工及签约雇员进行事先培训、指导怎样应对紧急医疗事故外，还应当聘请合格的护士或护理人员在观众入场、会展期间以及观众退场时值班。聘请的医护人员或是场馆中可用的紧急救援人员应当精通基本的救生常识、伤病诊断、急救主持和心肺复苏术，通晓风险通报计划的应用以及整个风险管理计划中的所有其他要素。

**工程事故**。由于会展现场中的展台和其他建筑都是临时搭建的，在活动结束后会被拆掉，因而一些参展商为了节约成本，找一些非专业的设计公司现场施工，所使用的材料及质量存在严重的安全隐患。2008 年 11 月上海某会展闭幕撤展时，展厅内一块广告板从高处砸下，酿成 1 名撤展工人当场死亡，3 人受伤的悲剧。为杜绝此类工程事故的发生，会展现场应当制定一系列的安全规定。例如，为了保证安全，展台搭建所用的材料必须具备防火功能；照明设备和材料必须符合当地安全标准；电源必须由会展指定的搭建公司人员连接。此外还必须注意施工搭建时的安全，不能使用有安全隐患的工具和材料；在展出期间，要有专人负责检查展台及设备情况，以保证展台安全和设备的正常工作。

**暴力行为**。暴力行为范围广，包括抢劫、袭击、对抗、示威、恐怖主义分子爆炸威胁或暴乱。要强调的是，恐怖主义是确实存在的，国际恐怖势力是会展管理者、观展者和参展商最有可能遇到的恐怖袭击者。袭击的很大一部分是针对交易行为的。国际上也有一种新的趋势，恐怖主义袭击的目标越来越多地指向旅游者。

这些事件最典型的特点是影响面很大，处理这类事件除了及时与武警官兵配合，尽快解决问题之外，展会主办方还应该配备一个有经验的发言人或是协调员，以防止事件扩大，同时稳定与会者和外界的情绪，保证会展活动顺利进行。为了避免抢劫等一般犯罪行为的发生，会展举办之前，了解所在区域的犯罪率和以前会展期间发生过的犯罪种类是必要的步骤。

**自然因素**。在会展的举办地，有可能发生自然灾害这种不可抗力，并会由此导致财产和人身的风险。暴风雨雪、飓风、地震、森林大火等都是典型的自然灾害。自然灾害的剧烈性和大范围破坏性通常会造成难以估量的损失。作为会展主办方，在选择城市、场馆时就要充分考虑这些因素，首先查看选择的城市有没有发生自然灾害的历史。其次是场馆建造时有没有考虑这些因素，以及能承受的自然灾害的级别有多大。一旦发生灾害，城市的相关部门和场馆方面有没有应对方案和措施。在做场地检查时，要确保对所有的警报装置都有清楚的了解。

## 三、展会现场后勤管理

### （一）会展餐饮服务与管理

餐饮服务是会展服务的重要组成部分。参加会展时，有时人们在餐饮上的花费甚至超过在住宿上的花费，且餐饮服务的范围广、形式多，如果这一环节很完美，会展就会增色不少。

餐饮服务最重要的作用就是给与会者一个休息的机会，即使在吃饭的时候有人发言，与会者也能够体会到一种积极的氛围。餐饮服务还可以创造社交机会，让与会者能够彼此增进了解。餐饮服务到位，能够加深参展商和观众对会展的良好印象。

作为展会主办方而言，在安排会展餐饮服务时，通常有以下几种选择：

#### 1. 餐饮服务方式选择

（1）会议在与会者住宿的饭店举行。这种情况下的餐饮问题比较容易解决，只需要提前和饭店餐饮负责人联系，列出一份详细的会展策划书，其中包括会展主办机构名称、与会者人数、会展日期等基本信息，由餐饮经理具体安排就餐事宜。

（2）会议不在与会者住宿的饭店举行。在这种情况下，会展策划者应该考虑会展举办地点与饭店之间的交通问题，尽量选择最近的一家饭店就餐。

（3）大型会展中心配备专门餐厅。在这种情况下，会展策划者一般把客人安排在该餐厅就餐，但同时也可以增加自助餐服务、冷餐酒会和鸡尾酒会服务。

不管选择哪一种餐饮服务方式，展会主办方都应该做好相应的餐前准备工作，还应该做好餐前的全面检查。

#### 2. 会议餐饮安排

一般来说，会展期间通常伴随着一些重要会议的召开，会议通常统一安排餐饮活动，如果会议的餐饮安排在饭店，展会主办方应从以下几方面进行具体安排。

（1）签订餐饮合同。做好餐饮预算需要考虑在会议期间预算开支有多少，应与会议部经理、餐饮部经理、餐厅厨师长等商量，列出预算。确定餐饮活动形式：①早餐：早餐食物选择的范围很大，可以是正规的复杂早餐，也可以是自助早餐。品种多样的自助早餐可以让客人各取所需。②会议期间的茶歇：一般供应咖啡、茶或其他饮料，有时有点心，有时没有。③午餐：午餐如何安排主要看下午计划做什么。一般来说，午餐不宜大吃大喝，以免影响下午的会议安排。④正式晚餐：晚餐较正式，菜肴要丰盛、味美。⑤冷餐会：它可以作为正式餐宴的引子，也可以仅举行冷餐会。冷餐会的目的决定冷餐会的食品选择。为将以上工作做好，应努力为与会者选择健康、美味的食品，以便与会者在会议期间精力饱满、心情愉快。

（2）餐饮时间的协调。展会主办方工作人员与饭店或其他机构在时间上的协调对会议各项活动的顺利进行至关重要。如果会议上午的活动没能按计划进行，那么午餐也会与既定时间脱节（提前或推迟）。这些临时变化都必须及时告知会议服务经理，以便厨房能按新的会议时间安排调整供餐时间。

（3）成本控制。餐饮成本除食品成本外，还包括会场座位布置、清洁卫生、灯光设计、视听设备布置等服务费用，所以价格优惠的空间很小，重要的是内部控制成本。如果会务费中包括餐饮，除大型晚宴外，最好使用餐券，因为有些人并不一定参加所有活动，使用餐券比较准确。如果能确认出席人数，将会减少浪费。

### （二）保安、清洁服务与管理

为使会展的各项活动顺利进行，会展的安全保卫工作显得尤为重要。展会的保安服务要依靠当地保安部门，认真采纳他们的建议，共同负责安全的管理和服务。要制订安全保卫方案，落实安全保卫制度，如值班制度、夜间巡逻制度、开馆交接和闭馆清场制度、消防管理制度等。会展保安服务要抓重点、抓关键，重点是防火、防盗。对易燃、易爆展品和设施要重点加以保护。珍贵物品应有专人看管，消防设施和控制报警装置要经常检查。要加强对全体参展工作人员和广大观众的安全教育，做到人人重视安全工作，人人自觉遵守有关防火、防盗及人身安全的纪律和规定。2003 年在“非典”疫情出现之后，国内不少的会展组织机构都把公共卫生作为重要的安全保障内容，每次会展活动都会制定有相应的公共卫生安全预案并组织实施；制订重要领导和来宾的卫生保健工作方案并组织实施；制订公共卫生管理方案，并对实施情况进行指导、检查、督促和管理。

在展位的搭建和展品装卸的过程中，整个展区都会产生很多垃圾，并且往往需要大量用水、用电，有的还会用明火，因此展馆内存在较大的安全隐患，一旦失火或者用电过量引起断电，都会影响会展的筹备进度，严重的还会造成重大的损失。因此，在搭建展台时，应认真对待展台搭建安全问题和垃圾的清洁处理问题。

展览期间，人流较多，环境嘈杂，展会主办方更应该做好会展的安全、清洁工作。在展馆的公共区域，应设专门的保洁人员及时清扫现场产生的垃圾；各个展位的卫生保洁工作应由各参展商自行负责。展会主办方应做到定时检查，及时管理，以保证整个展馆的环境干净、井然有序，给人赏心悦目的感觉。同样，撤展时展会主办方也应该做好展馆的清洁管理工作。

### （三）其他配套服务

#### 1. 交通配套服务

在大型会展举办期间，会展现场交通将达到高峰，展会主办方和展馆都应提前筹划，以避免严重的交通堵塞现象。在开展前，还需要联系当地的交通管理部门共同管理，根据会展参与的人数、规模、类别等制订出交通管理计划，以协调对场馆周边地区以及场馆内部的交通管理。有时甚至需要与交警部门配合，并需要交警全力参与执行。

（1）停车场管理。一般大型场馆都配备有大型停车场，以方便参展商和观众的停车需求。除了与场馆配套的固定停车场外，展会主办方或场馆管理部门在大型会展期间还应与交通部门沟通，在场馆附近设置临时停车场。

（2）现场交通管理。会展期间的现场交通管理应做到以下几点：

①设计车辆行驶线路。应提前设计好车辆行驶线路，将人流和车流分开，避免人流阻碍车速，或者车辆碰撞行人。要安排交通管理人员或交警配合进行人行方向的引导，防止行人乱穿马路和人群在交通要道上停留。为保证车辆进出通畅，统一流向，尽可能采用单向行驶。

②指示信号灯和指示标牌设置清晰。在通向展馆的重要道路入口和交叉口设置

明显且足够多的指示信号灯和指示标牌，引导车辆按规定的线路行驶，必要时加派交警维持秩序。场馆内部应有足够明晰的交通图指示一些重要的交通点的位置，如出租车等候点、大巴停靠点、地铁站、地下停车场出入口、公交车站等，以方便会展参与者寻找到相应的交通工具。

③统一发放车辆通行证。为方便外地参展企业自带车辆在市区指定线路及会展场馆区进出，主办方或场馆管理部门应统一发放车辆通行证。无车辆通行证的车辆一律不准进入场馆区。

④及时疏通道路。严禁车辆乱停乱放，对于乱停乱放的车辆，应立即移走，以疏通道路。观众疏散道路应畅通，不可停放任何车辆。场馆入口处应留有疏散通道和集散场地，可以充分利用场馆现有的道路、空地、屋顶、平台等地方。

⑤留有消防车通道。场馆周围道路应满足通行消防车的需求，净宽度不应小于3米。上空有障碍物或穿越障碍物时净高不应小于4米。场馆周围消防车道应畅通，消防车应可以直接开入场馆建筑内部。

⑥派专人指挥大型工程机械车辆。对于大型工程机械车进出场馆要有专人负责指挥，以防止发生突发事件。原则上叉车由场馆方提供，各参展商可以租用叉车来往于卸货区和展览区搬运笨重货物，但叉车应按指定的线路行驶，以免碰撞或阻塞通道。

⑦做好安全管理工作。对往来于会展场馆的车辆要密切监控，发现形迹可疑或者异常的车辆应该要求其停车检查，以防止恐怖事件的发生。

### 2. 商务通信服务

在会展期间，展馆应能为参展商和观众提供及时的复印、传真、喷绘、刻字、代购IC卡、印名片、上网收发E-mail等业务。还应该能够为国内外参展商提供所在地、国内、国际电话及各种专线、线路的布线服务，方便参展商联系业务。

### 3. 劳务和其他服务

会展能为参展商雇请翻译员、讲解员、服务员、保安人员、技术人员等，特别是在国际会议上提供口译、笔译等翻译服务，方便参展商和客户之间的交流。

展馆设立就餐中心，提供临时餐饮服务；设立休息场所、方便通道，在宽阔处和休息场所放置一些方便顾客休息的躺椅等；设置快餐厅、咖啡厅、商品屋等配套设施，满足参展商及来宾工作洽谈、休闲娱乐、餐饮、购物等需要。

总之，随着我国会展业的飞速发展和会展品质的逐步提高，优质的会展服务，特别是会展配套服务正日益成为各种会展间竞争最锐利的武器之一。会展配套服务是能够给参展商和观众带来某种利益或满足感的可供有偿转让的一种或者一系列活动，它渗透到会展活动的方方面面之中，是会展活动不可或缺的重要组成部分。

# 第四节　会展活动项目财务管理

## 一、会展活动项目财务管理概述

财务管理是根据相关财经法规制度，组织企业资金运动或财务活动、处理和协调企业财务关系的一种管理活动，它具有价值管理、综合管理和动态管理的特点，其实质是以价值形式对企业的生产经营全过程进行综合性的管理。财务管理基本环节包括财务预测、财务决策、财务预算、财务控制及财务分析等。

会展活动项目财务管理就是遵循客观经济规律，通过对活动项目资金的筹集、运用和分配的管理，利用货币价值形式对会展活动项目的经营状况进行综合性的管理。

## 二、会展活动项目财务管理的内容

### （一）筹资管理

为了保证会展活动项目的如期成功举办，必须预先筹集一定数量的资金。会展活动项目的主要资金来源包括主办单位拨款、预收摊位费、报名费、赞助费、代办费等，内容多，弹性大。

筹集资金必然要付出一定的代价，不同筹资方式下的资金成本有高有低，会展活动项目组织者要考虑从多种渠道用多种方式来筹集资金，要考虑资金使用期限的长短，附加条款和使用成本的大小等，科学预测资金需要量，尽量合理确定筹资规模，选择经济可行的筹资方式；要正确处理资金成本和财务风险之间的关系，把成本和风险控制在安全范围之内；同时要考虑资金的时间价值，合理安排资金到位时间，既要避免资金闲置，又要防止资金滞后。任何决策都有一定的风险性，因此必须做可行性分析，对于新的投资项目，必须做出更加深入细致的分析和研究。如筹备一个新主题的会展活动项目，需要先做详细的会展活动项目主题策划和可行性研究，进行收益预测和成本费用预算。

### （二）营运资金管理

营运资金是指流动资产减流动负债的余额。营运资金在会展活动项目的全部资金中占有相当大的比重，而且周转速度快，形态易变，所以是财务管理工作中的一项重要内容。由于许多参与方在活动举办前期才支付参加费用的余款，很多会展活动项目服务活动在签订外包合同时只预付一部分定金等情况发生，造成会展活动项目的应收账款增加，而会展活动项目的周期一般需要数月到数年，在这期间，需要预订会展活动项目场馆费、广告宣传费、邮电费、差旅费、经营人员工资、交际应酬费、水电费、折旧费及其他费用开支。

为了保证资金的正常周转，会展活动项目组织者必须重视营运资金的管理，要合理预测会展活动项目的规模和成本费用，确定营运资金需求量；在保证会展活动项目顺利进行的前提下，节约使用资金；加速营运资金周转，提高资金使用效率；合理安排流动资金和流动负债的比例关系，降低偿债风险。

### （三）成本费用管理

成本费用管理也就是对资金耗费的管理，降低成本费用是提高会展活动项目利润的根本途径。会展活动项目的成本费用管理，就是指项目组织者为保证项目目标的实现而制定成本预算，并对项目实施过程中发生的成本费用进行检查、监督和控制，努力将实际成本控制在预算范围内的管理过程。

会展企业的商品说到底就是服务，而服务具有无形性的特点，会展企业“商品”的特殊性，使成本控制的复杂程度提高，因此成本控制管理中要正确处理成本、服务质量和服务价格三者之间的关系，在保证服务质量的前提下，合理控制成本，努力提高经济效益。

### （四）利润管理

利润是一定时期内的经营成果，是会展活动项目在经营期内的收入减去成本后的总额，提高经济效益是一切经济工作的出发点和归宿点。会展活动项目组织者通过合理制订项目的目标利润计划，采取各种有效措施，挖掘各项资源的潜力，尽可能地提高项目的赢利水平。

利润管理时要综合分析和预测会展活动项目的规模、各项成本和价格定位等因素对目标利润的影响，合理地制定目标利润；注意开源节流、讲求实效，采取各项措施增收节支，提高经济效益；同时认真进行税务策划，依法履行纳税义务，在兼顾各方利益、正确处理眼前利益和长期利益的前提下，制定合理利润分配政策。如某会展活动项目在创办之初不一定是以营利为目的，而是要通过优质的服务等创建品牌。

## 三、会展活动项目利润预测分析

会展企业依据会展活动项目在筹划运营活动中有关因素变化情况，运用科学的方法进行研究和分析，对未来一定时期内的利润数额进行预计和测算，并寻求实现预计利润的各种措施方案。利润预测是确定目标利润、编制利润计划的基本依据。销售利润在利润总额中所占比重最大，销售利润的预测是利润预测的重点。

### （一）量本利分析预测法

量本利分析法就是项目的盈亏主要取决于项目产品的销售收入和成本费用。销售收入大于总的成本费用时，项目就赢利；否则就亏损。当销售收入等于总的成本费用，即利润为零时的产销量即为盈亏平衡点，也称保本点（图 5-6）。

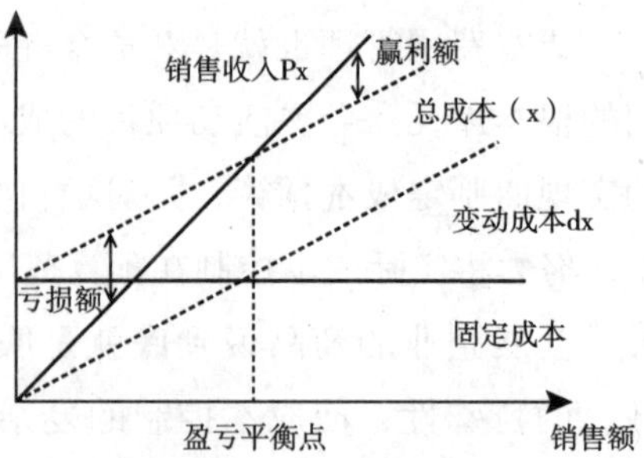


图5-6　线性盈亏平衡图

项目利润 = 销售收入 − 总成本费用
　　　　 = 单价 × 产销量 −（固定成本 + 单位变动成本 × 产销量）
　　　　 =（单价 − 单位变动成本）× 产销量 − 固定成本

会展活动项目组织者是根据会展活动项目广告牌位、摊位、门票等销售数量、成本和利润之间的依存关系来预测会展活动项目销售利润。可用下列公式测算其利润数额。

利润数额 = 售价单位 × 标准广告牌位（摊位、门票等）销售量
　　　　 − 单位变动成本 × 标准广告牌位（摊位、门票等）销售量
　　　　 − 固定成本
　　　　 =（销售单价 − 单位变动成本）
　　　　 × 标准广告牌位（摊位、门票等）销售量 − 固定成本

式中，固定成本是指在一定的产销量（业务量）范围内，其发生总额不随产销量（业务量）的变动而变动，而是保持相对稳定的那些成本费用支出。固定成本总额在一定时期内保持不变，因此随着产销量（业务量）的增加，单位产销量（业务量）所分摊的固定成本将减少。

会展活动项目的固定成本是指在会展活动项目的既定规模内，不随参加者和观众人数的变化而变化的那部分成本费用支出，如项目小组成员的工资、宣传广告费、场地租金、设备租赁费、保险费和通信费等，一些大型会展活动项目的固定成本还包括固定资产折旧和财产税金等。固定成本的确定和一定时期的一定产销量（业务量）密切联系。从长期来看，所有的成本都是变化的，没有绝对不变的成本。当产销量（业务量）超过项目预定的规模时，企业就必须增加必要的设备和人员，固定成本总额也随之增加。

变动成本是指在一定的产销量（业务量）范围内，其发生总额随产销量（业务量）的变动成正比例变动的那些成本费用支出，包括直接材料、直接人工、流转税金和佣金等项目。与固定成本不同，变动成本总额随产销量（业务量）的变动成正比例变动，而单位产销量（业务量）所支出的变动成本则保持不变。

会展活动项目的变动成本是指在会展活动项目的既定规模内，随参加者和观众人数或赛事活动次数的变化成正比例变化的那些成本费用支出，如住宿费、演讲嘉宾出场费、注册工本费、资料费、招待费、礼品费、交流研讨会费用和营业税金等。

#### 1. 预测盈亏平衡点

盈亏平衡点也称保本点，它是区别赢利和亏损的分界点，是衡量会展活动项目盈亏的一个标准，在这点上销售利润为零，即销售收入总额与成本总额相等，不亏不盈。

假设某会展活动项目以门票收入为主要销售收入来源，其计算公式为：

盈亏平衡点门票销售量 = 固定成本总额 /（销售单价 − 单位变动成本）

#### 2. 预测销售利润

单位边际贡献 = 单位售价 − 单位变动成本

边际贡献额 = 销售总额 − 变动成本总额

边际贡献率 = 单位边际贡献 / 单位售价

盈亏平衡点销售数量 = 固定成本总额 / 单位边际贡献

盈亏平衡点销售收入 = 固定成本总额 / 边际贡献率

会展活动项目利润的多少，关键是解决成本和销售量之间的数量关系，是各种有关因素变动影响的结果，正确利用相关公式具体测算各种有关因素变动对最终利润的影响，对于正确进行管理具有重要作用。

### （二）目标利润预测法

目标利润是指在销售收入一定的情况下，根据目标成本、销售费用和既定的税率来确定目标利润的方法。其计算公式为：

目标利润 = 预计销售收入 − 目标成本 − 目标期间费用

从量本利关系分析增加利润的途径：增加标准广告牌位（摊位、门票等）销售数量；提高售价；降低单位变动成本；降低固定成本。以上均为项目组织采取单项措施实现目标利润的例子。在实际工作中，单独采取某一方面的措施可能无法实现目标利润，这时应综合运用多种措施，以实现目标利润。

### （三）比例测算法

比例测算法是根据利润与有关财务指标的比率关系来测算未来一定时期目标利

润数额的方法。其计算公式为：

销售利润率法：目标利润 = 预计销售收入 × 计划期销售利润率

资金成本率法：目标利润 = 预计资产平均占用额 × 计划期资金利润率

## 本章小结

本章主要讲述了会展活动项目组织管理、会展计划管理、会展活动项目现场管理以及会展财务管理四大块内容。通过本章内容的学习学生需掌握如何组建会展活动项目组织，如何成为一名会展活动项目经理人，如何制订会展活动项目进度计划，如何对会展现场布置、现场风险以及现场后勤进行管理，如何预测会展活动项目的利润等重点内容。

## 思考与训练

### 一、名词解释

会展活动项目组织　会展活动项目进度计划　甘特图　会展活动项目布展
会展财务管理　会展活动项目盈亏平衡点　固定成本　变动成本

### 二、填空题

1. 会展活动项目组织结构的类型一般有________、部门控制式、________、项目型等四种。

2. 一位出色的会展活动项目经理人必须扮演如下角色：_____、协调者、_____、谈判者、_____。

3. 会展活动项目计划主要回答如下问题（4W2H）：什么（What）、________、谁（Who）、________、多少（How Much）、________。

4. 展位画线工作涉及每一个参展商租用展位的_____和_____，展会主办方要认真仔细，一丝不苟，要按照事先对参展商的承诺如实办理。

5. 如果参展商使用的是标准展位或者委托施工单位进行施工的展位，展位的拆除工作一般是由______负责。

6. 展览结束后，参展商的展品有四种处理办法：______、赠送、______和回运。不管是哪一种处理办法，参展商都要提前做好计划和准备。

7. 要确保所有参加会展的客户和工作人员都能读懂这些标牌。例如，可采用的最好撤退线路、_____、急救标志、_____、紧急援助电话号码等。

8. 会展活动项目财务管理基本环节包括 _____、财务决策、______、______及财务分析等。

## 三、选择题（单选或多选）

1. 会展活动项目管理组织机构设置的原则一般有：____。

A. 目的性原则　B. 精干高效原则

C. 会展活动项目组织与企业组织一体化原则　D. 最大效益化原则

2. 会展活动项目经理应具备的素质一般有：____。

A. 团队领导能力　B. 公关能力

C. 会展活动项目经营能力　D. 会展活动项目管理能力

3. 展会撤展管理的主要内容包括：____。

A. 展位的拆除　B. 参展商租用展具的退还

C. 参展商展品的处理和回运　D. 展品出馆控制　E. 展场的清洁

4. 展会现场比较常见的危机事件包括：____。

A. 盗窃　B. 火灾　C. 医疗卫生　D. 工程事故　E. 暴力行为

5. 一般展会的餐饮形式有：____。

A. 早餐　B. 会议期间的茶歇　C. 午餐

D. 冷餐会　E. 正式晚餐

6. 会展活动项目财务管理的内容主要包括：____。

A. 筹资管理　B. 营运资金管理　C. 成本费用管理

D. 财务运作管理　E. 利润管理

## 四、简答题

1.项目组织结构的类型有哪几种，它们的特征、适用范围和优缺点各是什么？

2.选择会展活动项目经理的标准有哪些？

3.简述如何利用甘特图绘制某一校园庆典活动的进度计划。

4.展会现场的布展管理包括哪些内容？

5.展会撤展管理包括哪些内容？

6.展会餐饮服务的方式有哪几种？

7.会展的配套服务有哪些？如何做好会展现场的交通配套服务？

8.如何用量本利分析法测算会展活动项目的利润？

## 五、案例分析

### 中国—东盟博览会案例

2006年中国—东盟博览会期间南宁国际会展商务中心为客商和观众设置了各式茶歇、小吃、快餐、西餐、清真餐，昨日记者到会展中心探营，了解这些茶歇、小吃、快餐、西餐的设置位置和特色。

在会议层及广场展区设立西式快餐及两个咖啡点，其中西式快餐位于广场展区的西侧，两个咖啡点设在会展层内。一层展馆的中庭处设有一个咖啡点；二层展馆的西面也设有餐饮区，提供中西式快餐，4号展厅旁设有清真餐，15号展厅旁设有休闲餐饮区。

咖啡点提供的精选饮品为米罗热咖啡、米罗冰咖啡、米罗奶茶、可口可乐、雪碧、雀巢冰爽茶、果粒橙、纯净水等。此外，咖啡点还提供精选商务套餐，种类多种多样，红烧牛肉饭、卤鸡腿饭、红烧排骨饭、台湾卤肉饭等，方便不同口味的参展商和观众选择。

广场展区西侧的“好友缘国宴”设的快餐点在会展期间准备了几款套餐，在二层展区6号展厅前的小卖部主要销售饮料和水，配备种类齐全。

本次会展期间，方便、快捷的餐饮服务得到了参展商和观众的一致好评。

根据上述案例回答如下问题：

本次展会组展商的餐饮服务为什么会受到参展商和观众的一致好评，他们主要做到了哪几点？

会展活动项目损益平衡案例

假设一家活动组织管理公司在某一会展活动项目上从每个人身上可以获得50元的收入，但花在每个人身上的可变成本是40元（25元的食品和15元的酒水），因此，

单位边际贡献＝每个人收入－每个人可变成本＝50−40=10（元）

假设全部固定成本是3000元，则盈亏平衡点销售数量＝3000/10=300（人）

即如果出席活动的人数少于300人，这项活动就是亏本的。

盈亏平衡点销售收入＝50元／人 ×300人＝15000（元）

根据上述案例回答如下问题：

请根据以上材料，制作该会展活动项目损益平衡表。

## 六、实践与训练

某会展预计招展500个标准展位，销售价格3000元／展位，场馆租金1500元／展位。按照历届举办经验，单位变动成本为600元／展位，固定成本（包括场地租金、固定资产折旧、宣传推广费用和项目人员工资等）100万元。试测算目标利润、项目盈亏临界点销售量和销售额。

# 第六章 会展市场营销与宣传推广

在会展实施时，需将会展项目性质和招商招展策划、宣传推广有机结合，使得在展会营销中有具体的分工。重点学习招展招商策划的基本原理和方法，从而培养专业性的会展营销人员。

本章内容包括：展会招商招展策划和展会宣传推广，重点介绍展会招商招展的原理和方法。从介绍展览利益主体及市场要素入手，进而讲述了展会招商招展的基本原理和方法，内容详尽，并有相关案例，对掌握招展招商策划具有一定的针对性。

## 学习目标

### 方法能力目标

熟悉和掌握会展招商招展策划基本原理和方法，并能运用这些方法，做到具体问题具体分析；学会正确思维，创意策划，培养观察问题、分析问题、解决问题的能力。

### 专业能力目标

通过本章知识的学习，快速进入角色，掌握会展业、会展招商招展策划的基本原理和基本方法、会展宣传推广的基本原理等，并能熟练运用这些基本原理和方法解决实际问题。

### 社会能力目标

成立社会实践小组，观察和了解当地会展公司的经营和营销模式，有组织地观摩学习当地最有影响的大型会展活动，了解他们是如何进行招商招展工作的，并通过现场观摩，学习和了解他们如何作宣传工作；为校内筹建的展览会项目提供招商招展的策划方案及宣传方案。

案 例

**义乌春季消费品出口交易会**

“小商品海洋，购物者天堂”，义乌被誉为商机遍地的淘金城市。2010 年，义乌市实现商品市场成交额 450 亿元，连续 20 年位居全国工业品批发市场的榜首，被誉为全球最大的小商品批发市场。义乌还被评为“中国十佳会展城市”，中国义乌消费品出口交易会被评为中国最具影响力的行业品牌展会。义乌 65% 以上的市场经营户承担外贸业务，商品辐射 212 个国家和地区，目前，常驻义乌的境外采购人员 1 万余人，经登记在境外企业办事处 1000 余家，义乌海关日出口集装箱标柜达 1000 多只，年出口集装箱标柜 40 余万只。全球海运 20 强企业中有 8 家企业在义乌设立办事处。联合国难民署、家乐福亚洲总部分别在义乌建立采购中心，欧美等发达国家已渐成主要出口市场。

义乌春季消费品出口交易会（春博会）展览规模达 5 万平方米，展位 2300 多个，是继中国义乌国际小商品博览会（秋博会）之后的第二大展会，吸引了浙江、江苏、广东、福建、上海、香港等 18 个省市的 1000 余家企业参展。数十家参展企业拥有市级以上著名商标，其中拥有中国驰名商标的企业 6 家，拥有省级著名商标的有 12 家。展会期间客商云集，参会专业客商达三四万人次，有来自印度、韩国、美国、也门、巴基斯坦、中东、南美等约 150 个国家和地区近万名境外客商到会采购。

案例分析

春季义博会是如何吸引国内外众多参展商的？

# 第一节　会展营销利益主体与市场要素分析

## 一、展览利益主体价值分析

现代展览是由若干相互联系的要素有机构成的一个系统，在这个展览系统中存在着五大基本要素：一是主体，即其服务对象是参展厂商的客户；二是经营部门或机构，即专业行业协会和展览公司是其组织者；三是客体，即其展示场所，为展览馆或展览中心；四是展览市场，即参展厂商获取和宣传企业形象的渠道；五是参观展览的观众，即最终的用户和消费者。

**组展商与参展商的关系。**是服务与被服务的关系，参展商是组展商的客户，是组展商的“上帝”，组展商要为参展商提供优质的服务。从广义上说，组展商提供的服务既包括展览场馆的租赁、广告宣传、保安、清洁、展品运输、展位搭建、观众统计分析等专业业务，也包括提供有关餐饮、旅游、住宿、交通等相关信息的配套服务。

参展商是展会的主体之一，组展商的收益主要来自参展商所支付的参展费。组展商收取了参展商的参展费，就要为参展商提供物有所值的服务。参展商也希望支付参展费后能够从组展商那里获得相对应的乃至超值的服务。服务质量的高低直接影响到组展商与参展商的未来关系，关系到下一届展会参展商的数量和质量。

**组展商与观众的关系。**组展商利用展会为消费者提供与企业、厂家进行接触、洽谈、交流信息、购买产品的平台。观众，特别是专业观众能够确保展览取得预期效果，为展览做宣传所带来的效果是组展商潜在的收益、无形的资产。作为组展商能否吸引足够的目标观众事关展会的成败。

**参展商、观众与展会的关系。**通俗理解，参展商与观众的关系是卖家与买家的关系，展会是连接两者的桥梁，为参展商和观众的交流、洽谈和交易提供了平台。

## 二、展览活动中的三种核心价值

参展商、专业观众和主办方是展会的基本利益主体，他们之间的相互作用直接决定了展会组织的运作和核心价值的最终实现，缺了其中任何一个部分，展会都无法举办（图 6–1）。

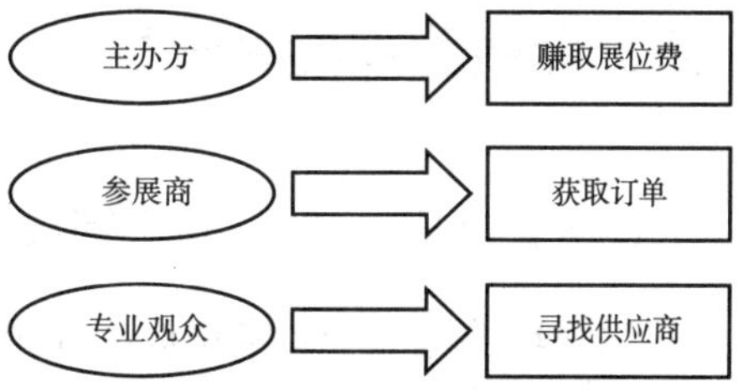

**图6–1　会展活动中的三种核心价值**

参展商是指为了促销商品或者展示形象等目的，向展会组织者租赁场地、搭建展台的企业或其他机构。专业观众是指为获取商业机会或者其他相关信息而前往展会现场参观的机构或个人，观众可以分为两类：一类是专业观众，这些观众从事的职业一般与展会展出的主题密切相关，他们绝大多数出于贸易目的而参观展会；另一类是普通观众，他们主要是出于增长见识、开阔视野等目的而参观展会。主办方的展台是参展商集中展示商品、技术和形象的载体，展台分为两类：一类是事先已经划分好的标准展台；另一类是特装展台，即租赁光地，然后按一定的要求在光地上搭建展台。参展商究竟购买标准展台还是在租赁场地搭建特装展台，通常要根据展出内容以及参展商形象展示需要而定。

## 三、会展招展的重要性

招展是招一个展会的参展商和赞助商，参展商和赞助商是展会能否成功举办的关键因素，对招商成果有重要影响。参展商和观众是一个展会的两个很重要的方面。一方面，展会要有一定数量和质量的参展商才能成为一个好展会；另一方面，一个好的展会绝不能没有一定数量和质量的观众。参展商是展会存在的根基，没有参展商展会就失去了存在的基础；观众是展会发展的翅膀，没有观众展会也就没有发展的后劲。

在展览业中，展会招商是与展会招展相对应的一个概念，它主要是指展会主办方通过各种办法和渠道邀请观众到展会参观。拥有一定数量和质量的观众，是许多展会所竭力追求的方向，也是一个展会成功的重要标志之一。

招展与招商是互相影响、互相作用的。参展商参展的目的是希望在展会上结识更多的买家，而专业观众则希望能在展会上集中采购到更多的新产品，了解本行业的最新技术。对参展商而言，他们最关心的是参展能否带来生意。如果招商效果好，到会观众数量多、质量好，参展商的展出效果就有保证，企业就乐意来参展；另外，如果展会的招展效果好，参展企业尤其是行业知名企业多，信息集中，观众到会参观就会更加踊跃。

## 四、会展营销要素分析

### （一）有形（微观）营销要素分析

微观环境由六个要素构成，即企业、供应商、营销渠道企业、目标顾客、竞争者和公众。

**企业**。每一个企业都有其生产目标，有其具体明确的生产经营任务。为了实现其目标或完成其工作任务，必须依据企业生产经营条件和市场需求开展某些业务活动，如生产、采购、新产品研究与开发、财务管理、市场营销等。

**供应商**。供应商是向企业供应其为生产或经营特定产品和劳务所需要的各种资源的企业或个人。

**营销渠道企业**。营销渠道企业主要是指协助本企业把产品销售给最终购买者的所有中介机构，包括招商招展代理、中间代理商、辅助中间商等。

**目标顾客**。目标顾客是企业产品购买者的总称。

**竞争者**。企业产品进入一定的市场范围，其销量大小和市场占有率的高低不仅取决于自身产品的适销程度，而且取决于其他企业向该市场投入的同类产品和替代品的适销程度。

**公众**。公众是指对本组织实现其营销目标的能力具有实际的或潜在的影响力的群体。

### （二）无形（宏观）服务营销要素分析

企业市场营销的直接环境即微观环境，随时随地受到间接环境即宏观环境的影响和制约。间接环境包括人口环境、经济环境、自然环境、科技环境、政治法律环境、社会文化环境等因素。增强企业对营销环境的能动性适应，有助于提高营销活动的效率与效益。

**人口环境**。是指人口的规模、密度、地理分布、年龄、性别、家庭、民族类别、职业以及其他有关情况。

**经济环境**。是指企业市场营销活动所面临的社会经济条件及其运行状况和发展趋势，包括收入因素、消费者储蓄与信贷、消费者支出模式的变化。其中收入因素为最主要的指标，它是影响企业营销活动的主要环境因素。

**自然环境**。是指企业生存和经营的物质因素，如企业生产需要的物质资料、生产过程中对自然环境的影响等。

**科技环境**。科学技术是企业将自然资源转换为符合人们需要的物品的基本手段，是第一生产力。

**政治法律环境**。主要是指国家的政治变动引起经济势态的变化及政府通过法律手段和各种经济政策来干预社会的经济生活。

**社会文化环境。**社会文化是人类在创造物质财富过程中所积累的精神财富总和。

### （三）会展营销 8P 策略

会展活动营销从根本上讲属于服务营销，也就是说会展活动“卖”的不是实实在在的产品而是服务，消费者在意的不是物质形态的用品，而是让精神更加快乐的文化现象。例如 2010 年 6 月 11 日开幕的南非“世界杯”足球赛，足球迷不会关心足球在哪儿生产，而是更关心足球比赛是否精彩、好看。从而使得 20 多天的南非“世界杯”足球赛成了全世界足球迷（包括伪球迷）们的狂欢盛会。服务营销一般包括 7 种营销要素组合，即在传统的产品策略（Product）、价格策略（Price）、地点策略（Place）、促销策略（Promotion）之外，增加人员（People）、服务过程（Process）和有形展示（Physical evidence）3 个要素，从而形成 7P 组合。7P 组合加上定位（Positioning）策略，即扩张为 8P 组合。

**定位。**包括主题定位、规模定位、价格定位、市场定位等。从根本上讲，定位就是如何使你和竞争对手在潜在目标客户的认知中有所区别，这是营销组合中最重要的因素。

**产品。**随着社会的不断发展，大多数的展会都不再只是一个独立的展览、会议或活动事件，而是一个产品组合，由一系列的细分活动构成，主要包括主体（主题）活动、配套（辅助）活动、营销（推广）活动三部分。

**价格。**合适的价格，包括产品价格、服务价格、门票价格、展位价格、广告价格等，是使会展活动被目标客户接受的重要因素之一。给活动制定合适的价格，一般要考虑三个因素：活动的成本、定价目标和市场接受能力。

**地点。**许多活动都是轮流举办，举办地是否具有旅游吸引力是非常重要的因素。例如 2008 北京奥运会帆船比赛项目在山东青岛，主要是那里有海洋季风这一独特的气候条件；2009 杭州西湖博览会亚太民间艺术节主会场选在西湖孤山草坪，狂欢踩街活动则安排在杭州中山路御街，除了主办方组织的主题活动外，还要根据赞助商回报要求安排专场走秀等商业性活动。

**促销。**促销常用的手段有四种：广告、人员推广、优惠推销和公共关系。其中广告、人员推广和优惠推销，都是以面向目标客户为主的，公共关系一般以面向公众为主。广告被认为是直接说服目标客户的最有效的传播工具。人员推广，是指通过人员直接面对目标客户进行推介的促销方式，必须注重推广人员的选拔和培训，为推广人员配备各种宣传单、介绍手册甚至是视频短片等宣传工具。优惠推销，是指通过短期性的优惠手段达到吸引目标客户的方法，包括提供优惠券、赠品、折让、返还现金、附加度假或培训机会等各种方法。公共关系包括与新闻界的关系，是用来推广或保护展会形象、品牌以及保证展会顺利进行的宣传方法。

**人员**。是指会展活动主办方工作人员与参展人员、观众以及赞助客户、服务提供商的良性互动，坚持服务客户、质量至上、信誉第一的宗旨，与会展活动相关利益者建立良好关系。

**有形展示**。是指把无形服务有形化，如编写参会指南、会刊、导游图、交通图等，信息明确有吸引力，描述清晰细致，做到无形产品的有形化服务。

**服务过程**。讲究服务过程系统服务、贴心服务，例如首问负责制，过程协作顺畅，各个环节衔接到位。会展活动从开始到结束是一个全过程，参展商从进入到离去都要做好全过程服务，参观展会的观众从咨询、订票开始到观展结束离去也要做好全过程服务，必要时还要进行跟踪调查征询反馈意见。

## 第二节　会展招展策划

招展策划是会展的关键环节，也是会展策划的重心之所在。会展策划人员根据会展策划书的计划与安排进行广告宣传工作，组织招展工作。参展商在会展价值链中居于核心地位，参展商的连续参展也是会展主办者的利益所在，组织招展工作一定要重视目标参展商的个性化需求，实施定制服务；客户数据库要能实现互动反馈，追踪客户的需求变化；建立科学的绩效评估措施来改善与客户的关系。

### 一、招展的准备

会展策划的核心内容之一是招展策划是否合理，内容是否完善。它直接关系到招展工作的执行、招展工作的好坏、会展的效果，这也是会展能否取得成功的关键。

## （一）建立目标参展商数据库

通过广泛收集目标参展商的信息，建立一个完整实用的目标参展商数据库，为会展招展做好基础性的工作。所谓目标参展商，是指展会主办方认为可能会来参加展出的企业或其他机构。

### 1. 目标参展商数据库资料的收集

（1）通过行业企业名录收集。很多行业都有行业内企业的名录，展会主办方可以从中找到大量的目标参展商的相关信息。

（2）通过商会和行业协会收集。因为这些组织机构对本行业的企业了解很深并备有企业的详细资料，展会主办方可以从中获取所需要的信息。而且有些行业协会或协会的海外组织能提供同行业海外参展商的信息。

（3）通过政府主管部门收集。某些政府部门对其主管行业的企业有较详细的了解，可从中获取信息。如果举办国际展会，组展机构还需要在不同的国家和地区寻找展位销售代理商，而政府有关部门能提供相应的市场分析资料，或代为寻找比较合适的代理商。

（4）通过专业报刊收集。在许多专业的报刊内可以找到许多相关的专业性较强的参展商的信息，因为有些参展商会在这种专业报刊上刊登广告等。

（5）通过同类展会收集。组展机构应经常关注同类展会的举办，及时收集国内外同类展会的信息和报道，储备参展商的资料和有关信息。

（6）通过外国驻华机构收集。外国驻华机构通常会有许多本国的企业的信息资料，所以对许多国际展来说，可以在这一渠道收集国外企业的相关信息。

（7）通过各种专业网站收集。组展机构可以通过专业网站及专业报刊、行业会刊等收集目标参展商的信息。

（8）通过各类电话黄页收集。

收集目标参展商的信息，除了要收集他们的公司名称（中英文）、公司地址、联系人、联系电话、传真、电子邮件和网址等基本信息外，还要注意收集他们的产品范围等。收集到上述信息后，我们就可以着手建立目标参展商数据库了。

### 2. 目标参展商数据库资料的整理

收集到大量参展商的信息之后，建立目标参展商数据库，并及时对数据库整理更新。

（1）通过计算机建立有一定结构的文本信息。参展商数据库信息尽量详细，应包括企业的名称、地址、联系电话、传真、网址、E-mail、联系人等基本信息，以及参展企业的产品种类、目标市场、企业规模等市场信息。

（2）选择合适的软件，对信息进行分类，便于查询和统计。

（3）及时修改与调整。根据招展工作的需要及时调整和修改参展商数据库。

目标参展商数据库的建立应注意以下几点：分类科学、数据真实、查找方便、及时更新。

## （二）展区和展位划分

展区和展位划分是展会招展工作的另一项重要的基础性工作。展会一般都按展品类别划分展区，按照场馆的场地特征来划分展位，决定哪些地方搭建特装展位，哪些地方搭建标准展位，两种展位各自需要多大的面积。合理地划分展区和展位对于展会招展和更好地吸引目标观众到会参观、提高参展商的展出效果、进行展会现场服务与管理等都有十分重要的作用。划分展区和展位的基本原则：

**按专业题材划分展区。**在满足展品对场地要求的基础上，将同类展品安排在一个区域内展出。在同一题材的展区内，同类展品的参展商可以根据自己的要求，对自己需要的具体展位进行选择。按专业题材划分展区，可以使展会条理清楚、秩序井然。

**要有利于提高展会的档次。**展位和展区的划分直接影响到参展商和观众对展会的印象。如果一个展会里的标准展位和特装展位的分布杂乱无章，各类展品的展位相互混杂，即使这个展会的规模很大，参展商和观众也会认为它档次不高、不够专业，随之对该展会的印象也会变差。因此，展区和展位的划分要有利于提高展会的档次，使参展商和观众首先从外观上对展会能产生好的印象。

**要有利于观众的参观。**将展会上的展位和展区划分清晰，观众参观时其目标性会有所增强，不会让观众感到该展会杂乱无章。所以，在很大程度上，展区、展位的划分要充分考虑到观众的参观需求。

**要有利于提高参展商的展出效果**。展位和展区的划分对参展商的展出效果有直接的影响。如果一个或几个标准展位夹在一些特装展位之中，标准展位将变得非常不明显；如果将一次要的题材放在展馆最好的位置，展会的整体效果会大打折扣。因此，展位和展区的划分既要符合展品的特点，也要考虑到展位的搭装效果，还要考虑到方便观众参观和聚集，这样才能扩大参展商的展出影响。

**要有利于展会现场管理和现场服务**。展位和展区的划分要注意消防安全，遇到紧急情况便于人群的疏散，最好不要有闲置死角，要方便展台的搭建、拆装与运输，易于现场的管理与服务。

## （三）展位价格的制定

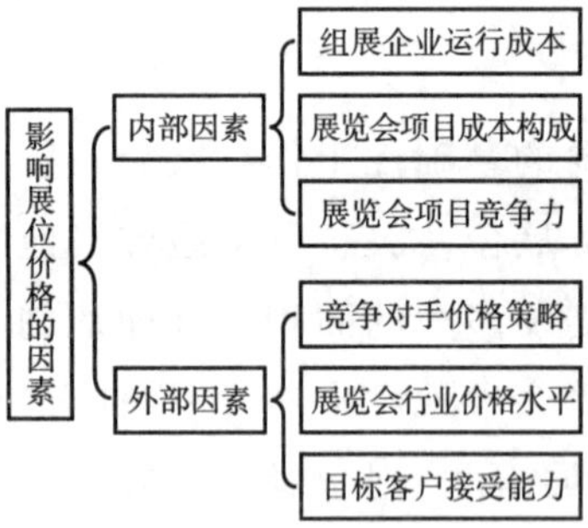


**图6-2　影响展位价格的内外部因素**

展会的展位究竟定什么样的价格，通常是由多种因素决定的。这些因素主要包括展会的运作成本、展会的市场影响力、同行业的平均利润水平、同类展会的竞争程度等。以下从组展企业的内部因素和外部因素两个视角分析影响展位价格的因素（图6–2）。

招展价格是展位的出售价格，按展位的不同，可以分为标准展位的价格和光地展位的价格，前者以一个标摊多少钱来表示，后者按每平方米多少钱来计算；按场地的不同，可以分为室内展位价格和室外展位价格。

价格的制定是一项很复杂的工作，其合理与否会直接影响到目标参展商的参展意向，从而影响到招展工作的顺利进行。而且，在制定招展价格时，还必须充分考虑到同类展会的竞争关系，结合本展会的发展阶段和价格目标，以及展会展览题材所在行业的状况，如行业的平均利润和市场发展状况。

制定招展价格还需要考虑两个因素：一是展区和具体展位的位置差别，目前展会主办方一般实行“优地优价”原则；二是国外参展商和国内参展商的展位价格，我国目前普遍实行价格“双轨制”，国外参展商的展位价格一般要高于国内参展商的展位价格。

## 二、招展书编写

招展书又称招展函，是展会主办方用来说明会展以招揽目标参展商的小册子，是招展工作主要的宣传资料，主要作用是向目标参展商说明会展的有关情况，并引起他们参加会展的兴趣。招展书的内容要全面、简单、实用、制作精美，便于携带和邮寄。

### （一）招展书的基本格式

**展会主要内容**。展会的基本内容主要包括：展会名称、展会LOGO、展会时间和地点、展会组织者、办展意义、展会特点、展品范围、展会费用、与展会相关的广告等。

**展会背景介绍**。首先是展览题材所在行业、办展所在地的环境，如行业生产、销售、进出口及发展趋势；其次是办展所在地区的市场环境及市场的辐射范围。

**展会宣传推广**。展会组织者对往届到会观众的分析资料及邀请专业买家的方法和渠道介绍，同时也要详细介绍展会宣传手段、方法、渠道及措施等，这些都是参展商最关注的问题，对其参展决策具有决定性影响。因此，展会组织者在招展书中要精心规划这些内容。

**展会价格服务**。展会组织者将展会展位的收费项目、种类以及服务项目等内容置于招展书的明显位置，同时还要向参展商提供如何办理参展手续、付款方式、参展申请表内容和展会组织者的联系方式等重要信息。

**展区展位图件**。主要是介绍图片，如展馆平面图、周边地区交通图、往届展会总结资料图、展会现场图片，图片可以丰富招展书的内容，还可以起到美化招展书的作用。

### （二）编制招展书的原则

会展招展书的内容较多，也较繁杂，在编制招展书时一定要对其内容、图片和版面作仔细的规划和安排，使招展书在会展招展的过程中发挥其应有的作用。一般地，在编制招展书时要遵循以下原则：

**全面准确**。招展书很多时候是参展商了解会展情况的第一手资料，也是他们最后作出是否参展决策的重要资料，在会展与其目标观众、参展商进行沟通和联系时起着重要的作用。因此，招展书所包括的内容一定要全面、准确，不能有所遗漏，不能出现差错。比如，如果招展书对会展标准展位的配置的介绍与实际状况有出入，而参展商按此来筹备参展事宜，那么，在展台布展现场将会出现很大的麻烦。

**简单实用**。招展书的内容要全面准确，但不要烦琐，要简洁，最好寥寥几个字让人一目了然。招展书的内容要实用，与会展招展无关的内容尽量不要写在招展函上。

**美观大方**。招展书的版式安排、文字图片等的布局要美观大方，赏心悦目；招展书文字的字体要适合人们的阅读习惯，不要因为追求美观而去追求美观。

**便于携带**。由于招展书一般要通过邮寄或者招展工作人员的携带而传到目标参展商手中，因此，其制作样式要便于邮寄和携带，否则，它不但会给招展工作带来不便，还会增加会展的办展成本。

## 三、招展委托代理

代理商的种类和来源：独家代理、排他代理、一般代理、承包代理。公司、相关协会和商会，有关媒体、个人、国外驻华商务处、贸易代表处都可以成为招展代理商。

指定会展招展代理商是展会主办方借用外部力量来做大做活招展业务的一种有效手段。它可以增加招展单位的业务网络，扩大业务规模，提高经济效益。选择会展招展代理商，要尽可能地保证代理商的资质可靠，因为只有可靠的代理商才能切实地履行其职责。

为了使展会获得良好的经济效益，许多组展商会在招展这一方面选择招展代理商，加强与代理商的合作。会展企业与代理商从根本上存在着一致的经营目标，存在着相互关联的经济利益，代理商的工作开展得越顺利，会展项目的销路就越好。

### （一）代理商的权利

- 按合同规定收取代理费；
- 从展览组织机构获取招展必需的全部资料与信息；

- 按合同享受展览机构对展会及代理商的宣传与推广支持；
- 在规定时间内预订的展位能得到保证。

## （二）代理商的责任

- 按合同规定的代理形式和条件切实履行职责、依法经营；
- 对所代理的展览项目进行宣传与推广；
- 定期向展会组织机构有关负责人汇报招展情况；
- 服从展会组织机构的展位分配；
- 维护展览机构和展会的声誉和形象；
- 按展会组织机构规定的价格或范围进行招展，按时收取和缴纳展位款（含定金）；
- 不擅自改动展览机构指定的招展条件；
- 必须协助展览组织机构做好参展商服务工作。

## （三）招展代理商的选择原则

**所选代理商对象应该有一定的客户基础。**在国外通常能满足这一条件的有相关行业协会、地区商会等机构；另外有专业展览公司、广告公司等可供选择。

**要熟悉展会各项工作的运作并且有相关的专业知识。**代理商在其代理的范围（地域）代表着主办者形象与客户接触，因此一个成功的代理商，要通过对客户进行展会宣传，吸引参展商。

**选择信誉良好的代理机构。**良好的商业信誉不仅是双方合作的基础，更是保证招展工作顺利进行的前提。

**选择办展理念相近的合作者。**在选择代理商时，应尽量选择能够互相理解，最好是能接受展览组织机构办展理念、工作方法及要求的合作者。

## （四）对代理商的管理

招展的价格是组展商间接销售渠道管理的关键，对代理商的有效控制和管理是保证渠道畅通进而招展工作顺利进行的前提条件。对代理商的管理主要从以下几个方面着手：

**价格控制。**招展的价格是组展商应该严格控制的。同一地区的代理商往往会开展价格竞争，他们为了找到更多的企业参展，往往会打出低价吸引企业，造成同一地区同一展会同一级别的展位价格不同，使得展会的专业性和权威性在参展商心中打折扣。为了避免这种情况，最好的办法是设立参展商监督会，一旦发现有不公平行为，可以向展会主办方举报，撤销其代理权，并按照合同给予一定的罚款。

**展位控制**。代理商要严格执行组展商划定的展览区域，不能私自改动。有的代理商为了吸引企业参展，许诺给予其最好的展位，但当展会开幕时，参展商才发现自己的展位与所付参展费不符，就有可能发生企业之间互不相让、争夺展位的事情。所以，组展商在指定代理商时一定要考虑它的资质和信誉。

## 四、参展商手册编写

参展商手册又叫参展商说明书，是展会主办方将会展筹备、开幕以及参展商参加展会时应注意的问题汇编成册，以方便参展商进行参展准备的小册子。编制参展商手册是会展筹备过程中的一项基础性工作，参展商手册是在会展筹建计划和相关活动计划的基础上编写的。

从某种意义上讲，参展商手册是帮助参展商进行参展筹备的纲领性文件，也是展会主办方对会展布展、展览和撤展等各环节进行有效管理的指导性文件。参展商手册包含的内容涉及举办会展的各个环节。一般来说，参展商手册主要包括以下几方面的内容：

**前言**。主要是对参展商参加本展会表示欢迎，说明本手册编制的原则和目的，提醒参展商在筹展、布展、展览、撤展等环节要自觉遵守本手册的相关规定等。前言一般都很简短，言简意赅。

**展览场地基本情况**。展览场地基本情况包括展览场馆及展区平面图、至展览馆的交通图、展览场馆的基本技术数据等。绘制展览场馆及展区平面图时，要注意标明展览场馆各种服务设施所在的位置，展区和展位划分的详细情况、展览场馆内部通道和出入口等。在绘制至展览馆的交通图时，要注意标明展览场馆在该城市的具体位置、到展览场馆可以利用的各种主要交通工具和交通线路、各指定接待饭店在该城市的具体位置等。对于展览场馆的基本技术数据，要清楚准确地列出地面承重、展馆室内通风条件、货运电梯容积容量、展馆室内空间高度、展馆入口高度等。对展览场馆基本的介绍，对于帮助参展商准确地找到展区和自己的展位，进而进行展位搭建和布展有着很好的指引作用。

**会展的基本信息。**会展的基本信息包括会展名称、举办地点、时间、展会主办方、会展信息网址、会展秘书处、参展证件、推荐搭建商、推荐运输商、会展推荐饭店、会展指定旅游代理商等。

对于办展时间要具体列明会展的布展时间、开幕时间、对专业观众和普通观众开放的时间、撤展时间、布展和撤展的加班时间等，对以上时间尽量精确到小时。对于展会主办方，要具体列明会展的主办单位、承办单位、支持单位和协办单位等；另外还要具体列明各展会主办方、会展指定搭建商、会展指定运输代理商、会展指定旅游代理商、会展指定接待饭店等的详细联系地址、联系电话、传真及联系人，如果有网址和 E-mail 也最好能公布，以便参展商在需要的时候方便联系各有关单位。

**展会参展规则。**要求参展商和观众等参加展会时所必须遵守的一些规章制度，包括会展有关证件的使用和管理的规定、会展现场保安和保险的规定、展位清洁的规定、物品储藏的规定、现场使用水电的注意事项等。参展规则是所有与会人员必须遵守的一些制度，对会展现场管理和维护现场秩序十分重要。

**展位搭建商指南。**是对展位搭建的一些基本要求和说明，主要包括标准展位说明和光地展位搭建说明等。由于所有的标准展位的标准架构和配置都是一样的，所以标准展位说明主要是对展位的标准配置作出说明，列明参展商使用标准展位的注意事项。而光地展位，主要是对其一些规定和要求，如使用材料的要求、用电作业的规定、消防安全等作出说明。

**展品运输指南。**是指对参展商将展品等物品运到展览现场所作的一些指引和说明，主要包括海外运输指南和国内运输指南等。不管是海外还是国内都要对展品等运输方式和运输线路、交运和文件提交的期限、货运文件的准备和交付、收费标准、海关报关、回程运输等作出具体说明。

**会展旅行信息。**是对解决参展商和观众等参加会展期间的食、住、行等需要，以及会展期间及前后可供选择的商务考察和观光休闲等作出一系列的说明介绍。要详细地列出各指定接待饭店的档次、协议优惠价格、地址、联系电话和传真、联系人、与展馆的距离等，还要列出海外观众和参展商的入境签证办法等。会展旅行信息主要是为方便参展商和观众的日常生活服务的。

**相关表格**。是有关参展商在筹展和布展过程中需要使用的各种表格，主要包括展览表格和展位搭建表格两种。为了便于管理和准备，对于上述的表格，一定要列明填妥返回的最后截止日期。

**付款方式**。列明开户银行、收款单位和银行账号。

参展商手册编制完成后，可以印刷成册，在会展开幕前适当的时间寄给参展商，也可以将其内容发布在会展的专门网站上供参展商阅览和下载，如果会展有海外参展商，还要将参展商手册翻译成外语文本。

## 五、招展工作方案

一份完整的招展工作方案涉及展会概况及特色介绍、目标市场定位、财务预算、可采用的市场推广方法等。其内容归纳起来有以下几个方面：

**产业分布特点**。展览题材所在行业在全国的分布特点、各地区的产业发展状况、该产业的企业结构状况及分布情况是编制招展工作方案的重要依据，应从宏观上作概要的阐述。所涉及的内容要密切结合产业实际，科学分析，力求准确无误，否则，以此为依据编制的招展工作方案就会严重脱离实际，在实施过程中因信息不对称而导致成效不大。

**展位和展区划分**。招展方案的编制要结合展览的题材和定位对展区和展位进行合理的划分，必要时可附上展区和展位划分平面图，以供进一步论证。

**展会服务项目价格**。展会服务项目价格是招展工作方案的核心内容，对招展营销工作有重大影响。招展工作方案应列明展会服务项目的价格。招展价格要合理，价格水平过高或过低都会影响展会的成效。

**招展书的编制与发送**。确定招展书的内容、编制办法与发送范围及方法。编制招展书时，应充分考虑招展书的印制数量、发送范围及如何发送等问题。

**招展工作分工**。对具体的招展工作做出分工安排，包括协作单位、相关部门与展览主办机构内部人员的具体分工、招展地区分配等，责任落实到个人或部门。

**招展代理组织**。对展会招展代理的策划、指定服务提供商的确定和管理做出安排，对代理商的佣金与责任及代理招展的地区范围与权限等做出具体的规定。

**招展宣传推广**。对配合展会招展所做的各种宣传推广活动做出规划和安排。

**展位营销方案**。分析适合组织展览营销的各种渠道、具体办法及实施措施，对招展营销人员的具体招展工作提供工作方向与适用范围。

**招展活动经费预算。**对各项招展活动组织过程中产生的费用支出做出初步预算，以便展览组织活动能及时、合理地安排各种所需要的费用支出。

**招展总体进度安排。**对展会的各项招展工作进度做出总体规划和安排，以便有效控制展会招展工作的整体进程，确保展会招展成功。

## 六、招展预算编制

**招展预算的含义。**在各项招展工作筹划基本确定的基础上，对招展活动的费用做初步预算，并对展会招展可能需要的费用做出整体安排和具体支出计划，以便展会及时、合理地安排各种费用的支出。

**招展预算的范围。**包括招展人员费用、招展材料费用、招展宣传费用、招展公关费用、不可预见费用等。展会的直接招展费用主要包括：

- 招展人员费用，包括招展工作人员的工资、差旅费、办公费等；
- 招展宣传推广费用；
- 代理费用；
- 招展资料的编印和邮寄费用；
- 招展公关费用；
- 其他不可预见的费用。

对各项招展工作的费用支出做出初步预算，以便展会及时、合理地安排各种所需要的费用支出。招展预算要编制得细致，费用支出要安排合理，以保证招展工作顺利开展的需要。招展预算还要本着节约的原则，严格控制展会的招展成本，防止招展费用浪费。另外，招展预算的费用支出要注意在时间安排上与招展工作的实际需要相配合，不能出现工作开始时费用充足而最后费用不够，或者是开始不愿支出而最后拼命加大费用支出等不良现象。

## 七、招展进度控制

招展进度的控制就是对展会的各项招展工作进度做出总体规划和安排，以便控制展会招展工作的进程，确保展会招展成功。要做到合理安排控制招展的进度，就必须进行招展进度计划的策划。

所谓招展进度计划，就是在招展工作开始之前，就对招展工作及其要达到的效果进行统筹规划，事先安排好什么时候该开展什么样的招展活动、采取什么样的招展措施、到什么阶段招展工作要达到什么样的效果、完成什么样的任务等。有了招展进度的安排，就可以对招展工作进行总体控制和监督，及时对照检查、发现问题，调整策略，使招展工作能更加顺利地完成，从而保证会展成功举办。

## 八、参展商跟踪服务

### （一）跟踪管理

是展会结束后针对参展商的一种跟踪服务。展会结束不等于展会主办方和参展商关系的终结，而是为双方建立长期友好合作关系提供了可能，所以，组展商为了与参展商的长期合作就需要在展会之后继续为参展商服务。服务方式主要有：电话、电子邮件、登门拜访、邮寄等，并为参展商热情提供其所需要的信息。

**推荐下届展会**。通常组展商会利用本届展会已有的参展商信息作为参考来选择下一届展会的参展商。本届展会结束后，组展商就要抓住时机向其推荐下届展会，邀请其参展。

**推荐其他展会项目**。对于一些会展公司而言其组织的展会内容涉及多行业、多领域，因此有些展会的展品范围比较相似，这样组展商就可以向已经举办过的展会的参展商推荐其他类似展会项目，从中确定其他将要举办的展会的目标参展商。

**推荐目标买家**。为参展商和买家搭建桥梁。作为组展商对于目标买家和参展商的基本情况都比较了解，所以清楚参展商想要接触哪些目标买家。在展会结束后，组展商应主动了解参展商的交易情况，然后向其推荐相关的目标买家，促成参展商与目标买家的展后贸易洽谈。

### （二）积极沟通

展会结束后，展会主办方应与参展商保持积极的沟通，具体体现在：

- 针对已经举办的展会向参展商征集意见；

- 征集参展商对下届展会的建议；
- 征求参展商继续参展的意向。

### （三）提高效益

一般来说，一个展会的参展商有很多，包括个人和企业，展会主办方对参展商进行跟踪时，不能盲目跟踪，为了节省参展商跟踪的费用，提高效益，需要注意：其一，缩小参展商跟踪的范围，以确定的目标参展商为主；其二，针对不同参展商选择最佳的跟踪方式。

### （四）至诚服务

**细心**。在对参展商的服务中，留意参展商的需求，投其所好。比如，参展商在展会上取得了比较好的效益，就要及时表示祝贺。相反，展会效益不佳，就要表示歉意了。不管参展效果如何，都应积极做好参展商的展后跟踪服务工作。

**热心**。一般来说，即使是在展会结束之后，参展商的交易行为还在继续。组展商要热心地为参展商提供目标买家的信息，为其提高成交额提供保证。

**诚心**。对于客户，注意在发邮件时多一些祝福的话语，或者在过年过节时寄一些贺卡之类的。尽量让参展商们感觉到至诚服务。

## 第三节 会展招商策划

招商策划就是如何招揽观众参观会展，具体说就是通过各种方式将那些对拟办会展展示的产品有需要和感兴趣的采购商和其他观众引进会展。“招商比招展更重要”，“会展成功的关键在招商”。建立一个动态的目标观众数据库就显得非常重要，目标观众的信息采集是招商方案的基石，也是会展成功与否的关键。目标观众数据库与招展阶段的参展商数据库保持适当的对接，也是吸引潜在参展商的一种行之有效的方法。

招展主要是招参展商、赞助商，招商主要是招采购商和专业观众。以上都是展会成功举办不可或缺的因素。招展和招商相互影响、相互依赖。招展的质量对招商质量有着非常重要的影响。招商成果体现招展情况。

## 一、招商策划的内涵

招商策划是将招商有规律地规划，是招商能否成功的前提和基础。会展招商就是邀请观众到会展来参观，对于展会来说，有一定的数量和质量的观众是展会成功的关键因素。

一般来说，展会招商所邀请的一些特殊观众可称为专业观众，所谓专业观众是指从事展会上所展示的某些展品或服务的设计、开发、生产、销售或服务的专业人士以及该产品的用户。与专业观众相对应的是普通观众。

除专业观众与普通观众的划分外，展会还将观众划分为有效观众和无效观众。所谓有效观众是指到会参观的专业观众以及展会参展商所期望的其他观众。无效观众则是参展商所不期望的观众。具体说就是通过各种方式将那些对拟办会展展示的产品有需求和感兴趣的采购商和其他观众引进会展。

## 二、建立目标观众数据库

数据库对展览公司至关重要，每个展览公司都需要建立专业观众数据库，充分收集和了解目标观众的背景资料，利用数据对观众的质量进行科学的分析，通过问卷调查、网上注册或参展注册等方式了解他们的职务、个性特点以及购买影响力等情况，并通过电话或电子邮件等手段来进行核实。数据库的建立是一项需要花费大量人力、财力的工作，和展会招展需要的目标参展商数据库的建立相类似，展会的招商也建立在有一个完整而实用的目标观众数据库的基础之上。

### （一）目标观众的范围

目标观众主要是指专业观众和有效观众，这些观众可能是展会展览题材所在行业的人士，也可能是与题材所在行业有关联的其他行业的人士。目标观众是招商的主要客户范围，展会招商是在了解上述观众所在行业、观众的基本数量及其需求特征和分布状况的前提下进行的。

## （二）目标观众的信息收集

收集目标观众的信息与收集目标参展商的信息有类似的渠道，只是在收集信息时除了要收集他们的名称、地址、联系电话、传真、电子邮件和网址等基本信息外，还要了解专业观众的职务、年龄、个性特点、购买影响力，以及他们的产品需求倾向等。

### 1. 目标观众数据库资料收集

目标观众数据库是将已掌握的所有目标观众的有关信息按照一定的规律整理而建立的，可以通过以下渠道进行：

（1）通过行业企业名录收集。使用时要注意不要仅仅局限于展览题材所在的行业，还要收集相关行业的信息。

（2）通过商会和行业协会收集。包括展览题材所在行业及其相关行业的商会或者协会。

（3）通过政府主管部门收集。

（4）通过专业报刊收集。包括展览题材所在行业的专业报纸和杂志以及其他相关行业的专业报纸和杂志。

（5）通过同类展会收集。

（6）通过外国驻华机构收集。

（7）通过各种专业网站收集。

（8）通过自办网站收集。展览公司除了与国内外众多专业网站进行合作宣传所办会展外，还应致力于建设一流的自办展会门户网站，以使网站能成为展览公司与参展商和海内外观众交流沟通的大平台。

（9）通过各地的电话黄页收集。

每个展览公司都应该建立自己的目标观众数据库，充分收集和了解目标观众的背景材料，利用现有信息通过拨打电话或发 E-mail 等手段来核实信息，以保证信息的真实性，这也是建立数据库应遵循的原则之一。

### 2. 目标观众数据库资料整理

建立目标观众数据库要遵循一些基本原则，具体如下：

（1）数据库要有一定的数据量，以保证招商时有一定的目标客户来源。

（2）分类科学合理。

（3）数据真实可靠。

（4）便于查找和检索。

（5）及时更新与修改。

（6）数据库的用户界面要友好、简洁、一目了然。

（7）数据库要适合在局域网上使用，支持多用户使用。

（8）制定一定的修改权限限制，不能人人都可以对数据库数据进行修改。

（9）目标参展商数据库与目标观众数据库之间应建立一定的联系。

从目标客户容量上看，目标观众数据库要比目标参展商数据库大，一般比例为10：1，即目标观众数据库样本与目标参展商数据库样本之比是10 ：1。当然会展目标观众的数量不是一成不变的，它还是会展潜在参展商的一个重要来源。有些人在这一届会展可能是观众，但在下一届会展可能是参展商，当会展越办越好时，这种转变尤其明显。因此，目标观众数据库既是会展招商时目标观众的重要来源，也是会展招展时目标参展商的潜在来源。在建立目标观众数据库时，要充分考虑这种转变的可能，不要将目标观众数据库和目标观众参展商数据库截然分开，而要让两者保持某种联系，以便加以充分利用（图 6-3）。

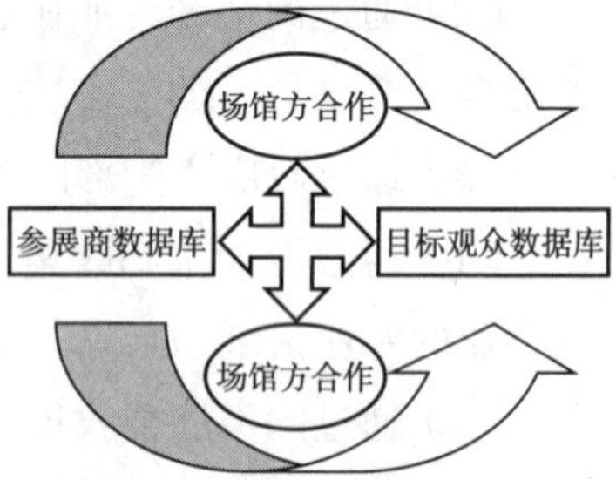


图6-3　参展商数据库与目标观众数据库之间的关系

## 三、会展通讯的编辑

会展通讯（简称“展讯”）是展会主办方根据会展的实际需要编写的，用来向会展目标客户通报有关情况的一种宣传材料，它通常是一本小册子或一份小报。会展通讯可以起到及时向目标客户传达信息，促进会展招展、招商以及树立展会主办方良好形象等作用。

在展会的筹备阶段，展会的目标参展商和观众往往想了解展会的筹备进展情况，如展会的基本情况，有什么样的影响力，定位如何，哪些企业会来参展，哪些专业观众会到会参观，展品的范围有哪些，这些情况通常是通过会展通讯来通报的。

一份完备的会展通讯可以及时准确地向展会的目标客户传递展会筹备的进展情况、招展招商情况以及其他相关信息，与目标客户经常性地保持联络和信息沟通，从而扩大展会宣传推广的范围和渠道，建立展会良好的形象，促进展会招商招展。

会展通讯制作时，可以包括会展简介、招展情况介绍、招商情况介绍、会展期间相关活动介绍、观展回执表等。会展通讯要做得美观大方，重点宣传内容醒目，使人过目不忘，并且具有知识性、趣味性、时尚性。对于重点目标客户，除直接邮寄会展通讯外，还要做到电话及时回访，以确认目标观众是否观展。

## 四、观众邀请函的编写

观众邀请函是展会主办方根据展会的实际情况编写的、用来进行展会招商的一种宣传单，是专门针对目标观众尤其是专业观众发送的。观众邀请函一般在展会开幕前 1 个月左右开始向目标观众直接邮寄，而对于国外的观众，邮寄时间要提前至开幕前 3 个月到半年，以方便国外观众做参展计划和申请签证。

观众邀请函内容包括展会的基本内容、招展情况、相关活动及参观回执表，其中对展会的特点、优势、展品和参展企业的介绍是主要内容。

## 五、会展招商方案

会展招商方案是会展整体策划诸多方案的核心方案之一，也是为会展邀请观众而制订的具体执行方案。会展招商方案在充分了解会展展品需求市场的基础上，合理地安排招商人员在适当的时间里通过合适的渠道进行会展招商活动，是对会展招商活动进行的总体安排和把握，目的是为了保证开幕时能有足够的观众到会。

### （一）招商依据

**展会性质**。对于该展会是一个什么类型、什么行业的展览，组展商也应相应地招该类型、该行业的专业观众。

**招展成果**。根据展会的招展状况，进一步挖掘出展会的专业观众和有关用户。

### （二）招商分工

会展有众多单位参与，包括主办单位、承办单位、协办单位、支持单位等。虽然承办单位是会展工作的实际运作者，它承担了会展的招展、招商和宣传推广工作，但要圆满完成会展的招商工作还需要其他单位的共同参与，它们的紧密配合对任务的完成至关重要。合作的基础是要有明确的分工。招商分工是根据不同单位具有不同的优势划分任务，做到优势互补、各显神通。一般来说，招商的主要负责单位对整体工作进行控制把握，协调各个单位的关系。

对于招商的主办单位，还需要将分配到的招商任务在本单位范围内进行具体划分，应做的工作有以下几项：

**要拟定招商人员名单，确定主要负责人**。招商工作人员应该具备招商工作的经验，确保招商工作的正常进行。

**对招商人员进行内部分工**。明确招商人员招商的地区范围、主要目标观众及目标观众的数量，以便于招商工作的监督与评估。

**制定招商工作日程表**。明确不同的时间段应该完成怎样的任务目标。

**建立招商人员信息交流与协调的工作机制。**

**对重要的目标观众，要制订接待安排计划。**

### （三）招商的宣传渠道

**专业媒体**。在专业杂志、报纸及国内主要行业网站上刊登广告；在指定专业媒体进行特别报道、专题采访、评述等。

**公众媒体**。展会主办方与公众媒体结成同盟，投放大规模广告宣传，并通过相关专业网站向国内外厂商及用户发布会展信息及参展商资料等。

**专业观众数据库**。从往届展会观众数据库中挖掘专业观众，以发邀请函的形式，继续邀请他们参观本届展会。

**行业协会**。行业协会往往在行业内有较高的知名度和影响力，掌握着大量的信息，是展会主办方理想的招商合作伙伴，可以通过行业协会向专业观众发出邀请。

**政府行业主管部门**。政府行业主管部门在行业的影响力更大，与其合作能掌握大量的信息，为招商带来诸多方便。

**外国驻华机构**。若举办国际性的会展，可通过外国驻华机构，因外国驻华机构熟悉中国及会展举办地的情况，由他们发出的通知对其本国观众具有较强的说服力，能吸引更多的外国专业观众来观展。

**会展专业网站**。建立会展的专业网站，并将其与大型的门户网站相链接，以更好地宣传、推广会展，让更多的专业观众了解会展。而且自办的专业网站还能成为主办单位与参展商和海内外观众交流沟通的大平台。

**会展宣传**。可以通过不同地区或不同国家的其他展会进行会展宣传，通过境外贸易观众较为集中的著名品牌展会来推广展览，已成为我国展会主办方有效组织观众的重要途径。

**参展企业宣传**。参展企业特别是有一定知名度的大企业，其客户群比较庞大，会展为他们提供了一个交流和联络的平台，通过这些知名企业的宣传，会带动一大批目标观众前来观展。

**招商代理机构宣传**。展会主办方可以委托专业招商代理机构进行招商宣传。

### （四）招商预算

在各项招商工作筹划基本确定的基础上，对招商活动的费用做初步预算，并对展会招商可能需要的费用做出整体安排和具体支出计划，以便展会及时、合理地安排各种费用的支出。招商预算的范围包括招商人员费用、招商材料费用、招商宣传费用、招商公关费用、不可预见费用等。

展会的直接招商费用主要包括：

- 招商人员费用，包括招商工作人员的工资、差旅费、办公费等；
- 招商宣传推广广告费用；
- 代理商费用；
- 招商资料的编印和邮寄费用；
- 招商公关费用；
- 其他不可预见的费用。

## 六、编制招商进度计划

招商进度计划是对会展的各项招商活动进度做出总体规划和安排。事先安排好各种招商的进程和应取得的效果，以便控制会展招商工作的进程，使招商工作能更加顺利地完成，确保届时展会有足够数量的和一定质量的观众到会参观，尤其是能给参展商带来直接效益或潜在效益的目标观众前来观展与洽谈。

# 第四节　会展活动宣传推广

会展活动宣传推广策划是围绕会展的基本目标制定的，有目的、有计划举行的一系列促进招展、招商和建立会展形象的宣传推广活动。会展活动宣传推广策划主要包括确定宣传推广策略、宣传推广渠道、宣传推广时间和地域、会展宣传推广的费用预算。

## 一、会展活动宣传推广的特点

**整体性**。会展活动宣传推广是有多重任务的，比如要促进展会的招展招商、树立展会的良好形象、创造展会的竞争优势、协助业务代表开展工作、指导内部员工更好地对待客户等。展会宣传推广服务于整个展会，是一种整体的宣传推广工作，要处处注意展会的整体利益。

**阶段性**。会展活动宣传推广的各项目标不是同时实现的，也不是在某一个时间段里集中实现的，而是随着展会筹备工作的进展和展会的实际需要而分阶段逐步实现的。在展会的不同阶段，展会宣传推广的目标也不同。所以，会展宣传的阶段性很强，会展发展到什么阶段就进行什么样的宣传推广工作，必须十分清晰和明显。

**计划性**。会展宣传推广的任务多，阶段性强，这就要求在展会一开始筹备时就必须认真规划好宣传推广工作，照顾到筹备工作各方面对宣传推广的需要，给筹备工作以强有力的、全方位的支持。另外，会展宣传推广是一种多媒体、多渠道的宣传推广工作。各媒体和各渠道的宣传推广安排要求时间上要协调，口径上要统一，内容上要各有侧重，效果上要互相补充，这样，宣传推广对会展发展的促进作用才最明显。

**服务性**。展览本质上是一种服务，是各种会展服务的一个有形载体，参展商和观众之所以要参加会展，是因为他们想得到会展提供的各种服务，如果他们享受不到这些服务，会展对他们来说就形同虚设。正是有了这些服务，会展才成为会展，企业才来参展，观众才来参观。所以，从本质上看，会展宣传推广是宣传和推广会展的各种服务。

## 二、会展活动宣传推广的手段

### （一）广告宣传

广告是由特定出资者付费所进行的构思、商品与服务的非人员的展示和促进活动。

广告包括在专业报刊、大众媒体、网站、广播电视、户外媒体（如户外广告牌、交通工具等）、包装媒体等上面做的各种广告。不管是在哪种媒体上做广告，广告的主题设计必须明确、突出，并包含目的、好处和承诺三个基本要素；广告文稿的标题要简洁醒目，口号要富有创意，正文要真实具体；广告的图画设计要能引人注目，强化记忆，提示广告的主题和内容，看起来令人精神愉悦。

广告是展会宣传的重要方式，也是吸引目标观众的主要手段之一。展会广告的范围可能覆盖已知的和未知的所有目标观众，可以将展出情况传达到直接联络所遗漏的目标观众，还可以加强直接联络的效果。广告是覆盖面最广同时也是最昂贵的展会宣传手段，因此对广告安排要严格控制。登广告要目标明确，根据需要、意图和实力安排，不要受竞争对手的影响，也不要完全听从广告公司的劝说。广告预算决定广告规模，要根据需要和条件决定预算。如果经费充裕，可以多在几家报刊上反复登载广告；如果经费有限，则可以集中力量在少数影响大、效果好的报刊上做广告。不少人错误地认为花钱越多广告效果就越好，实际上广告开支与效果不一定成正比，选择合适的媒体才是降低成本、提高效率的最好办法。广告的时间也需要安排，在一般情况下，不要将广告集中在展会开幕前几天，而应该在 3 ～ 4 个月前就开始并持续刊登，时间间隔要事先安排好。连续刊登广告有利于加深客户的印象。广告不仅可以安排在展会之前，还可以安排在展览期间和展会之后。展后的广告主要是在客户中建立持久的印象，促进实际成交。

### （二）软性文章和图片

包括在各类媒体上刊登的对展会的评论、报道、特写和消息以及相关图片等。

### （三）举行新闻发布会或记者招待会

在会展筹备期间以及会展开幕前后，就会展的有关情况举行新闻发布会对宣传会展很有帮助。举行新闻发布会的前提是即将发布的内容一定要有新闻价值，否则，就可以改为以邀请记者进行现场采访的方式来代替新闻发布会。它是展会常用的宣传推广方式之一，也是展会与新闻界加强联系的有效途径。如果组织得当，新闻发布会是一种成本低而效益高的展会宣传推广手段。

### （四）人员推广

即为了达成交易而与一个或多个潜在的买主进行面对面的交流与沟通。人员推广包括会展有关工作人员对各机构和客户的直接拜访、电话、传真和 E-mail 联络等。人员推广能最直接地和客户进行一对一的沟通，能很好地联络客户的感情，倾听客户的声音。人员推广是一种人际交流，是一种直接的宣传方式，通过与目标观众直接联系，告知展出情况，邀请其参观展会。人员推广的方式如下：

#### 1. 直接联系

直接联系是一种直接的、双向的宣传方式，是加强宣传效果的一种措施。直接联系方式主要是电话联系和登门拜访。直接联系的覆盖面仍是已知目标观众，具体对象是最重要的目标客户和重要的目标观众两类。用电话邀请，被邀请人比较难拒绝。一旦答应，往往不会食言，商界人士讲究信誉，而且被直接邀请心里总是高兴的。登门拜访是一种比较特殊的方式，由于成本可能非常高，因此只针对少数最重要的客户，这类客户参观展会或者有巨大的商业价值，或者有很大的新闻价值。可以把发函、电话、拜访工作结合起来，先发函邀请，继而打电话邀请，最后上门邀请。直接联络可能是最有效的推广方式，但是也存在不足。其局限是不论从任何途径获得的名单都会有遗漏。因此，也要使用其他宣传方式，以吸引未发现的潜在客户，加强宣传效果。

### 2. 发函及电子邮件

发函，就是将各种资料直接寄给潜在的参观者，并邀请他们参观展会。直接发函是一种直接的但是单向的宣传方式。直接发函是会展业使用最广泛的推广方式，也是成本效益比最佳的推广方式。直接发函工作要根据需要和预算安排工作量。直接发函可以在展出者所在地安排，也可以派人或委托人在展会所在地安排。

信函可以使用一些特别方式，比如礼品、贵宾卡等。礼品本身可能没有多大价值，但是收到者却更有可能参观会展。另一种方式是寄奖券、在展台发放小礼品，或者用抽奖方式发大礼品，礼品或奖券应当与展出内容有关。贵宾卡用于最重要的客户，表示当他们前往参观会展时凭此卡便会立即受到接待。 直接发函可以利用专门的发函公司。这类公司在发达国家已普及，在我国大中城市也越来越多。可以委托其办理直接发函，但要事先了解发函公司更新邮寄名单的周期，以便确定其质量。展出者也可以从发函公司等信息源购买邮寄名单自己邮寄。好的展会主办方应有目标观众的数据库，按行业、地区、产品兴趣、公司规模大小等标准分类，展出者可以无偿或有偿利用。由于现代电子技术的迅速发展和普及，利用电子手段包括电子邮件、传真等发送邀请的现象也越来越多。

### 3. 机构推广

机构推广包括与政府有关部门、各行业协会和商会、学会，双边或多边国际机构方，专业化商业中介组织合作进行的各种推广活动。

**政府有关部门**。对于国内会展公司来说，政府有关部门一般指的是外经贸系统、各级贸易促进会、旅游局等。通过政府有关部门不仅可以获取国际专业买家的信息，而且可以借助政府的信誉、力量、资源来邀请国际重要买家参展或赞助；同时，还可以依靠政府的协助在不同国家或地区寻求代理商。

**行业协会和商会、学会**。主要包括两类：一类是国际性或地区性的专业协会，如国际大会和会议协会（ICCA）、国际博览联盟（UFI）、国际展览管理协会（IAEM）等。另一类是某一行业的协会，如世界旅游组织（WTO）、中国汽车工业联合会、中国纺织行业协会等。得到这些协会的支持就相当于得到这些协会的认可，可以提高展会的可信度、美誉度，增强展会的吸引力。

**双边或多边国际机构**。如国际行业协会、非政府组织、驻外使领馆、各种友好组织的国外联络处以及其他政府机构在国外设立的办事处等。

**专业化商业中介组织**。专业化商业中介组织具有很强的市场信息获取能力，并掌握一批特定的客户资源，可以为展会营销做强有力的支持。对于会展企业和展会的主办单位来说，专业化商业中介组织主要包括实力雄厚的管理咨询公司、公关公司、市场调查公司、营销咨询公司等。

### （五）公共关系

公共关系是指会展企业为了与公众建立良好的关系，树立、维护、改善或改变会展企业形象而设计的一系列沟通技巧。这里的公众不仅包括客户群体，而且包括对会展预期目标具有实际兴趣或潜在的影响力的任何群体。

因为公众有促进或阻碍会展企业达到目标的能力，所以，一个精明的管理者会非常注意管理与自己有关的关键的公共关系。大多数会展企业有专门独立的公共关系部来策划与公众的关系。公关部门关注公众对会展的态度、及时向媒体发布信息、与公众进行沟通，以建立良好的信誉。另外，如果出现了负面的宣传内容，公关部门需要充当调解者。工作出色的公关部能够向管理者提供咨询意见，建议采用积极方案并清除有问题的活动。一般来说，会展公关宣传具有以下的优势：

**节约成本**。大部分公关活动成本较低，往往更依赖于“随机应变”，而不像广告那样依靠财力。

**提高知名度**。如果能有效实施，公关活动可以到达一个非常广泛的公众群体，以提高会展的知名度，并对自身形象进行良好的定位。

**增加销售量**。公关活动可以很精心地瞄准和吸引特定甚至专业的目标市场。在会展平季或淡季，公关活动可以不断地向公众传递信息，提醒注意，以期产生销量。

**提高宣传内容的可信度**。公关活动往往可以获得比广告更可观和更有利的媒体报道篇幅，而这又常被视作会展产品销售的一种承诺。以公关活动结果的形式公布的信息往往显得很中立客观，而广告则往往被认为值得怀疑。

会展公共关系是指会展企业或组织为了取得企业或组织内部及社会大众的信任与支持，为自身的发展创造最佳的关系环境，在分析和处理自身面临的各种内部和外部关系时所采取的一系列决策和行为。会展公共关系对于塑造企业富有魅力的公众形象，提高知名度与美誉度具有重要的作用。

### （六）活动推广

展会期间举办的各种活动如会议、表演和比赛等都是会展宣传推广活动的重要组成部分。

## 三、会展活动各阶段的宣传推广重点

展会主办方在宣传推广的时间上要做好安排，会展所在的不同阶段，宣传推广的目的和侧重点有所不同，通常可以分为以下几个阶段。

### （一）会展筹备阶段（展前）

在会展筹备阶段即展前阶段，主要是为会展造势。在筹备的最初阶段，宣传的重点主要是提示性宣传，告诉专业人士和众多观众有这样一个展会，向社会大众介绍会展的主题，树立会展的市场形象，提高会展的知名度；在会展筹备后期，宣传的目的重在促进招展。

随着会展筹备工作的进一步推进，会展的宣传推广工作可以进一步展开。特别是在会展招展任务基本完成时，宣传的目的重在招商，即招目标观众。这时处于会展筹备的中期，招商的宣传推广工作将完全展开，主要通过专业媒体、网站、招商代理等渠道，对目标观众展开宣传攻势。宣传的内容可以更加详细具体，但应将重点放在会展的进程安排、服务等项目上。

会展筹备的后期，宣传工作进入收尾阶段。在对目标观众的宣传工作基本完成的情况下，可以将宣传的重点转向普通观众。

总之，会展开展前的观众宣传推广至关重要，通过各种媒介、专业市场目标数据库、与观众面对面的推广活动等，能提高目标观众对展会的关注程度和参与的积极性。

### （二）会展实施阶段（展中）

会展期间的宣传推广重点是促使参展商和观众获取更大的经济效益。展会主办方这一时期的主要宣传活动集中于会展的新闻报道，充分利用专业和大众媒体，对会展情况进行详细的报道，以利于参展商和观众获取更多的会展信息，挖掘更多的会展资源。

会展期间，展会主办方也要做好一些增值服务，这样会起到潜在的宣传推广作用。展会主办方可以通过举办各类对参展观众的增值服务与论坛活动，加强目标观众观展的兴趣与积极性，如快速办理观众注册，行李寄存，住宿，订票服务，提供展览向导、城市地图、参展商查询等现场增值服务；免费上网、免费电话的贸易增值服务；为观展的专业观众提供参展商产品发布会、行业研讨会、专业发展趋势论坛、下届展览新闻发布会、专业观众与展览组织机构的座谈会等增值服务。

### （三）会展结束阶段（展后）

在展后阶段，宣传推广活动则更多的是展后跟进工作，即通报会展的效果，对会展活动的评估工作进行相关报道，让广大观众了解本次会展的盛况，也为下一次会展宣传做准备。

在展会后期，组展商可以鼓励参展商递交简要的新闻稿和产品的彩色照片并在出版物中予以免费刊登，当然，同时也要积极征集计费广告以承担杂志的部分出版和发行费用。展会结束后再印发一份综合新闻通讯，向行业宣传本次展会上的一些具有新闻价值的产品。这样做的目的是为了把本次展会推向整个行业的最前沿。

展会后出版的《展讯》同样应该刊登参展商的广告。主要内容包括：

**感谢工作**。对所有的参展企业、重要的专业观众和支持单位、合作单位以及给予展会大力支持的媒体表示感谢。

**媒体跟踪报道**。主要是对展会进行一个回顾性的报道，将有关情况（如展会的创新之处、亮点等）、有关数据提供给媒体，以进一步扩大展会的影响力。展会的各类统计数据主要包括展览环境和展览效果等，如参观人数、专业含量、展位布局、成交额、参展商和观众的反馈意见等。

**发布下届展会信息**。对于所有的组展单位来说，都不会错过展会举办期间通过会刊、展会快讯、场馆内的电子大屏幕或展会官方网站等途径来发布下一届展会的相关信息的有利时机。

## 四、会展活动宣传推广计划

展会的宣传推广是指整体的宣传推广，是展会策划和营销工作中的一个重要环节，对展会的发展有重要的作用。展会的招展宣传推广和招商宣传推广可以独立进行，也可以包含在展会整体宣传推广计划中，在实际操作中，展会的宣传推广与展会的招展、招商有密切的关系。

展会宣传推广计划要从确定目标开始，根据一定的预算投入，明确任务和分工，通过有效的市场营销策略组合，选择宣传推广渠道，经过信息载体的传递，传播给潜在客户和社会公众，最后要对宣传推广计划的传播效果进行评估（图 6-4）。

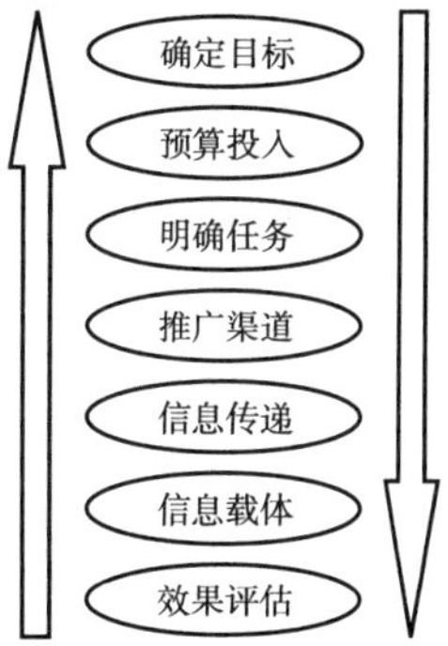


**图6-4　展会宣传推广计划的步骤**

一般来说，展会主办方都会将招商、招展宣传推广纳入会展整体宣传推广计划中，由会展负责宣传推广的部门来统一制定和实施。会展的各种展位营销活动在促进会展招展的同时也在宣传和推广会展。例如，刊登会展招展广告、进行直邮招展等，每一个看到该招展广告或收到该邮寄招展资料的人就知道了该会展的存在。因此，会展招展和会展宣传推广是密不可分的。同样，会展招商和会展宣传推广也很难截然分开。

## 五、新闻发布会计划

新闻发布会是企业为发布有关重要信息而邀请新闻记者参加的一种企业公关活动。新闻发布会是企业借助新闻媒介广泛传播信息的重要方式，特别是企业在经营或销售自己的产品时遇到一些问题，在非新闻发布会不能解释的情况下，通过与新闻记者的双向沟通，利用新闻传播媒介传递真相、澄清事实，有利于企业挽回声誉，树立形象，以利于企业的发展。

新闻报道是宣传推广工作的一个重要环节。新闻报道的费用比较低，因为新闻采访报道一般是免费的，而其可信度比较高，效果比广告还要好，因此，新闻报道是一种低成本、高效益的宣传工作，缺乏经费预算的展出者更应当多做新闻宣传工作。新闻宣传工作可以在展前、展中和展后进行。新闻宣传与会展的规模无关，大小会展都可以做出色的新闻宣传。

为了引起媒体的广泛关注，召开新闻发布会介绍展会的筹备情况，并通过新闻发布会把会展企业的亮点和展会的吸引力发布出去，也是会展企业常用的宣传和推广手段之一。新闻发布会不像纯粹的广告那样“赤裸裸”地宣传自己的产品和服务，以新闻发布和记者专访的性质来推广展会，不仅有利于降低会展企业的促销成本，而且有助于提高其可信度。

新闻发布会成功的关键是内容。组展者要有能吸引新闻媒体的内容，方可以考虑举办新闻发布会，新闻发布会可以在招展正式拉开序幕时，也可以在展览开幕前或者在闭幕后召开，还可以在展览开幕前一两个月举办新闻发布会，向外界宣布招展的成果。不同阶段举办的新闻发布会重点应有所不同，如招展正式拉开序幕时，新闻发布会以介绍展会主题、组展计划、招展目标等为主要内容；闭幕后的新闻发布会则以介绍展会成果为重点。新闻发布会主要邀请新闻界人士、政府相关部门领导参加，还可以邀请重要参展商和目标观众参加。

在新闻发布会上，可以向与会人员提供新闻资料袋。成套的新闻资料（新闻稿件、特稿、专题、新闻图片等）装入资料袋，称为新闻资料袋。在新闻发布会上提供的资料袋可以装有新闻发布会安排、发言人名单和发言稿。新闻资料袋也可以寄给有关媒体。新闻发布会还有一种特殊形式，叫“拍摄专场”，是专门为摄影记者安排的。

## 六、会展活动宣传推广注意事项

### （一）注意展会宣传推广对象的确定

从根本上讲，展会宣传推广的对象就是与展会主题紧密相关的参展商和观众。为了避免不必要的宣传费用支出，组展者要根据展会的性质、规模及具体的展出目标和任务，确定参展商和观众的范围，然后进行有针对性的宣传推广。另外，确定参展商和观众的范围之后就要进一步确定具体的宣传对象，在宣传时要注意把握宣传对象的大体数量，要与展会规模大致相适应。

### （二）选择合适的宣传时间

宣传进度是指展会从策划到开幕以前的不同时期宣传和推广工作的事前安排，一般情况下，展会筹备的前期，宣传和推广的力度较小，而越到临近举办日期，宣传推广的力度越大。从很多组展商的经验来看，前期投放的主要是展会的广告牌、展会招商手册以及展会网站上的普通信息；后期投放的主要是具体的产品目录、参观券、会议日程等信息。

### （三）选择合适的宣传推广方式

**语言媒介**。主要指个人和组织在人际传播中各种信息传递方式，包括有声语言和无声语言两种。通常以新闻发布会、产品发布会、记者招待会、会议演说、路演、表演等宣传方式表现。

**印刷媒介**。是印刷类传播媒介，是依赖于大规模印刷技术进行图形和文字的传播的大众宣传手段，表现方式主要有报纸、杂志、传单、海报、广告牌、宣传条幅、彩旗等。

**电视媒介**。主要包括中央和地方电视媒介。中央和地方电视媒介都具有大众性，但又有所区别。中央电视媒介的市场定位相对较高，面对的大众群体更为广泛；而地方电视媒介定位相对较低，面对的大众群体较小。它的表现方式有广告、影视节目等。

**网络媒介**。网络媒介是20世纪后半期以来发展最快的媒介，优点是成本低、传播速度快、不受时空限制。展会网上宣传方式主要有为展会构建独立网站、多个相关网站发布展会信息等。

**人员促销**。人员促销是指展会利用自己的营销人员向目标客户宣传和推广展会的方法。主要有电话、传真、直接邮寄、电子邮件、登门拜访等表现方式。其中，登门拜访只是针对比较重要的VIP客户才会采用的一种促销方式。

**其他媒介**。包括户外广告、广播、特种宣传材料（如展会宣传册、展会海报、会刊等）、小型纪念品、吉祥物、标志等宣传媒介。

## 本章小结

本章内容主要从展会主体价值和会展营销要素分析入手，重点阐述了会展招商、招展、宣传推广和市场营销策略组合的基本原理和方法，结合相关案例分析和实训项目，通过本章学习，能够熟练掌握《展会招展书》、《参展商手册》、《观众邀请函》、《会展宣传推广计划》等招展招商相关文案的编写，做到理论与实践相结合，努力提高会展营销与宣传推广的实战能力、应用能力。

# 思考与训练

## 一、名词解释

招展书　　参展商手册　　招展预算　　招商策划

## 二、填空题

1. 展会的五个基本要素是：_____、_____、_____、场馆、展览市场。
2. 招展的营销方式有：______、______、_____ 、______。
3. 代理商的种类有：______、______、______、______。
4. 展会宣传推广的特点：_____、______、______、______。
5. __________是展会宣传的重要方式，也是吸引目标观众的主要手段之一。

## 三、选择题（单选题）

1. 以下哪项属于影响展位价格的外部因素？____

A. 组展企业运行成本　　B. 展会项目成本

C. 展会项目竞争力　　D. 展会的行业价格水平

2. 直复营销是一种互动营销，以下选项中哪一项不属于直复营销？____

A. 电话营销　　B. 电子邮件营销　　C. 直接邮寄　　D. 赞助活动

3. 以下选项中哪一项不是展览活动的核心价值？____

A. 参展商　　B. 组展者　　C. 展台　　D. 观众

4. 以下选项中哪一项属于关系营销？____

A. 明星效应　　B. 招展代理　　C. 直接上门拜访　　D. 电子邮件营销

5. 什么是会展的关键环节，也是会展策划的重心之所在？____

A. 招商策划　　B. 预算计划　　C. 招展策划　　D. 代理计划

## 四、判断题

1. 招展策划是会展的关键环节，也是会展策划的重心之所在。（　　）
2. 招展策划的第一步是通过广泛收集目标参展商的信息，建立一个完整实用

的目标参展商数据库。(　　)

3. 展区、展位的划分要充分考虑到展会主办方的需求。(　　)

4. 公共关系能最直接地和客户进行一对一的沟通，能很好地联络客户的感情，倾听客户的声音。(　　)

5. 会展宣传推广是一种多媒体、多渠道的宣传推广工作。(　　)

## 五、简答题

1. 简述招商代理的选择原则。

2. 简述划分展区、展位的原则。

3. 简述网络营销的优势。

## 六、案例分析

### 深圳国际文化产业博览会案例

第五届深圳国际文化产业博览会（简称“文博会”）主展馆105000平方米，其中中国文化产业项目交易馆文化产业核心层内容参展比例达91.4%；美术馆文化产业核心层内容参展比例达90.3%；数字影视及动漫游戏馆文化产业核心层内容参展比例达93%；演艺产业馆文化产业核心层内容参展比例达95%；创意设计馆文化产业核心层内容参展比例达90.7%；新闻出版馆文化产业核心层内容参展比例达84.4%；文化精品馆文化产业核心层内容参展比例达72.3%；工艺美术馆文化产业核心层内容参展比例达69.7%。

本届文博会港澳台文化创意企业参展成为一个“亮点”。由香港艺术发展局牵头组织，香港展团主要以各演艺机构、企业为主，组织香港精品演出项目参展第五届文博会1号馆，参展面积72平方米。展览届时将介绍香港艺术发展局在推动艺术发展方面的工作，包括由其主办的香港艺术发展奖、第四届鲜浪潮短片竞赛，以及介绍香港的主要艺术团体。由澳门特别行政区文化局牵头组织，澳门精品文化企业将携当地特色文化产品参展第五届文博会1号馆，参展面积342平方米。为庆祝澳门回归10周年，澳门特别行政区文化局特别对这次展览的澳门馆提出以澳门回归祖国10周年为题——“回味”。台湾方面充分利用文博会平台，为两岸文化交流和产业合作发挥积极作用。第五届文博会在这方面取得了重大突破。本届文博会台湾展团由台北世贸中心牵头组织，台湾将在第五届文博会文化精品馆设立“台湾文化精品馆”，参展单位主要包括台北世贸中心、台北文化创意中心、台北电脑同业工会、数位衍生产品同盟、台东县文化旅游、台南县学甲镇文化旅游、慈济慈善会等，参展面积达1476平方米，包括工艺精品、软件设计、动漫创作、图书出版及旅游文化。

海内外买家（采购商）是文博会的生命线。第五届文博会确认邀请到的海外专业买家 8852 人，这些采购代表分别来自欧美、亚洲、大洋洲、南美洲等 55 个国家和地区。第五届文博会最后将邀请到 15000 名以上海外买家参会，其中，主场馆各分馆承办方邀请到会 9000 名，各分会场邀请到会 6000 名。

根据上述案例回答如下问题：

根据以上案例分析深圳文博会招展招商主要业绩。

## 七、实践与训练

按照《展会招展书》和《观众邀请函》格式要求，结合第三章《中国（杭州）运动休闲装备博览会可行性研究报告》实训项目，编写《中国（杭州）运动休闲装备博览会招展书》和《中国（杭州）运动休闲装备博览会观众邀请函》。

# 第七章 会展媒体合作与服务商确定

从会展项目社会化分工与专业化服务中学习相关知识，重点学习除会展策划以外的会展专业服务知识。

本章重点介绍如何确定会展服务商，包括会展搭建商职责及其方法到与广告媒体合作等一系列内容。

## 学习目标

### 方法能力目标

熟悉和掌握会展媒体合作与服务商的确定知识；了解会展项目社会化分工与专业化服务体系；努力培养学生在会展媒体合作与服务商确定方面的能力。

### 专业能力目标

通过本章知识的学习，快速进入“会展人”的角色，以专业的眼光去观察如何确定会展搭建商、会展物流商、确定会展合作媒体与广告商等，并能熟练运用本章的知识解决实际问题。

### 社会能力目标

三五人自愿组合，成立社会实践小组，观察和了解当地会展公司在一个展会举办前所做的工作涉及到哪些方面，并做好记录工作；同时也可以在自校策划举办一次展会，让自己更深入体会展会的整个过程。

案例

## 深圳高交会搭建工程投标邀请书

深圳市中国国际高新技术成果交易中心（简称“招标方”）受深圳市政府委托，筹办“×× 中国国际高新技术成果交易会”（简称“高交会”）。现对本届“高交会”期间展览中心的 A 馆、C 馆、E 馆及副馆（市民中心）的展览承建及现场管理工程进行公开招标。

**一、投标单位的报名条件**

1. 具备展览装饰工程业务 3 年以上的展览装饰工程公司。

2. 有大型展览（1 万平方米以上建筑面积）的承建实力和现场管理经验、有国际展览装饰工程经验者优先。

3. 拥有高交会展馆施工经验者优先。

4. 有高水准的设计能力和现场管理人员，能在规定时间内完成全部展览承建及管理工程。

**二、投标单位标书制作要求**

投标人就搭建工程设计、施工、现场协调管理及折展所需的劳务、材料、设备和资金进行密封投标。

1. 施工面积

主馆 17900 平方米（其中，A 馆 11000 平方米、C 馆 2000 平方米、E 馆 4900 平方米）；副馆（市民中心）4500 平方米。

2. 工程内容

A 馆“信息技术与产品展区”、C 馆“生物技术专业展区”、E 馆“项目洽谈区”、副馆（市民中心）“新材料新能源技术专业展区与采购大会”等四个区的现场承建及管理，包括：主题展区整体形象设计，指路牌、标志及广告设计，地面地毯铺设，标准展位的装修，水电铺设及安装，展具租赁，特装展位施工管理，展会期间现场服务和协调，设施维护等。

3. 施工期限

× 月 × 日～ × 月 × 日，具体见《××“高交会”会馆展览承建工程招标书》。

**三、招标文件购买**

地址：（略）　　电话：（略）　　传真：（略）　　E-mail:（略）　　网址：（略）

**四、标书截止时间**

所有投标书必须于 ×××× 年 × 月 × 日 × 时之前送达上述地址。

**五、公开开标时间**

标书开标仪式定于 ×××× 年 × 月 × 日 × 时在高交会展览中心新闻发布中心举行，投标人可以派代表出席。

深圳中国国际高新技术成果交易中心

×××× 年 × 月 × 日

**案例分析**

1. 通过工程招投标方式来确定会展场馆的搭建与设计的好处有哪些？
2. 一般会展搭建工程投标邀请书需包含哪些内容？

# 第一节　确定会展搭建商

## 一、会展搭建商的职责

会展搭建商是由展会主办方指定的为参展商提供展台搭建等现场服务的企业。会展搭建商一般负责为参展商提供标准展位和特装展台的搭建，会场拱门、指示牌及名录等的制作，对特装展位企业的施工申请工作审查，包括安全消防审查，图纸审核，搭建材料、涂料的审查，电箱租用申请、场地管理费用的收缴等，展具租赁等服务，还可以满足参展商提出的一些特殊要求，如紧急加装、撤展等项服务。不同的展会主办方对主场搭建商所提供的服务要求也不尽相同，一般在参展指南中会详细列明。

### （一）标准展位搭建

标准展位由大会指定主场搭建商统一搭建。标准展位的标准配置包括：三面展板（如参展商无特殊要求，拐角处为两面围板）、地毯、一张洽谈桌、两把洽谈椅、中英文楣板字（角位为两面楣板）、5A/220V 电源插座一个、射灯两盏、纸篓一个。

楣板所示单位名称以参展商填写的参展回执为准，没有提供回执的以报名参展单位名称为准，要求临时更改的自行支付更改费用，一个以上标准展位要求不搭建围板的，不提供楣板。

参展商不得自行改变已搭建的标准展位，凡回执内容以外临时要求改变搭建方式的，应征得展会现场管理员同意后，由主场搭建商完成，参展商须自行支付改建费用。

需使用标准配置外水、电、气的参展商，向主场搭建商申请，填写水、电、气申请表传真至主场搭建商处。

标准展位搭建中须注意以下事项：

- 禁止在标准展板、铝料、咨询桌上刻画、按图钉、打孔，以免损坏展板。
- 禁止在标准展板、咨询桌上直接使用泡沫双面胶（可改用展板上先贴透明胶，后在透明胶上再覆泡沫双面胶的方法）；也可以直接使用布基双面胶或挂钩。
- 标准展位内严禁私自拉电线，严禁私自安装射灯、太阳灯等照明灯具，严禁私自改动标配射灯及插座的位置。

### （二）特装展位搭建

特装展位指参展商委托搭建商在光地展位上施工搭建的特殊展台，大会对光地展位不提供任何地上展览设施及搭建服务。参展商在委托特装展位的施工搭建商时，必须对其注册、施工资质、工程技术人员力量等情况进行审查，禁止无注册、无资质、无工程技术人员的皮包公司承揽施工。

#### 1. 特装展位搭建单位报主场搭建商文件及进、撤馆流程

（1）特装展位搭建公司报批材料（展会举办前 15 个工作日上报）：

- 施工单位加盖公章的企业营业执照副本复印件；
- 施工单位法人代表身份证复印件；
- 标注尺寸的彩色设计效果图、平面图、立面图、电路图、结构图（注：搭建双层展台需国家一级注册结构工程师印章确认并提供结构计算书）；
- 特殊工种（如电工）有效证件复印件；
- 施工单位法人代表签署《展台施工搭建安全责任书》并加盖公司印章；
- 特装展位搭建材料防火检测报告及防火涂料检测报告（国家消防检测机构出具）；
- 填写《现场服务申请表》（水、电、气接驳申请）。

（2）特装展位搭建单位进馆流程：

- 填报《现场服务申请表》；
- 上报相关进馆材料；

- 缴纳特展展位施工管理押金、管理费、接驳费、施工证费、货车证件押金；
- 现场领取《特装展台施工搭建证》、货车证件；
- 入场施工。

（3）特装展位撤馆流程：

- 关闭展台所有设备及开关；
- 撤出全部展台物品；
- 依照顺序分解并拆除展台；
- 将特装展台运离展馆；
- 清理展位垃圾；
- 申请退还特装展位押金；
- 协助展馆工作人员检查展台地面及展馆设备；
- 退还施工押金（若发生损坏照价赔偿）。

### 2. 特装展位施工由申报单位承担的费用

- 特装展位管理费：一般 10 元 / 平方米；
- 施工证件费：一般 5 元 / 张；
- 特装展位押金：一般 200 平方米以下（含 200 平方米）2000 元，200 平方米以上 3000 元，撤馆时经检查合格押金退还。

## 二、会展搭建商资质考察

为保证展台搭建的质量和进度，组展者对参展商指定的搭建商提出以下要求：搭建商必须具备合法的经营资格，具备展览工程施工资格，具备专业施工安装技术队伍，有固定的从事展览工程业务的人员，同时应确保有足够的人力、物力，能在规定时间内完成各项布展工作。施工单位要熟悉并遵守布撤展施工管理规定，自觉服从组展者现场工作人员的管理。参展商指定的展台设计搭建单位须报相关单位审查通过。

### （一）技术资质

展会的展位设计，1/3 是科学，1/3 是艺术，1/3 是买卖。换句话说，展会的展位设计不仅要设计科学，有艺术上的美感，还要实用，有利于参展商展出目标的实现和做成买卖。要达到这样的效果，会展搭建商必须要有全面的技术能力。这些技术能力包括：

**室内设计与装潢技术。**展位设计与布置和室内装潢设计有很多相通之处，会展搭建商要有这方面的技术，要能正确处理设计、装潢、展品展示和工作人员之间的关系。在进行室内设计与装潢时，还要有消防等方面的技术和知识。

**工程结构知识。**结构较复杂的展位的设计和搭装，涉及工程结构方面的知识，如地面承重问题、立面处理、顶棚架构等方面，如果这些方面处理不当，不仅影响展位的外观效果，对展位里的工作人员和展品也存在较大安全隐患。

**绘图绘画和模型方面的知识。**绘制图纸和能看懂设计图，是展位搭建人员必须具备的基本素质。这些技能直接影响到展位搭建人员和参展商之间的思想交流，影响到他们能否很好地按参展商的展出目标设计展位。有些展位需要布置一些模型和模具，展位搭建人员必须对常见的模型和模具有所了解，以便在展位需要安装和布置时能胜任工作。

**电力照明知识。**用变幻的灯光照明技术来装扮展位是展位展示最常用的技术之一，不同的灯光照明技术对展出效果有很大影响。

**文图和图表知识。**文图和图表是展览常用的手段，也是参展商与观众交流的重要媒介。展位搭建人员要了解它们的作用，要了解它们不同的布置和布局对展示效果的不同影响。

**展架展具以及施工材料和施工方面的知识。**展位搭装需要使用一些专用的工具和材料，展位搭建人员要熟悉这些工具和材料，并能在施工中熟练使用它们。

**给排水方面的知识。**水在展览展示中的作用广泛，有些展品需要用水来装饰，如喷泉、水帘等，有些需要做道具来提高展示效果。

**电子和机械方面的知识。**电子器材和机械是展览最常见的器具，其本身也是很多展会的展品。展位搭建人员要懂得它们的安装技术。

### （二）搭建经验

经验丰富的搭建商在展位搭建工作中能起到事半功倍的作用。展位的有些搭建工作特别需要经验的积累，如对展具展架的使用、对展会施工要求的了解、对观众人流空间的事先预留、对展出要求和设计原理的处理等。经验丰富的搭建商能更好地处理以下这些问题：

**展位设计要考虑参展商的公众形象。**这要求展位布置要新颖别致、富有创意，但不可过于标新立异。色彩搭配、照明光线、墙壁地板、展台摆设、音响、材料和其他装潢用品等与一般生活环境有着截然不同的特殊要求，不断给观众以新鲜感，刺激其好奇心，使他们对展台产生兴趣，进而产生与参展人员交流的愿望并加深其观后印象。

**展位设计要考虑其艺术性。**展位设计是用具体的手段和器具来表现一种抽象的思想，来创造一种意境，是一种有创意的设计，应有一定的艺术性。展位设计要能够用艺术的手法反映参展商的形象，传达展出者的意图，并能吸引观众的目光，使展位赏心悦目，富有魅力，既能给人以简洁、和谐和美的感觉，又能很好地处理展示与贸易、展示与艺术的关系。

**展位设计要考虑其功能性。**除了要考虑展位的外观形象外，展位设计还要考虑展位需要满足的具体功能，也就是为参展商提供良好的演示、工作和谈判的环境。展位的功能性和艺术性同等重要，功能齐全的展位能在很大程度上提高参展人员的工作效率。展位需要兼顾三方面的功能：一是展示、演示和营销功能；二是内部办公和会议功能；三是休息、餐饮和资料储存功能。不管展位是大是小，都要能够让观众走近观看展品，让客户能坐下谈生意，让展品及相关资料有地方摆放。否则，展位就会好看而不好用。

**展位设计要考虑其主题性。**展位设计要能突出展出者希望表达的展出主题和形象，要能突出展示的焦点，而不是只能设计和搭建豪华的展台，而不能向观众准确地传达展示的主旨。展位设计不能只注重设计的吸引力和震撼力而不注重其本来的商业意图，要避免展位设计的华而不实。

**展位设计要考虑其经济性。**展位设计要经济、实用。在保证效果的同时，展位设计还要算好经济账，尽可能使用新型的、可重复使用的材料，认真研究设计方案，减少不必要的开支，少花钱多办事。

### （三）搭建价格

参展商经常将展位搭建商的价格看做展会本身价格的有机组成部分，展位搭建商的价格是展会主办方选择搭建商需要考虑的一个重要因素。由于展位搭建商既向展会主办方提供服务，也向参展商提供服务，所以，展位搭建价格的高低既关系到展会主办方办展成本的高低，也关系到参展商参展成本的高低。因此，对展位搭建商提供的价格的关注，既要关注他们向展会主办方提供的服务的价格，也要关注他们向参展商提供的服务的价格。另外，大部分展位搭建商都会提供展具租用服务，这些增加租用的展具的价格也是一个值得关注的目标。

展位搭建商的价格并不是越低越好。一般来说，展位搭建商的价格与他们的实力是有一定关系的。实力强大的公司，由于其工作质量有保证并值得信赖，其价格自然要高些。所以，在选择展位搭建商时，价格是一个值得考虑的重要因素，但不是绝对因素。

### （四）设施设备

各个展览场地的布局、结构及其设施各不相同，而展会的布展和撤展时间有限，展位搭建商要对展览场地及其设施有所了解，才能更顺利地展开工作。只有熟悉展览场地及其设施，展位搭建商才能更好地考虑展位的空间设计和布局，才能更好地安排参观人流的流向。

一般来说，展位搭建商除了要了解展览场地的布局、结构及其配套设施有哪些以外，还要了解以下内容：

**展览场地方面对展位搭建的限制性要求**。如展位的最高限高是多少、展位的开放面的限制、对双层展台搭建的特殊要求、对带有楼梯的展台的搭建要求、对顶部外伸的展台结构的规定等。这些限制性的规定对展会的展位搭建会产生直接影响。

**展览场地方面对展具展架使用的限制**。如对展具展架材料的特殊要求（如必须是防火材料等），对化学物品使用的规定，对电器、用电等方面的规定等。

**有关通道和公共用地的限制**。如对主要通道宽度的规定，对展品存放的规定，对展位、柜台等与过道的走向的规定等。遵循有关消防和安保方面的规定，如对消防器材的要求，对大展位人流和紧急通道的规定，对消防负责人的指定，有关消防手续的办理等。

### （五）维护保养

展位搭建商搭建好展位以后，并不是就完成了他们所有的工作，他们还要按参展商和展会主办方的需要，对展位承担维护和保养的义务。展会开幕以后，如果有需要，参展商和展会主办方要很方便地就能找到搭建商，搭建商要能及时地提供服务，能很好地完成参展商对展位进行改进和调整的要求，只要这些要求是合理的和可行的。

## 三、指定展位搭建商的方法

可以通过招标、专家推荐等方式来具体选定展会的搭建商，如果展会主办方自己有这样的能力，也可以由展会主办方的有关部门来负责展会的展位承建工作。目前，除了展会主办方自己负责展位搭建工作以外，通过招标来选定搭建商是最为常见的方式。

### （一）招标

招标是指展会主办方将展会的基本情况以及对展位的搭装要求等，以广告或邀请的形式招引对该展会展位承建有兴趣的承建商，由这些承建商对承建该展会展位的价格和施工方案等进行报价，展会主办方选择其中价格较合理并且较有信誉的承建商的过程。在实际操作中，招标有三种具体操作方式：

**公开招标**。是一种无限竞争的招标方式，即展会主办方在国内外有关报纸和杂志等传媒上公开刊登招标广告。凡是对该展会展位承建有兴趣的承建商都可以参与投标，展会主办方再按标准择优选取。公开招标一般用于规模较大的展会项目。

**选择招标**。是一种有限竞争的招标方式。即展会主办方根据展会的基本情况，只对有限几家承建商发出投标邀请，然后再根据投标单位的资质和投标价格等进行选择。选择招标对规模不是太大的项目较为合适。

**两阶段招标**。是将无限竞争的招标方式和有限竞争的招标方式结合起来的一种新的招标方式。展会主办方先公开拍标，开标之后再从中选择几家单位，邀请他们进行第二次投标报价，展会主办方从第二次投标报价中择优选取承建单位。两阶段招标对那些首次投标价格与预期价格相差较大的招标项目比较实用。

不管采用哪种招标方式，投标单位都要根据展会主办方的要求，提供以下基本资料：公司概况、标准展位搭建的价格及基本配置、光地展位的搭建要求、可提供租赁的展具及租赁价格、可提供租赁的电器及租赁价格等。

## （二）投标

投标是与招标相对应的概念，它是指投标人应招标人的邀请或投标人满足招标人最低资质要求而主动申请，按照招标的要求和条件，在规定的时间内向招标人递价，争取中标的行为。

**投标的步骤**。投标人首先取得招标文件，认真分析研究后（在现场实地考察）编制投标书。投标书是一项至有效期和开标日期的发盘或要约，应精心组织编写，内容必须十分明确，中标后与招标人签订合同所要包含的重要内容应全部列入，并在有效期内不得撤回标书、变更标书报价或对标书内容作实质性修改。为防止投标人在投标后撤标或在中标后拒不签订合同，招标人通常都要求投标人提供一定比例或金额的投标保证金。招标人决定中标人后，未中标的投标人已缴纳的保证金即予以退还。

**标书的分类**。分为生产经营性投标书和技术型投标书。生产经营性投标书有工程投标书、承包投标书、产品销售投标书、劳务投标书；技术型投标书包括科研课题投标书、技术引进或技术转让投标书。搭建招投标所称的标书，属于技术型投标书。

## （三）中标

中标即指投标得中。国家招标投标法规定，中标人确定后，招标人应当向中标人发出中标通知书，并同时将中标结果通知所有未中标的投标人。中标通知书对招标人和中标人具有法律效力。中标通知书发出后，招标人改变中标结果的，或者中标人放弃中标项目的，应当依法承担法律责任。

中标通知书实质上就是招标人对其选中的投标人的承诺，是招标人同意某投标人的要约的意思表示。但招标投标法对于中标通知书的规定，有两点不同于合同法关于承诺的规定。一是合同法规定承诺通知到达要约人时发生法律效力，而中标通知书只要发出后即发生法律效力。在中标通知书发出以后，如果招标人改变中标结果，或者中标人放弃中标项目，应当承担法律责任。二是合同法规定承诺生效时合同成立，而中标通知书发出后，承诺虽然发生法律效力，但在书面合同订立之前，合同尚未成立。招标投标法这种特殊的规定，是为了适应招标投标的特殊情况，更加有利于招标人对投标人的约束，保护招标人的权利。

中标通知书发出后，如果招标人改变中标结果或者中标人放弃中标项目，应当依法承担法律责任。这种法律责任是指缔约过失责任。由于招标人或者投标人的上述行为在订立合同时违背诚实信用原则，给对方造成损失，应当承担赔偿责任。

# 第二节　确定会展物流商

## 一、运输管理

国际展览运输协会（IKLA）对其协会的展会运输代理的工作的要求主要有两个方面：一是展会运输代理的工作准则；二是报关代理的工作准则。在我国会展业的实际操作中，展会的运输工作和海关报关工作大多都是由同一家运输公司来负责的。因此，在举办国际性的展会选择展会运输代理时，不仅要了解其运输工作能力，还要关注其海关报关能力。

国际展览运输协会认为，展会现场运输代理的工作很大程度上依赖于对三个方面的有效管理：联络、海关手续、搬运操作。

### （一）联络

包括与展会主办方和参展商之间的联络。展会运输代理、展会主办方和参展商之间的畅通联络是展会运输工作顺利展开的前提。如果他们之间的联络不畅通，相关运输工作就很难协调。国际展览运输协会对展会运输代理在联络方面提出了四方面的要求：第一，展会运输代理必须配备懂英语、法语、德语或者其客户大部分人员所熟悉的语言的工作人员，只有语言畅通才能保障交流的顺畅。第二，展会运输代理必须在展会现场设立办公设施，如果展会不具备条件，就要在离展会合理的距离内设立，但还要在会场设立支持设备，以便展出者在会场内就能联络到运输代理。第三，为了方便客户的联络，展会运输代理要配备国际电话、电传和传真。第四，展会运输代理必须提供详细、有效的邮政联系地址，这一点对于临时在现场工作的代理非常重要。因为参展商会在展会前后把运输单证文件（提单、海关文件）直接寄给运输代理。

## （二）海关手续

海关手续办理的及时与否直接影响到国际参展商的展出计划，如果不能及时办理海关手续，就可能出现展会开幕了但展品还未到展场的情况。国际展览运输协会对展会运输代理办理海关手续的要求主要有两点：第一，展会运输代理与展会主办方共同为展会设立临时免税进口手续。根据海关的规定，对于有些题材如汽车的展会，展会运输代理可能还要担保和交纳保证金。第二，展会运输代理要与海关有关人员商妥现场工作的期限和时间，包括正常工作日之外的工作时间，如周末、节假日和加班等，以便有足够的时间办理海关手续。以下是办理进出口手续的一些时间标准：

### 1. 进口手续

整车放行卸货，在预先通知的情况下，货车抵达后 6 小时；在未预先通知的情况下，货车抵达后 14 小时。空运货物放行，在预先通知的情况下，货车抵达后 8 小时；在未预先通知的情况下，货车抵达后 48 小时。

### 2. 出口手续

**包装检查**。在预先通知的情况下，开始后 2 小时；在未预先通知的情况下，申请后 8 小时。

**装车检查、铅封货车放行**。在预先通知的情况下，装车后 3 小时；在未预先通知的情况下，装车后 8 小时。

**办理出口或转口文件**。在预先通知的情况下，提交文件后 6 小时；在未预先通知的情况下，申请提交文件后 14 小时。

为了顺利办理海关手续，参展商有义务向展会运输代理及时提供全套准确的相关文件。事先通知并准确地表述和申报。

## （三）搬运操作

国际展览运输协会对展会运输代理对展览物品的搬运操作有以下几方面的要求：

- 要熟悉展会现场，并在展位施工和撤展期间能随时使用合适的搬运设备和有经验的搬运工。
- 要在展会现场安排仓储地，如果没有条件，要安排在尽可能近的地方。

- 空箱应存放在离展会尽可能近的地方，以防止参展商将物品遗留在箱内需要寻找。同时也为了展会结束后能迅速运回空箱。如果空箱能及时回运，参展商能尽早装箱和装车，这有助于尽早清场。
- 卸车和装车必须按事先商定的时间进行；以下时间适用于10万平方米以下的展会：卸车或装车必须在同一天内尽快完成，条件是车辆在施工/拆除计划时间内抵达，或在工作日有足够的时间抵达。如果晚到，在不影响其他按时抵达的车辆装卸的情况下，必须在第二个工作日一开始就装卸。
- 必须协调好所有参展商的搬运要求，并提前将相应的安排通知展会主办方和参展商。这样就能够避免参展商临时提出工作计划之外的搬运要求。但是不事先通知现场代理却突然提出立即要解决问题的情况确实存在。这种情况可能会严重影响正常的撤展工作。现场代理应使这种情况减少到最低程度直至不发生。

### （四）报关商检

海关报关对国际参展商的意义重大。报关代理的海关报关工作的要求主要体现在六个方面：联络协调、单证办理、报关通关、最佳运输、现场支持、展后处理。

#### 1. 联络协调

报关代理要有会英语的员工，有国际直拨电话和传真，有明确的邮政地址，以便客户的联络工作。 展前联系好客户对报关工作的顺利进行至关重要，报关代理要努力将报关要求全面清楚地传递给参展商。所谓“全面”，是指要将包括报关所需的单证文件、包装与标志、截止日期以及报关特别要求和审查等要求告诉参展商。

#### 2. 单证办理

货物起运时，必须将货物情况和搬运细节如展出者、展位号、货物运到展位的时间、箱数、尺寸、毛重、净重、体积等通知现场运输代理，同时还要将有关单证及运输工具号通知现场运输代理。现场运输代理要求的可转让单证要按现场代理的时间表和基本运输要求的规定分两份用航空快邮或航空快递发出。作为协会会员的出口代理必须确保按基本规定提供正确、完整的单证，以避免办理海关手续时因意外情况而延误。

### 3. 报关通关

报关是履行海关进出境手续的必要环节之一。指的是进出境运输工具的负责人、货物和物品的收发货人或其代理人，在通过海关监管口岸时，依法进行申报并办理有关手续的过程。

报关涉及的对象可以分为进出境的运输工具和货物、物品两大类。由于性质不同，其报关程序各异。运输工具如船舶、飞机等通常应由船长、机长签署到达、离境报关单，交验载货清单、空运单、海运单等单证向海关申报，作为海关对装卸货物和上下旅客实施监管的依据。而货物和物品则应由其收发货人或其代理人，按照货物的贸易性质或物品的类别填写报关单，并随附有关的法定单证及商业和运输单证报关。如属于保税货物，应按“保税货物”方式进行申报，海关对应办事项及监管办法与其他贸易方式的货物有所区别。

对报关行为按不同的方面，可进行不同的区分：按照报关的目的，报关可以分为进境报关和出境报关；按照报关的对象，报关可以分为进出境运输工具报关、进出境货物报关和进出境物品报关；按照报关行为实施者的不同，报关可以分为自理报关和代理报关；按照进出口货物的报关形式，报关可以分为纸质报关单报关和电子报关单报关。

通关是一个涉及海关、进出口货物报关人、承运人以及所有人在内的多角色的运作过程，指的是在进出口货物通关环节，海关通过审单、查验、征税、放行以及后续管理等程序对货物实施监管，以维护正常的进出口秩序。

### 4. 最佳运输

考虑到货物的特征、预算和时间限制，作为协会会员的出口代理应当向展出者建议最佳的运输方式和线路。

### 5. 现场支持

现场支持的主要目的是确保参展商获得国际展览运输协会的专业标准服务，并帮助现场代理完成现场搬运工作。比如出口代理可以作为所有客户和现场代理之间的缓冲协调人，处理所有运输有关事务，即现场代理只需与一个人打交道就可以办理很多展出者的事务。

在展会搭建和拆除期间，出口代理将与现场代理的搬运人员建立密切的关系，帮助现场代理处理棘手问题。展会期间，出口代理要巡视所有客户，以便收集展品处理或回运的要求，并处理成正确的、易读的表格转交给现场代理。简言之，出口代理将作为现场代理的一个成员，直接负责其所有的运输客户的事务。

#### 6. 展后处理

将货物的展后处理或者回运的要求明确地告诉现场运输代理，并监督其现场搬运工作。如果是进口货物，则要协助办理当地的税务事宜。

回运运输将由出口代理安排，通常自行办理运输手续。现场费用包括展会闭幕后需要支付的费用，由出口代理商承担。然后折成客户所使用的货币，按出口代理的条款转到客户应支付账单上。

## 二、国内运输代理

国内运输代理主要负责国内参展商的展品及相关物资的运输工作，有时国内运输代理也与海外运输代理密切配合，作为海外运输代理国内段运输的现场代理。因此，展会主办单位在指定展会的国内运输代理时，可以将它的业务与所指定的海外运输代理的业务结合起来考虑，这样更有利于整个展会的展品及相关物资的运输工作。国内运输代理的运输工作主要有来程运输和回程运输。

### （一）来程运输

来程运输是指展会运输代理将参展商的有关物品运至展会现场。对于某个参展商或一个集体安排的来程运输来说，其工作环节大致有以下几个：

**集中和装车**。参展商将展品及相关物资按要求的日期集中到统一指定的地点，由国内运输代理进行理货并安排运输线路和运输方式；在确定了运输线路和运输方式后，将展品及相关物资装上运输工具，运往车站、机场或者码头。

**运输和订舱**。根据展品及相关物资的特点，结合最佳运输线路和运输方式，最后具体采用的运输可能是水运、空运、火车运输或汽车运输。如果是汽车运输，最好是安排从运输地到展馆的“门到门”运输以减少装卸次数；如果是空运，就要注意提前一些时间订舱；如果是水运和火车运输，要注意出港和出车站以后的运输衔接。

**接运和交接**。对于水运、空运和火车运输，一般都存在一个中途接运的环节。如展品从船上卸下后再由汽车运到展馆等。接运要安排好时间，尽量减少接运次数。货物运到展览现场后交给指定的展台人员。

**掏箱和开箱**。掏箱是指将展品箱从集装箱或其他运输箱中掏出或卸下，并运到指定的展位的过程；开箱是指打开展品及展具箱，取出货物。掏箱工作要准确有序，时间和人员安排要合理；开箱工作一般由参展商自己负责，但要注意清点和核对货物。

经过以上运输环节，展品等货物全准时到达展会现场后，参展商就可以按原计划安排展位搭建和布展了。展会结束后，根据参展商的计划，有些货物需要运回参展商所在地，有些则需要运给经销商。这时，展品等货物就存在一个回程运输的问题。在指定国内运输代理时，回程运输也是必须考虑的一个重要因素。

### （二）回程运输

回程运输是指在展会结束后，将展品及相关物品自展位运至参展商指定的地点的运输工作。回程运输的目的地可能是参展商的所在地，也可能是参展商指定的其他地点，如其经销商和代理商的所在地或另一个展会的所在地等。

回程运输的基本环节与来程运输很相似，只不过方向正好相反；并且，除了撤离展馆时要抓紧时间以外，其他各运输环节对时间的要求一般都不高。回程运输的筹备和计划工作在展会筹备时就要着手策划，不能等到展会结束时才开始，否则，将引起撤展现场的严重混乱和无序。

除了来程运输和回程运输外，在指定展会国内运输代理时，还要考虑以下几个因素：

**运输时间安排**。展品及相关物品的运输时间要尽早安排好，并向展会所有的参展商公布。需要安排好的运输时间主要有：交箱日期、办理手续日期、发运日期、抵达目的地日期、到达展馆日期以及回运日期等。上述日期的确定与展会布展和开幕日期密切相关，参展商在指定运输代理时要注意与之协调安排。如果安排不妥，展品到达时间过早，将会产生额外的仓储费用；到达过晚，会延误展览展示。

**运输线路方式**。尽管运输代理和参展商对运输线路和运输方式有自主选择权，但为了给参展商提供最好的运输服务，展会主办方有必要督促运输代理为参展商安排最佳运输线路和运输方式，如“门到门”的服务、尽量一次发运而不多次转运、尽量使用集装箱或其他安全运输方式等。此外，还要明确水运、空运以及陆路运输的到达目的地。

**运输包装要求**。由于在同一个大型展馆可能会同时举办多个展会，为了在展览现场搬运和装卸方便，展会主办方可以和运输代理一起安排好本展会展品等物资的运输包装要求，如包装标志要注明展会名称、展位号、收货人名称和地址等。

**运输费用问题**。由于参展商一般都倾向于把运输代理的收费看成是展会收费的组成部分，因此，展会主办方有必要让运输代理向参展商提供合理的运费及杂费的收费标准，防止运输代理收取的费用过高。要和运输代理谈好陆运、水运和空运的基本费率，以及迟到附加费、早到存放费、码头／机场费等附加费用、自选服务的费用，并将这些费用告诉参展商。

**运输保险办理**。展会主办方一般不负责展出者的展品丢失、损坏等风险，因此要督促运输代理提醒参展商在安排运输时需要投保的险别。

**运输现场服务**。要让运输代理向各参展商明确可以提供哪些现场服务及其收费标准，以供有需要的参展商选择。

需要特别指出的是，展会运输代理是展会主办方为方便参展商而为其准备的备选服务项目，它不是参展商一定要选择的。如果参展商有能力或者渠道，可以自主安排展品及相关物品的运输，如自由选择其他运输商或者自运展品等。但由于选择展会运输代理安排运输事宜一般比较方便和实用，因此，很多参展商会选择这项服务。不过，即便如此，上述问题仍然需要参展商妥善处理。

## 三、海外运输代理

如果举办的展会是有海外参展商参展的国际性展会，一般而言，还应当指定海外运输代理来负责海外参展商的展品及相关物资的运输工作。这项运输工作是跨国的货物运输，跨国运输要比国内运输复杂得多。展会主办方在指定海外运输代理时，必须清楚海外运输的环节，以便和运输代理协调安排，给海外参展商提供便捷的服务。跨国或跨境运输与国内运输最大的不同集中表现在三个方面：运输方式、有关文件和海关报关。

### （一）运输方式

运输方式主要有水运（包括海运和内陆水运）、空运、陆运（包括火车运输、汽车运输）、邮递、快递、自带等。各种运输方式有着不同的优势和劣势。

**水运**。时间长，但费用低。海运是出国展览主要使用的运输方式。

**空运**。时间短，适于时间紧、数量少、特殊类货物，比如生鲜产品等，但其费用高。在一般情况下很少用。

**陆运**。介于水运和空运之间。陆运可能是展览运输最广泛使用的、不可缺少的方式。

如果是安排漂洋过海的国际展览运输，需要安排港口两端即港口与参展企业所在地和港口与展会所在地的陆运。而更多的是国内展览或大陆（比如欧美大陆）内的展览运输，只需要陆运。在欧美大陆，展览运输相当发达，常常是使用专用卡车进行“门到门”的运输，卡车在参展企业所在地货运展场卸货。

国际运输通常采用海运，运输线路分为三段：第一段，从参展企业所在地将展品陆运到港口；第二段，从港口将展品海运到展会所在国的港口；第三段，从港口陆运到展会所在地。

## （二）有关文件

跨国运输涉及的有关文件要比国内运输多得多，也复杂得多。展会主办方需要让参展商了解海外运输需要哪些文件以便海外参展商及早准备。一般而言，跨国运输需要准备的有关文件主要有以下四种：

### 1. 展览文件

这是有关展品及相关物品的证明和文件，主要有展品及相关物品清单、展品安排指示书、需送海关审查的特殊物品样本和清单、发票等。其中展品及相关物品清单是最重要的，其编制一定要完整、数量要准确。

（1）展品清册。展品清册是展览工作中最重要的、最基本的单证，也是运输、海关、保险等相关工作的重要单证。展品清册的内容分封面、目录页、本体三部分。展品清册内容的编制需要注意的问题有编制顺序、页码、编号、品名、标价、重量。展品清册需要根据展出地海关要求分别编制包括原始清册、售品清册、赠品清册、宣传品清册、展品清册、遗失品清册、回运品清册等。不同的清册用于办理不同的手续，比如赠品清册用于办理进口报关；售品清册用于办理出口报关；展品清册用于办理保税，展毕回运。展出期间还需随时记录展品及其他有用品处理情况，包括赠送、销售等。

（2）产地证书。在优惠关税适用范围内，可以凭产地证办理减免关税的待遇。产地证书有三种，分别是普惠制原产地证书、原产地证书以及领事认证。

（3）商品检验证书。世界上大部分国家和地区对各种粮油、食品、饮料、酒、药材、农产品等与人体直接有关的产品一般需要商品检验证书。当然也有一些与人体间接有关的产品也需要商品检验证书。商品检验证书在中国由商品进出口检验局出具。

（4）动植物检疫证书。分别为动物检疫证书（Health Certificate）和植物检疫证书（Phytosanitary Certificate）。

（5）配额单证。很多国家实行进口产品配额制。

（6）商业发票。

（7）濒危物种再出口证明书。

（8）展品出口许可证。

### 2. 运输单证

是办理货物运输所需要的证明文件，主要有装运委托书、装箱单、集装箱配装明细表、提单、运费结算单等。如果货物需要回程运输，那么还需要有委托回运通知书。运输环节越多，尤其是国际运输，单证的要求也就越多。

（1）运输单证。以海运为例，有委托装船通知书、货载衡量单、装箱单、集装箱配箱明细表以及提单。

（2）海关单证。是办理货物海关报关时需要的证明文件，一是出口报关需要的海关单证，所需单证主要有报关函、报关单、清册、进口许可证、发票等。报关函也称发运致海关函，是参展企业发给海关，简单说明事宜，要求办理有关海关手续的函件，一般随报关单、清册等一同递交给海关。报关单，全称为出口货物报关单，是海关单证，由参展企业填写，海关审核。二是再进口报关需要的海关单证，所需单证包括回运致海关函、进口货物报关单、原出口报关清册和回国展品清册、出口货物许可证、出售展品报关通知单等。三是回运展品清册。

（3）保险单证。展览所涉及的保险险别比较多，在运输过程中，一般办理投保“一切险”，有的还会投保一些附加险。展览涉及的险别比较常见的还有展品和道具险、第三者责任险、展出人员险等。保险最重要的单证是保险单，如果货物受损，还有受损报告书等。运输代理有必要了解展会是否有指定的保险公司，如果有，就尽量按规定办理。

对于以上各种文件，运输代理要明确告诉参展商提供各文件的具体时间和最后期限，以便及时办理有关手续。

展会海外运输代理也是展会主办方为方便参展商参展而为其准备的备选服务项目，它不是参展商一定要选择的。如果参展商有能力或者渠道，可以自主安排展品及相关物品的运输。

国际运输代理和国内运输代理的工作程序比较如表 7-1 所示。

表7-1　国际运输代理和国内运输代理工作程序比较

| 主要工作 | 国际运输代理 | 国内运输代理 |
|---|---|---|
| 来程运输 | 选择出口代理—发货（报关）—长途运输—现场代理接货—掏箱—运至展览场馆—开箱 | 委托代理—发货—长途运输—接货—掏箱—运至展览场馆—开箱 |
| 回程运输 | 出口代理、现场代理和参展商<br>预先协商—现场代理包装—报关—运输—接货 | 预先准备—包装—运输—接货 |
| 注意事项 | 运输方式、海关报关、有关单证与保险 | 抵达日期、保险和费用 |

## （三）海关报关

如果有回程运输，跨国展览货物运输的海关报关手续就有四次：一是出国前在本国海关办理出关报关手续；二是在展出地海关办理进关报关手续；三是展品回国前，在展出地海关办理出关结关手续，也称再出口报关；四是待回国展品运回后在本国海关办理进关结关手续，也称作再进口报关。

比较而言，来程运输时的货物进口报关对参展商来说更加重要。因为如果货物不能及时清关，就将严重影响参展商的展出计划。在实际操作中，对于来程运输时的货物进口报关一般有以下四种办理形式：

**ATA 形式**。是一种准许货物免税暂时进口的报关制度。使用 ATA 形式报关可以大大减少通关工作量，缩短报关时间，简化报关手续，还不用交关税，并且 ATA 临时进口证在 1 年的有效期内，还可以用于一个以上的国家。ATA 形式只有在 ATA 公约成员国之间才能使用，而且展会结束后货物必须回运。中国于 1993 年加入

ATA 公约。

**再出口免税形式**。提供相当于展品等物资进口关税相同金额的保证金，再办理报关手续使货物通关展出。这种形式是以展品等货物的再出口为前提条件，展品等货物再出口时必须与进口报关时完全一致。因此，使用这种形式报关，检验十分严格，展览时货物也不能随便出售或处理。展会结束货物再出口后，参展商可以取回保证金。再出口免税形式报关手续较多，也比较费时。

**进口形式**。就是将展品等货物当成一般货物办理进口手续，缴纳关税后展品作为当地货物，可以自由处理。这种方式需要交税，但是办理完报关手续后，处理相当自由，如出售给当地代理商等。使用这种方式需交纳的关税可能较高。

**保税形式**。如果是保税性质的展会，货物报关就可以采用保税的形式。保税形式报关手续要比一般报关简单一些，货物一般也可以在展会现场再进行检查。但是，如果是需要检疫的动植物物品就不适用于这种报关形式。另外，使用这种形式报关，物品不能带出保税现场。保税形式可以简化报关手续，但是考虑到展后的展品处理经常是不同的，比如回运、赠送、出售、遗弃等，仍然要办理不同的报关手续，因此，想利用保税方式真正简化报关手续是比较困难的。

## 四、会展运输注意事项

会展运输不当，可能出现未运到、途中损坏、丢失等情况，可能导致很严重的后果。最常见的问题有：

### 1. 展品运输延误

在展会上，有时可以看到如此可怜的情景：展台空无一物，展台人员一脸尴尬、不知所措。原因很可能是展品还在运输途中，或在途中损坏、丢失，或还在海关仓库里，或海关手续还未办完等。这些都是运输工作失误，以致无法正常参展。

因而运输时间的安排相当重要，特别是海运，本身路上时间就长，而且受天气影响比较大，遇到恶劣天气就不能及时到达，影响展品的参展。要事先找几家公司比较，找服务最好的，周转环节最少的。关键就是要保证展品安全、准时、快捷地到达目的地。

### 2. 展品包装损坏

由于展品没有适当进行包装致使在运输途中破损，这会给参展商带来负面影响，也可能会出现额外费用以及延误事件。因而在进行展品包装时应注意如下事项：

（1）对易碎物品，要在包装内填充抗震包装材料，如压塑块、泡沫颗粒、气泡塑料膜等衬垫物料，当展品展出后要运回，这些包装衬垫材料应可以重复使用。

（2）如果是出国展，包装材料是木箱，必须要经过熏蒸处理，以防止病虫害传播到其他国（符合报关有关要求）。

（3）易燃、易爆、易腐及有毒展品禁止装箱。

（4）装箱时最好装上展馆安装时可能会使用的小工具、绳子、钩子、封口胶条、钉子。

（5）做好包装标志，并且将每个包装内的展品清点成册，方便寻找。

（6）制作的装箱单和展品清册必须要与箱内的展品完全相符。

只要采用的运输包装材料结实、耐用，即可以保证展品顺利抵达展馆。

### 3. 运输单证缺失

运输单证缺失是指缺少产地证、检疫证等，这会导致额外费用甚至导致扣货、罚款等麻烦和损失；未随身将单证携带齐全，导致有关手续延误；运输标志不明确，造成运输延误。

### 4. 展品回运困难

拆箱野蛮，造成包装箱损坏，回运时无法再使用或包装箱储存不善丢失等原因，会造成展品回运困难。

### 5. 运输方式疏漏

每种运输方式都有自己的优缺点，运输方式选择不当会给展会带来影响，例如，铁路运输会省却转运的麻烦，但费用比较高，周期比较长，给前期的准备工作造成很大的压力。而且一般参展商由于参展次数有限，对整体流程的把握不是很到位，所以容易造成展品不能按时到达的现象。公路运输时间短，价格低，灵活性高，但道路情况的好坏直接影响到展品是否会损坏，中途转车无法监控展品。还有，意外情况发生的概率远高于铁路运输。

### 6. 巡回展

巡回展是一类特殊的展览，由于要转战各地，能否按时保质地将展品运到是最关键的问题，至于运费倒成为其次的问题。一般为了保险，都要通过不同的途径向同一地点发送两套展品。

### 7. 海外参展

- 尽可能使用新纸板箱或者板条箱，不使用已经使用过多次的纸板箱或板条箱；
- 装载货物时，遵守“后入先出”的原则；
- 确保货物安全；
- 确保地址标签准确完整；
- 在搭建展位时，随手给空箱子贴上回邮地址标签，这样在撤展时可以节约时间；
- 给承运商留下多个联系电话号码和联系方式，这样在发生延误或其他一些需要参展商处理的事件时，承运商能及时与参展商取得联系；
- 尽可能选择一家以展品运输为主营业务的承运商；
- 不要在展会现场与勤杂人员发生纠纷甚至争吵；
- 运输包装箱要按规定标志，标志内容包括运输标记和特别标记。运输标记一般包括箱号、尺寸或体积、重量、参展商名称、展馆号、展台号，以及其他标志等；有的包装箱需要加注特别标记，例如如果是易碎品，要打上国际通用的易碎标志——“玻璃杯”；
- 要在展会举办地点和综合服务承包商交接提货单；
- 运输方式的选择在一定程度上取决于时间和运费。一般地，海运的速度慢，但比较便宜；空运速度快但费用高，而且运量受到限制；
- 抵港时间要留有余地，以防港口至展馆途中的意外延误。但抵港时间不宜过早。太早一是会增加仓储费用，二是增加展品受损的可能。

# 第三节　确定会展合作媒体与广告商

## 一、广告媒体的分类

随着科技的发展和社会的进步，广告媒体的种类也日益丰富。因此，广告主可以通过各种广告媒体传达广告信息。按照不同的标准分类，广告媒体可以分为多种类型。同一种媒体，按照不同的分类特征可以同属两种甚至多种类别。广告媒体是一种动态的物质，只有充分明确其从属的类别特征，才能在选择媒体上有个基本的依据。

### （一）按媒体表现形式分类

广告媒体一般通过视觉、听觉和视听结合三种形式来表现。按照此分类标准，广告媒体可以分为：视觉媒体、听觉媒体、视听结合媒体。

#### 1. 视觉媒体

（1）报纸媒体。

①发行方面。发行普遍及时。发行地点明显，便于选择。读者广泛，分层面，适应性强。时效性强。

②编排方面。广告和新闻在一起，提高效力。广告改稿与截稿方便。

③内容方面。新闻准确，受到读者信任。没有阅读时间限制。政府社团利用报纸刊登公告，提高广告的地位与价值。

④印刷方面。印刷优良，可以保存。

（2）杂志媒体。有效时间长，印刷精美，广告编排紧凑整齐，篇幅无限制，可以保存。

（3）户外媒体。包括销售现场、霓虹灯、车厢、包装、路牌、灯箱、气球等。功能：增强企业印象，通俗易懂，设计独特新颖，地点广泛。缺点：受所在现场的限制。

### 2. 听觉媒体

（1）广播媒体。采取“市场导向”式的商业化经营方式，及时把所有地点的变动播出。最突出的一点是音色优美，再现“原音”。功能：最快、最广、设备简单。文化程度低的地区，效果特佳。信息在悦耳的背景音乐中播出，播出和收听不受时间、空间限制。还可以通过电话直播，直接与观众交流。

（2）电话媒体。向消费者直接诉求或提供某些服务，如天气等信息。以特定人物为对象，减少浪费。有亲切感，不受空间限制，制作简单。对预期消费者作反复诉求，并及时了解反应。对象范围和人数可掌握。

### 3. 视听结合媒体

（1）电视媒体。最受欢迎，形声兼备，深入家庭；高度娱乐性；有强制性广告效力，情理兼备，吸引力强。

（2）电影院媒体。广告幻灯、广告影片。功能：同时同地一次性掌握多数观众，注意力集中，强迫诉求，强制性说服力，广告费用低。

（3）表演性媒体。利用广场等实地操作表演。

## （二）按媒体受众分类

**大众媒体**。大众媒体如报纸、杂志、广播、电视、网络等。这些媒体一般都有一批广泛的视、听读者群，传播对象不分职业、性别、年龄，也没有专业性方面的限制，具有威信高、知名度大的优点。

**专业媒体**。专业媒体是专业性和针对性比较强的媒体，如专业性报纸、杂志和专业性说明书等。这类媒体的传播内容具有特定的对象。

## （三）按媒体的物质形式分类

**印刷媒体**。印刷媒体指的是用印刷在纸张上的文字符号及图案，通过作用于人的视觉以完成传播过程的媒体。主要包括报纸、杂志、说明书、海报、户外广告、挂历等。

**电子媒体**。电子媒体是一种光电性能的媒体，与现阶段高速发展的科学技术紧密相关，具有很强的时代特征。主要有电视、广播、电子广告牌、电话等媒体。它们能及时迅速地传播信息，其广泛性、适应性、感染性都得到广大受众的青睐。

### （四）按媒体传播信息的长短分类

**瞬时性媒体**。瞬时性媒体指的是信息在上面转瞬即逝的、短暂快捷的媒体，如广播、电视、幻灯、电影等。

**短期性媒体**。短期性媒体指能保留一定时间的媒体，如户外广告、海报、橱窗、广告牌、报纸等。

**长期性媒体**。长期性媒体指能保存较长时间的广告媒体，如产品说明书、产品包装、厂牌、商标、挂历等。

### （五）按媒体的传播范围分类

**国际性广告媒体**。国际性广告媒体一般是指在全球范围内传播的媒体，具有一定的世界影响力或某种权威性，如卫星电视传播、面向全球的报刊等。这种国际性的媒体大部分都定位于有知名度的展会服务。

**全国性广告媒体**。全国性广告媒体指在全国范围内传播广告信息，并在本国内具有相当影响力的媒体。它包括向全国发行的报纸、杂志、书籍以及覆盖全国各地的电视台、广播电台等。一般它都拥有国内为数众多的受众，可信性、权威性强，如中央电视台、《人民日报》等。

**地方性广告媒体**。地方性广告媒体则是在有限的区域范围内传播信息的媒体。如省、市电视台、报刊和少数民族语言文字的电台、电视台、报刊等。受地域性的局限，其影响力不如全国性媒体，然而由于其主要在特定的区域里，所以对这一区域里的受众则有很强的针对性。

### （六）按传播媒介分类

**印刷媒体**。印刷媒体主要包括报纸和杂志两大类。

**广播媒体**。随着电视与网络等信息传播媒介的发展，广播受到较大的冲击。但是，在特定的时间和场所，广播依旧是一种重要的媒体工具。从总体来看，展会主办方在宣传和推广展会时，一般情况下较少选择广播媒体。当然也有例外。例如，利用城市交通广播电台推广一些汽车、家居等方面的展会，通常也会收到比较理想的效果。

**电视媒体**。电视媒体主要包括中央和地方电视媒体。

**网络媒体**。网络有传播成本低、传播速度快、不受时空限制等优势。会展业作为服务于工商企业中高层人士的经济组织，其目标客户对现代网络工具具有较高的依赖性。与之相对应，网络也成了展会最重要的宣传和推广媒介之一。

会展营销人员利用网络宣传和推广展会主要通过两种途径来进行：一是专门为展会构建一个独立的网站；二是在其他相关网站上发布展会广告。

## 二、确定广告商

选择媒体主要看媒体的读者对象是否为展览企业的目标参展企业或目标观众。如果是消费品的贸易展出，可以选择大众传媒，包括大众报刊、电视、电台、集中地的招贴、旗帜等。如果是专业性质的贸易展出，就应避免在综合媒体上刊登广告，要选择使用生产和流通领域里针对专业观众的专业媒体，包括专业报刊、内部刊物、展览刊物等。

### （一）合作伙伴关系

在选择广告合作伙伴时，首先要对目标地区的各种媒体进行调查，因为各种媒体的市场定位和传播效果不同，对展会的宣传功能也存在明显差异。继而了解目标参展商和观众接受各类媒体的习惯和特点，在他们经常接触的媒体上做广告，有助于提高广告的效果。

#### 1. 传统大众媒体

大众媒体面向大多数人，覆盖面广，影响力大。应当注意，在如今这样一个信息时代，受众经常处于广告轰炸之下，无新意、缺少特点的广告很难引起消费者的注意，因此，在会展招展广告的制作上一定要注重质量，有所创新，才能有效地吸引参展商和参观者的注意。

（1）电视和电台。电视和电台是覆盖面最广的媒体，主体对象是消费者，消费品性质的展会可以使用电视和电台广告。由于费用通常很高，使用电视广告的多是展会的组织者和大的参展企业。中小参展企业在电视、电台做广告的情况并不多。

（2）报纸。报纸广告的设计制作简单，覆盖面广，传播速度快，范围大，立竿见影，时效性强，容易取得受众的信任，费用相对低廉，消费品性质的展会与人民生活关系密切，在早报、快报、晚报类报纸上投放广告效果更好。主要缺点在于阅读期限短，不能表达产品的动态。

（3）综合性报刊。综合性报刊的目标受众范围广，编排精细，印刷精美，受关注度高，阅读期限长。其主要缺点在于发行时间的约束性很强，创作成本较高，见效相对迟缓。这是一个比较理想的媒体，但是费用高，只适合消费品性质的展会的组织者和生产销售消费品的大公司做广告。

### 2. 专业媒体

专业媒体包括与展会展览题材有关行业的专业报纸、杂志、展会目录、展会会刊和网站等。这些媒体直接面对展会的目标参展商与目标观众，是展会首选的宣传推广媒介。

（1）专业刊物。是指生产、流通领域的专业报纸、杂志。专业刊物如果与参展企业目标一致，就可以选择刊登广告，效果很好，而且费用比大众媒体低。某一专业领域往往会有数家报刊，如果预算有限，就要选择影响最大的专业报刊刊登。如果预算充足，可以多选择几家刊物刊登广告，交叉使用行业内的不同刊物刊登广告可以加深参展客户的印象。

（2）内部刊物。是指政府有关部门、贸促机构、商会、行业协会刊物。在内部刊物上刊登广告的优势是读者专业，发行对象多是特定的专业读者，费用低、效果好。缺点是覆盖面不够理想。参展企业如果与内部刊物有特殊关系，可以在做广告的同时安排新闻性质的报道，以加强宣传的可信性。

（3）会展专业杂志。随着会展业在我国的蓬勃发展，大量与会展有关的专业杂志不断出现。典型的如由中国会展网主办的《中国会展》杂志、《会展财富》杂志等。它的读者对象是对展会有兴趣的人士。参展企业可以利用展会编印的专刊做新闻宣传，收费一般低于正常版面。

### 3. 户外广告

（1）广告夹页。在重点刊物中设广告夹页，可以刊登丰富的信息和照片，印刷质量也容易控制，可以给人留下印象。

（2）广告牌。广告牌分场外广告牌和场内广告牌。场外的广告牌主要用于吸引注意，激发参观兴趣。场内的广告牌主要作用不是推销而是吸引观众。

#### 4. 互联网广告

由于电子计算机网络的迅速发展，在国际互联网上做广告越来越普遍，利用电子计算机网络做广告费用低廉，覆盖面却非常广。但在“信息海洋”的网络中，信息量太大，广告被淹没的可能性很大。展览企业可以将其作为一个辅助的宣传方式。

### （二）广告代理商与分销商

#### 1. 广告代理商

通常可以选择一家或多家代理商来为会展做公告宣传，但要选择哪种广告代理商则要看参展企业的需求。

国内比较有影响力的专业会展杂志有《中国会展》、《中国展览》、《中外会展》，其中《中国会展》杂志被认为是中国最具权威性的会展核心传媒。《中国展览》是一本由中国贸促会、中国国际商会主办，中国展览馆协会承办的会展专业期刊。《中外会展》是一本连接中外会展行业、服务中国会展经济的展览业专业刊物。

随着我国会展经济的不断发展，专门的会展网站也如雨后春笋般发展起来。中国会展网、中国会展在线、中国会展信息网以及新浪会展频道、搜狐财经会展频道、新华网会展频道、世界经理人会展频道的出现为会展经济的发展提供了专门的会展信息平台。

#### 2. 分销商

分销商是指那些专门从事将商品从生产者转移到消费者的活动的机构和人员，分销渠道是指某种产品和服务在从生产者向消费者转移过程中，取得这种产品和服务的所有权或帮助所有权转移的所有企业和个人。

展会广告宣传可以独家代理、多家代理，也可以由全权代理商分销，以取得最大的广告效应。

## 三、广告宣传计划编制

广告宣传计划编制主要包含了两个方面的内容，分别是广告宣传计划内容与广告宣传投入预算编制。

## （一）广告宣传计划内容

会展广告计划的内容通常会因为活动的复杂程度、持续时间的长短以及重要性的不同而有所不同，它没有一个统一的必须遵循的格式，不过，一般来说，一个有效的广告宣传计划的内容应该包括：会展广告计划的摘要、会展广告计划的制订原理和会展广告活动的执行内容。

### 1. 会展广告计划的摘要

会展广告计划的摘要能说明广告活动的总体目标以及计划的具体内容的概况，并按计划书的顺序进行排列。计划摘要应该简明扼要，使阅读者大致了解计划的目标以及计划内容的全过程。这部分的内容不宜过长，对于一个较为简单的广告计划而言，只要短短的几段文字即可，即使是较长的、内容复杂的广告计划，也应该只有几页的内容。

### 2. 会展广告计划的制订原理

广告计划虽然是一项活动计划，每个阅读者只要记住自己所承担的任务以及有关要求即可，但是，对于一个以现代广告观念为指导的会展企业来说，需要全体员工树立现代广告观念，了解本企业的经营思想、经营战略，以利于发挥创造力，加强员工之间的相互合作，不是被动地接受任务，而是自己能独立处理某些事项。因此，让有关人员了解会展广告计划的制订原理是必要的。市场广告计划的原理阐述是广告计划所建议的基础，即所有的事实、分析和假设。它为相关的活动和人员提供一些必要的原始资料。原理阐述包括状况分析和企业所选择的市场广告战略两个部分。

### 3. 会展广告活动的执行内容

在制订一个有效的市场广告计划时，需要对有关内容做详细的安排，涉及很多步骤：在广告计划的执行内容中，需要写明所有有关的活动、任务、责任、成本、时间表以及控制和评估的程序。在大部分内容里，需要对所有的内容作详细说明，避免因为说明不够详细而造成实施过程中有过多的随意性。内容不详细有可能使得一些计划在实施过程中，对有些内容作大的更改，甚至导致延误期限、浪费资金或计划中断。

当然，也要有一定的灵活性，对关键的尤其是不太确定的活动内容要留有一定的余地。

会展广告活动的执行内容主要包括：活动计划（活动责任、时间表和计划）、市场广告预算（目标市场预算、市场广告组合要素的预算、应付偶发事件的资金）、控制程序（每一次活动的期望结果、进展报告及其测量）、评估程序（测量、履行标准、评估时间表）。

## （二）广告宣传投入预算编制

广告投入，就是要确定为了达到宣传推广目标所需要的资金投入，一般以"展会宣传推广预算"来体现。在实际操作中，展会宣传推广预算可以先按宣传渠道的不同来分别制定，如专业媒体宣传投入预算、大众媒体宣传投入预算等，然后再将各渠道的预算汇总成展会宣传推广的总预算。从国际普遍的做法来看，展会主办方一般会将展会收入的10%～20%拿出来作为展会宣传推广的资金。

不管选择什么样的媒体工具，展会营销人员都应给所有媒体单独做预算。电视广告的价格一般按照10秒、15秒或30秒的间隔分成几种；广播电台也有自己的价格分类，一般是从10秒到5分钟等。比较不同的媒体预算的有效方法是：为每一种媒体做一个独立的预算；找一个规模类似的展会，比较研究它的预算；研究该展会的历史信息，评估对媒体的投入的回报。如果没有相应的历史信息，可以建立一个系统来追踪不同广告手段的结果（如网站的点击率、优惠券、传真收到的报名表或通过邮寄收到的报名表和电话报名等）。

广告宣传预算包括了广告媒体投放费用、广告调查研究费用、广告部门行政费用、广告设计制作费用等。

**广告媒体投放费用**。主要指购买媒体的时间和空间的费用，如购买报纸杂志版面及购买广播电视的时间的费用，用来购买户外广告媒体的费用，占广告费用总额的80%～85%。

**广告调查研究费用**。包括广告调研费用、咨询费用、购买统计部门和调研机构的资料所支付的费用、广告效果检测的费用等，这一部分约占广告费用总额的5%。

**广告部门行政费用**。包括广告部门工作人员的工资及办公费用、广告活动业务费用、公关费用、与其他营销活动协调费用等，占广告费用总额的2%～7%。

**广告设计制作费用**。主要包括设计人员的报酬、广告设计制作的材料费用、工艺费用、运输费用等，占广告费用总额的5%～15%。

展会中不同广告媒介的宣传效果不同，从而决定了在展会的广告宣传方案中，不同的宣传平台对应着不同的价格。表 7-2 是励展博览集团主办的中国国际铝工业展会的广告宣传平台及价格体系。我们可以参照其做出广告制作方面的预算。

**表7-2　中国国际铝工业展会的广告宣传平台及价格体系**

| 广告宣传平台类型 | 广告价格（人民币） |
| --- | --- |
| 参观券 | 50000 元 |
| 网站宣传 | 1. 主页上的条幅广告每 3 个月 15000 元<br>2. 观众服务板块内的广告每 3 个月 10000 元<br>3. 参展商服务板块的广告每 3 个月 10000 元 |
| 展会展览（印刷品） | 15000 元 |
| 会刊广告 | 1. 封面条形广告 25000 元<br>2. 封底广告 25000 元<br>3. 封内第一、第二页广告 20000 元<br>4. 封底第一、第二页广告 20000 元<br>5. 中间页广告 10000 元<br>6. 公司商标（个）1500 元<br>7. 新产品目录（个）1000 元 |
| 现场条幅广告（不含制作费） | 1. 主入口条幅广告 60000 元<br>2. 展馆内条幅广告（取决于位置）10000 元（单面）、15000 元（双面）<br>3. 高架走廊条幅 10000 元（单面）、15000 元（双面） |
| 广场展板 | 30000 元（不含制作费） |
| 电视墙广告（数字屏幕） | 10000 元，5 分钟 / 小时（展会期间循环播放） |
| 路面标志 | 20000 元 / 组 |
| “您在这里”标志牌 | 20000 元 |
| 手提袋 | 60000 元 /6000 个（含制作费） |
| 观众证吊带 | 50000 元（含制作费） |
| 通行证 | 50000 元（含制作费） |
| 员工制服 | 20000 元 |
| 矿泉水标志带 | 40000 元 /6000 瓶（含制作费） |
| 彩虹门（含制作费） | 1. 直径 12 米，20000 元<br>2. 直径 15 米，25000 元<br>3. 直径 18 米，30000 元 |
| PVC 气球 | 每个 10000 元（含制作费） |
| 啤酒花园优惠券和餐巾纸 | 25000 元（含制作费） |
| 观众登记处（登记台装饰） | 50000 元 |
| 贵宾 / 买家合作活动（贵宾邀请卡） | 60000 元（独家） |
| 产品展示（网站以及登记区展板等） | 30000 元 |
| 参展商技术交流会 | 10000 元 / 小时 |

# 思考与训练

## 一、名词解释

电子媒体　　招标投标　　分销渠道　　ATA 单证　　来程运输

## 二、填空题

1. 会展搭建商一般负责为参展商提供_____和_____的搭建。

2. 展位需要兼顾三方面的功能：一是_____和_____功能；二是____和_____功能；三是_____和_____功能。

3. 在实际操作中，招标有三种具体操作方式：_____、_____和______。

4. 展品运输方式的选择主要考虑以下两个因素，即_____和_____。

5. 国内运输代理的运输工作主要有______和______。

## 三、选择题（单选题）

1. 很大程度上，现场运输代理业务取决于能否在______等方面做到有效管理。

A. 联络　　B. 海关手续　　C. 海运　　D. 搬运操作

2. 跨国运输与国内运输最大的不同集中表现在三个方面：____、有关文件和海关报关。

A. 展览文件　　B. 运输单证　　C. 运输方式　　D. 展品运输

3. ______是办理货物海关报关时需要的证明文件。

A. 保险单证　　B. ATA 单证　　C. 海关单证　　D. 运输单证

4. ______是属于按媒体的传播范围分类的。

A. 国际性广告媒体　　B. 瞬时性媒体　　C. 专业性媒体　　D. 电讯媒体

5. 广告宣传计划的内容不包括_______。

A. 会展广告计划的摘要　　B. 会展广告计划的制订原理

C. 会展广告活动的执行内容　　D. 会展广告计划的宣传预算

## 四、判断题

1. 标准展位是由大会指定主场搭建商统一搭建。（　）

2. 按传播媒介分类，有印刷媒体、视觉媒体、广播媒体、电视媒体、网络媒体等。(　　)

3. 现场支持的主要目的是确保参展商获得国际展览运输协会的专业标准服务，并帮助现场代理完成现场搬运工作。(　　)

4. 会展运输注意事项有展品运输延误、展品包装损坏、运输单证缺少、展品回运困难、运输方式疏漏、展品巡回展出、海外参展。(　　)

5. 由于运输有它自己的行业操作规范和工作技巧，国际展览运输协会对其协会的展会运输代理的工作的要求主要有两个方面：一是展会运输代理的工作准则；二是报关代理的工作准则。(　　)

## 五、简答题

1. 按媒体受众来分类，广告媒体可以分为哪几类？

2. 简述会展搭建商的职责。

3. 国际运输代理与国内运输代理的工作程序有何区别？

## 六、案例分析

### 第60届全国药品交易会案例

2008年12月11～13日，以“医药科技创造健康未来”为主题的第60届全国药品交易会（PHARMCHINA）在成都世纪城新国际会展中心隆重展出。作为中华人民共和国商务部重点支持和评选出的“A级展会”之一，全国药品交易会是中国最大的医药制剂及相关技术、服务交易会，是中国医药领域历史最悠久、规模最大的行业第一品牌盛会。

本届展会有五大亮点。

亮点一：展会规模再创新高。作为行业第一品牌盛会，本届展会的展出面积首度达到65000平方米，其中，特装展位面积也首次超过9000平方米，展位数量近3000个，参展企业有近2000家。预计将吸引10万多人次的专业观众参会，展出内容涉及医药研发、生产、经营和服务的各个环节，是洞悉医药领域变化和最新发展趋势的绝佳平台。

亮点二：顺应医药行业细分趋势，推出两大全新展会。顺应当前中国医药行业不断细分的发展方向，国药励展展览有限责任公司在其品牌展会——全国药品交易会上进行了首次尝试，针对当前“药店终端话语权在产业价值链上日益凸显”的发展趋势以及“中医药现代化和国际化”的战略思想，特设了“2008中国药店展会”和“中医药国际科技博览会”，为采购商和供应商之间搭建了一个更清晰、更便捷的供需平台。

亮点三：坚持“会展结合”的特色办会理念。近年来，全国药品交易会的主办方精心打造展览“会中会”这一具有显著亮点和特色的活动，特创 PHARMCHINA Congress（PHARMCHINA 论坛）品牌，主办方就 2008 年中国医药产业的热点问题特设 9 场专题论坛。其中产业论坛共设 3 场，主题分别涉及中医药产业、OTC 产业和农村医药市场，解读行业政策、把脉市场动态。学术论坛为第二届中国医药科研开发论坛，并与第八届中国医药工业科研开发促进会会员大会合办，关注行业创新技术，把握科技发展方向。营销论坛共设 5 场，分别题为“中国药店商学院成都峰会”（主题：药店竞争力提升之道）、“第三届中国医药企业营销变革与创新高峰论坛——医改新政下的药品营销管理创新”、“2009 年医药营销焦点论道与展望”、“第四届医药品牌精品课——提升医药学术推广的方法和途径”、“终端营销新模式 DTMS 的理念、方法与实践”。

亮点四：举办“支援四川，医药人在行动”大型公益活动。第 60 届全国药品交易会正值“川中大震七月祭”，回顾过去的 7 个月，众多医药企业表现出了高尚的人道主义精神，捐款捐物，为抗震救灾贡献力量。为了弘扬这种“一方有难，八方支援”的精神，同时也为了支持四川灾后重建，大会主办方国药励展展览有限责任公司将联合成都市政府，在第 60 届全国药品交易会（成都）现场举办一系列的“灾后重建”主题活动。活动包括：全国药品交易会全体参展商联名捐款、医药企业抗震救灾纪实图片展、四川产品采购日。

亮点五：三十载春华秋实，全国药品交易会迎来 60 庆典。全国药品交易会经过 30 年的发展，即将迎来 60 岁华诞。回顾 30 年的发展历程，伴随中国医药行业自改革开放以来迅猛发展的势头，全国药品交易会已发展成为业内举足轻重的专业展会，同时，全国药品交易会也见证了中国医药行业跌宕起伏的发展历程。为了纪念这具有历史意义的一刻，国药励展展览有限责任公司将举办众多 60 庆典纪念活动。活动内容包括全国药品交易会 60 届图片展、寄语留言板以及众多互动游戏等。

根据上述案例回答如下问题：

试分析第 60 届全国药品交易会体现了什么办会理念。

## 七、实践与训练

根据中国 ×× 丝绸博览会主办方要求，编制一份《主场搭建商招标书》。

# 第八章 会展活动现场服务与管理

通过对会展现场布置、服务和管理内容的学习，使学生能够掌握会展现场管理与服务的流程性内容，并了解服务细节的重要性。通过本章学习和实践操练，学生能完成展会现场布置、开幕式策划与服务、展会现场服务和管理、观众管理和统计、展会风险识别与预案制定等多项工作。

本章重点介绍会展活动现场管理的各个组成部分，如布展、开幕式、开幕式酒会、参展商和观众服务与统计、会展风险管理等内容，这些都是会展现场的常规工作。随着近年来会展业的发展，展会的现场服务工作也更加精致并注重细节。本书也将近年来行业中的一些新兴服务方法纳入其中进行介绍，使学生能够通过学习，了解行业的做法，并理解会展现场管理和服务是一种对服务细节的无尽追求。

## 学习目标

**方法能力目标**

熟悉和掌握会展现场服务与管理的知识；了解会展现场服务与管理的范围和内容；努力培养学生在开幕式策划、会展现场布置和管理协调、风险识别和应急预案制定方面的能力。

**专业能力目标**

通过本章知识的学习，能够理解会展现场管理对于整个会展运作的重要性，思考如何更好地服务于客户；通过现场服务的策划练习，体验会展现场服务与管理的各个环节；能熟练地运用本章的知识解决实际问题。

**社会能力目标**

三五人自愿组合，成立社会实践小组，考察当地的展会现场；观摩开幕式等活动，并做好记录工作；可以在自校策划举办一次展会，让自己更深入体会整个过程。

**案例**

## 2010 中国国际广播电视信息网络展会的服务特色

中国国际广播电视信息网络展会（China Content Broadcasting Network，简称CCBN），是由国家广播电影电视总局主办，广播科学研究院联合中国有线电视网络有限公司，全国各省、自治区、直辖市广播电视厅局共同承办的一年一度的专业性、世界级广播电视技术行业盛会。

作为亚太地区规模最大的广播影视技术设备展会、世界排名首位的数字电视与宽带网络行业盛会，2010 中国国际广播电视信息网络展会吸引了来自世界上 30 多个国家和地区的近 1000 家企业和机构参展（其中民族企业参展面积占总面积的 85% 以上），展出面积 69000 平方米，占用了中国国际展览中心全部 15 个展馆和 1 个室外展场。2010 中国国际广播电视信息网络展会共有近 29 万观众参观，其中来自全国各级广电局、电视台、电台、有线网络公司以及各相关部委、大专院校等专业参观人士超过 9 万人，并接待来自欧美、非洲、亚太等国外参观机构达 135 家。

2010 中国国际广播电视信息网络展会在做好相关服务的基础上，利用最新技术服务于观众和厂商。大屏幕电子显示系统呈现异彩纷呈的视频内容，让展会更加科技化、人性化和多元化；中国国际广播电视信息网络展会官方网站全新改版，极大地方便了观众、厂商的报名流程；制作参观指南手册，为业内参展商及观众提供一个简易、快捷的指引手册，全面介绍中国国际广播电视信息网络展会展览、会议、住宿、用餐以及北京相关旅游景点；增设咨询台和资料发放处，使得参观观众能随时随地了解展会的最新资料和信息。此外，组委会还为驻会代表精心准备了参观考察节目，使中国国际广播电视信息网络展会的服务更为人性化，更具创新性。

**案例分析**

2010 中国国际广播电视信息网络展会（CCBN）的服务优良体现在哪些方面？

# 第一节　会展开幕现场策划与管理

开幕式是展会的重要仪式，举办开幕式的主要目的是制造气氛、扩大影响，提高展会的知名度，吸引更多的观众来参展，也是展会宣传推广的一个组成部分。参展商和参展观众都是从会展的开幕式上得到对展会的第一印象的，举行开幕式是展会主办方的重要工作，策划一个盛大的开幕式是展会主办方能力的体现，并起着预示会展成功的作用。

现在也有一些展会在逐渐简化开幕式，国外特别是欧洲一些国家的许多大型展会就没有开幕式，因为有时展会往往过于注重开幕式，以致邀请客商等花费精力和成本过多，开幕式接待任务过于繁重。

## 一、开幕式及现场布置

在举办开幕式之前，首先要将开幕式现场布置好，以便为展会开始和观众参观做好充分的准备。开幕式现场要布置得庄严隆重，气氛要营造得符合展会定位需要。

**展会开幕式场所的选择和开幕式舞台的搭建。**展会的开幕式可以在室内举行，也可以在广场上举行。如果展会开幕式在展馆外广场举行，那么一般需要搭建开幕式舞台。开幕式舞台布置包括展会背板、门楼或展会横幅等。背板设计要展现展会主题，背板上写上展会名称，开放时间，展会的主办、承办、支持单位等展会主办方的名称等。开幕式也有选择在室内举行的，在场馆内举行的开幕式要选择人流聚集并且比较开阔的地方。

**展会序幕大厅布置。**一般在展馆序幕大厅中要布置好以下内容：展会简介牌、展区和展位分布平面图、各参展企业及其展位号一览表、展区参观线路指示牌、展会宣传推广报道牌、展会相关活动告示牌等。另外，在各个展馆也同样应该有一些线路指示牌，布置在观众容易迷路的地方。

**嘉宾休息室的布置。**有些展会还会在展会适当的区域内开辟一定的空间作为展会的嘉宾休息室或者会客室。在该休息室或会客室里，提供诸如茶水、咖啡等相关服务，还可以配备一些有关展会的相关资料。如果有必要，还可以配备专门的服务人员。

**展会现场服务中心的设置。**展会可以在展馆适当的地方设立展会现场服务中心，集中处理参展商布展及展览期间租赁展具和用水、用电的要求。展会还可以在展馆序幕大厅和展馆的主通道或其他便利的地方设立“咨询服务中心”，安排专门的人员现场处理和回答客户的有关问题。

**设置新闻中心。**很多展会主办方都会在展会现场适当的地方开辟一定的区域作为展会的“新闻中心”，供各媒体和记者使用。新闻中心里除了要配备有电脑、传真机、写字台、纸笔等供记者写稿、发稿用的必要设施之外，还要配备供记者小憩的茶水、咖啡以及小点心等。另外，还可以在新闻中心放一些有关展会的介绍资料，以便记者在写新闻报道时参考。这些资料一般有：展会开幕新闻通稿、展会背景和特点介绍、展会会刊、展会的统计数据、展会相关活动安排计划、展会参观指南等。

**设置专业观众登记柜台。**展会可以在展馆的序幕大厅或者专门的观众进馆大厅内设立专业观众登记柜台来进行展会的专业观众登记工作，与此相对应，展会还要设立观众登记通道。展会可以根据方便观众登记和展会的需要，对观众登记柜台和通道进行分类管理。

展会可以根据以前对专业观众发放邀请函的情况，将专业观众登记柜台和通道分为“持有邀请函观众登记柜台”和“无邀请函观众登记柜台”。

## 二、VIP 接待

VIP 即贵宾。对于会展活动而言，VIP 主要包括协会高层官员、公司总经理、名人演讲者、重要的赞助商、著名艺人等，有时还会有重要的贵宾，例如国家领导人、各国政要、王室贵族等重要人员。他们通常是受到展会主办方的邀请出席开幕式的，一方面，这些贵宾本身的影响力可以起到宣传的作用；另一方面，这些人物通常有一定的购买决定权和建议权，这对展会宣传效果也有着直接和间接的影响。对 VIP 的接待，从到达饭店到出席开幕式直到离开展会都要进行周到的安排，特别是对于重要的 VIP 有时还需要事先制订接待计划，上报有关负责部门和相关人员审定后执行。

另外，比较重要的是安全管理。由于 VIP 的特殊身份，因此在安全管理方面有很高的要求，有时甚至需要在当地公安部门的指导下成立安全工作领导小组，防止各类突发事件的发生，维护良好的秩序，以保证 VIP 的人身安全。另外，还应安排若干人员作为机动人员，以便在突发事件发生时有充足的人员可以调用。

## 三、展会开幕式

展会主办方一般以举行展会开幕式的形式来宣告展会开幕。展会开幕式是展会主办方用一种隆重的仪式向社会各界宣布展会正式开幕。开幕式是一项较为大型的活动，一般还有有关领导参加并伴有一些表演活动，涉及的层面很多，事务也很复杂，需要事先经过周密的部署和仔细的筹划。

**开幕式时间和地点。**开幕式时间的确定应充分考虑当地交通、气候及工作习惯等因素，通常安排在展会的第一天。开幕式的时间一般不宜太早，太早了不利于参展商进场准备和出席开幕式的嘉宾按时到场；开幕式持续的时间也不宜太长，领导讲话要简洁明了。开幕式的地点一般安排在展会展馆前的广场上，这样更方便有关人员在开幕式结束后入场参观。如安排在场馆内举行，要选择方便人群集散的宽敞的地方。

**出席开幕式的主要嘉宾。**对于展会嘉宾，展会要事先落实他们的名单并与他们多方沟通，告诉他们展会开幕式的准确时间和地点；一旦他们出席开幕式，展会就要派专人负责接待，要准备签到簿让嘉宾签到。这些嘉宾在开幕式嘉宾台上的位置也要事先做出安排。

**开幕式讲话稿和新闻通稿的准备。**展会开幕式讲话稿和新闻通稿可以使社会各界正确认识展会。展会新闻通稿是各新闻媒体报道展会的基调，要认真准备。新闻通稿的选题定位要恰当，要提炼出展会的创新特点；在内容上要对展会各个方面进行全面和系统的介绍，包括展会的相关数据，如展览面积、参展商数量、预计的观众人数等。另外，还可以附上一些背景材料，如出席展会开幕式的嘉宾名单、展会相关活动安排及有关图片等。嘉宾的讲话稿要简洁明了，符合嘉宾身份，烘托展会主题，不宜长篇大论。

**开幕式的程序。**一个展会典型的开幕式的程序一般是：相关开幕式表演开始热场，由展会工作人员引领国内外嘉宾至开幕式主席台就位，开幕式主持人主持展会开幕式并介绍到会嘉宾，主持人请有关领导讲话，某位重要嘉宾宣布展会正式开幕，主持人宣布开幕式结束并请各位嘉宾和展会观众进场参观。

**开幕启动仪式。**现在开幕式的启动仪式花样很多，从鸣放礼炮、嘉宾剪彩，到嘉宾按钮亮灯升旗等，所有启动仪式都是为了把开幕典礼推向高潮，营造气氛。对于领导讲话等要事先安排妥当，掌握好时机和方式，领导讲话要准备好讲话稿。

## 四、招待宴会策划

通常在展会开幕式的当天中午或晚上，展会主办方会为展会举行开幕式招待宴会，用来招待出席开幕式的嘉宾和参展商代表。开幕式招待宴会是一项重要的公关活动，它可以很好地促进展会主办方与参展商、行业领导等方面的关系。应事先策划安排好宴会举办的时间、地点、出席宴会的人员范围、宴会的餐饮标准等。

**举办时间和地点。**开幕式招待宴会举办的时间可以根据实际需要安排在中午或晚上，若安排在晚上，开始时间要适宜，不宜太早或太晚。举办的地点最好安排在离展馆不远的饭店，选择饭店时要考虑到饭店的接待能力、嘉宾到饭店的交通便利情况以及宴会的安全等因素。

**出席人员。**出席宴会的人员范围可视展会需要确定，一般来说，主要有出席开幕式的贵宾、展会主办方的领导、行业协会和商会的领导、参展商代表、行业主管部门的官员、新闻媒体和工商管理部门的有关代表以及有关外国驻华机构代表等。出席宴会的人员范围一定要全面兼顾，不能漏掉某一方面。

**宴会形式。**国际上常见的宴会形式有正式宴会、酒会、冷餐会等。可以根据需要进行选择。正式宴会是宴请规格较高的正餐，宾主按身份地位就座、围桌进食，席间安排乐队演奏，服务人员依次上菜，有严格的礼仪程序，讲究排场。正式宴会分为午宴和晚宴，晚宴更隆重。

酒会又称鸡尾酒会，以招待酒水为主，略备小吃，由招待员用托盘端送，或部分放置在小桌上。酒水品种较多，不一定是鸡尾酒，很少选用烈性酒，配以各种果汁，小吃多为三明治、面包、小香肠、炸春卷等，以牙签取食。一般不设坐席，客人随意走动取食，自由交谈，到达或退席的时间不受限制，气氛轻松活泼。在酒会上，宾主应简短致辞，但不像正式宴会那么严肃认真。近年来国际上举办大型活动往往采用酒会形式。

冷餐会又称自助餐，举行地点在室内或庭院、花园等地，可不设座椅，站立用餐，也可以设少量座椅给需要者。菜肴、酒水、餐具均摆放在大餐桌上，供客人自取。宾主可多次取食，自由走动，任意就座。根据就餐者身份，冷餐会的隆重程度可高可低。这种宴会形式适宜招待人数众多的宾客。

# 第二节　会展布展与现场管理

## 一、展会期间展会主办方的现场工作

### （一）展会现场布置

所谓布展，从参展商的角度看是指参展商为准备展览而在展会开幕前对展位进行搭建、布置和将展品陈列在展位上的系列工作；对展会主办方来说，就是布置展会现场环境和协调参展商的现场搭建、陈列等工作。

展会布展时间主要取决于展览题材、展品陈列的复杂程度和展会的规模等因素。不同题材的展会布展需要的时间也各不相同，有的展会布展时间大概需要一个星期，如大型机械展，而有的展会只需要一两天，如消费品的展览。

根据国内对展会的管理规定，展会主办方在组织展会布展前需要到工商、消防、公安和海关等部门分别办理报批和备案手续，之后才能开始布展。进行展会布展前，还需要与展会承建商和运输商进行充分的协调沟通，明确展会现场环境布置和展位搭建的总的指导思想，及时解决可能出现的各种问题，避免出现现场布展格调不统一或展品延误等现象，保证布展现场秩序良好。

展会主办方主要的协调和管理工作有：展位画线工作；参展商的报到和进场事宜；展位搭建协调工作，展会主办方要监督承建商按要求搭建，及时处理搭建中出现的各种问题；现场施工管理和验收工作，如现场用电、用水、噪声控制，展品的高度限制和地面承重控制，材料的防火性能，展位间通道宽度的控制等要及时查验，保证秩序井然，消除安全隐患；如果海外参展商比例较大，可邀请海关人员现场办公；展位楣板的核对工作；现场安全保卫工作；消防和安全检查；现场清洁和布展垃圾的处理。

布置好开幕式现场、序幕大厅、观众登记处、相关活动现场和其他各服务网点后，展会主办方就可以按计划举行展会的开幕式了。

## （二）展会注册及入场管理

各参展商凭合同及其他有关证明如参展确认函等到展会现场报到，付清各种款项，领取相关证件，办理入场手续，当然也有一些参展商在开幕式的当天才会来报到，这种情况要在当天的观众登记处予以统计。

### 1. 展会注册登记

（1）在展会注册前应该提前准备好注册表。注册表中应该有拟定的参展商名单，对于临时决定来参展或者已发回执的参展商因为特殊原因不能参展，应做出相应安排。

（2）注册登记处通常设有不同的登记柜台，以区别登记付款者、提前登记未付款者和现场登记者等不同的参展商。

（3）注册登记处应设置“请赐名片”处，从而能够更详细地获得参展商的信息，以便为制作展会会刊或相应的企业名录收集信息。

（4）展会注册应按参展人员身份的不同予以分类登记。例如，嘉宾、政府相关人员、新闻媒体记者等，不同参展人员应分开登记，制作不同的注册表，在注册后应引导参展人员各就其位。

（5）要设立专业观众登记和服务处，在专业观众登记和服务处要对观众进行现场登录。现场登录是指在与会者正式入场时收集有关人员基本信息的过程，所有参会人员都必须进行现场登录。为了减轻现场登录的压力，很多展会开始实施观众网上预约登记。观众网上预约登记是利用互联网技术，提前向对展会感兴趣的观众登记信息的服务方式。这种服务扩大了参展商和观众的来源与渠道，简化了观众入场参观手续，减轻了现场服务压力，同时有效地提高了展会信息传播的准确率。目前，有不少展会网上预约登记的观众达到 20% 以上。

由于展会现场人流较大，可将观众分类接待，根据观众类别采用不同的登记方式：对于嘉宾和 VIP，采用绿色通道，由主办方负责引导；对于外宾、记者，设立海外和媒体通道，提交名片或填写调查表；对于网上预约登记观众，设立预约登记通道，出示预约登记打印信息或验证号码；对于团体观众，设立快速通道，提交信息或名片，可以快速办理团队的所有人员的证件；对于普通观众、专业观众，设立一般通道，提交名片及填写调查表。

除了分为几类通道外，为了便于识别，通常还要分发不同颜色的胸卡将与会者分类，如设定红色胸卡为贵宾，黄色胸卡为观众，蓝色胸卡为参展商，绿色胸卡为展会工作人员等。细分人群，保证人流快速移动，保证登录现场的合理有序。

#### 2. 展会入场

参展商登记注册完毕后会领取相应的身份代表证，现在很多展会的代表证上有条码，通过门禁扫描可以获知进入展会人员的身份，以及逗留时间等数据。现在有的展会的身份证件已加入跟踪定位系统，通过该系统可以获知进入展会的人员的逗留时间、逗留地点等更为详细的信息。这为展会后期进行客户偏好分析、改进展会服务等提供了有力的数据。

### （三）展会证件与门票管理

展会主办方通常在展会中实行证件管理，有展会认可的证件才能进入展馆参观。实行证件管理的目的在于维持展会现场的良好秩序，保证展会的安全和参展商取得良好的展出效果。根据实际需要，展会通常要印制以下证件：参展商证，供参展商进出展馆使用；筹（撤）展证，供展会在布展和撤展时有关工作人员使用，在展会展览期间一般不能凭此证进出展馆；专业观众证，供展会的专业观众使用，凭本证可以进入展馆参观展会；贵宾证，也称 VIP 证，供到会参观的嘉宾使用；媒体证，供各新闻媒体的记者等工作人员使用；工作人员证，供展会主办方的有关工作人员使用；车证，供参会人员在展馆停车场停车使用。

为了便于展会现场管理，展会一般要求所有进馆人员都必须将有关证件佩戴在胸前，并自觉配合展会保安人员查验。

有些展会如车展、房展等对普通观众开放并出售门票，专业观众凭“专业观众证”进馆参观，普通观众凭门票进馆参观。还有一些展会对所有的观众都出售门票，所有观众都凭门票进馆参观。如果展会出售门票，展会要事先与当地税务部门取得联系，在取得税务部门的同意后方可印制和出售门票。

### （四）展会设备设施管理

为了保证和提高参展商的展览展示效果，通常一些相关展览服务公司、展览中心或展览承建商等机构会提供各种设备的租赁服务，如各种灯光设备、投影仪、音响、办公设备等，以供参展商进行租赁。做好设备的现场管理是展会主办方的重要工作。

这些设备的租赁通常是通过签订合同进行的，设备在租赁期的管理责任应该是明晰的，发生的费用一般是由参展商承担，展会主办方会提供一些信息服务，指导参展商进行选择和使用。在展览期间一般还会有专门负责设备的技术人员在场，以防设备出现故障时能及时维修。对于价值低的可移动的设备可在展馆现场多准备一些已备租用；大型设备或不易移动的设备出现故障则不容易马上排除，因此在展览前一定要督促参展商进行设备的检测。

### （五）展会现场的安全管理

展会期间的安全保卫工作主要是防止可疑人员进入展会、防止展品丢失和被盗、展会消防安全保护、协助参展商处理一些安全保卫方面的工作等。主要有以下几类：

**消防安全**。展会开幕前后，展区内人员密集，展品众多，展会的消防安全十分重要。展会主办方一般都要求各参展商用防火或耐火材料搭建展位；参展商在展位搭建和展品演示时使用电力要符合要求；展位之间的通道必须有一定的宽度，禁止在展馆内吸烟。

**人员安全**。展会主办方对参展商在布展及展览期间有关人员的安全问题不负责任，但展会主办方一般都要求参展商为其参展工作人员购买“第三者责任险”和“展出人员险”等以保障其人员的安全。

**展品安全**。展品在搬运和展出过程中有可能出现损坏、破碎和丢失等问题，如果展品出现问题，参展商就无法获得良好的展出效果，因此要注意展品的安全问题。通常参展商也为其展品购买相应的保险。

**公共安全**。展会主办方负责展会的公共安全保卫工作。展会主办方要聘请专门的保安人员 24 小时巡逻会场，负责展会的公共安全工作。

### （六）展会现场的知识产权保护工作

展会主办方通常会邀请有关知识产权保护部门在展会现场设立专门的“知识产权保护办公室”，负责处理参展商有关知识产权方面的侵权投诉事件。对于被投诉侵犯了知识产权的展品，展会一般会暂时禁止其展出；如果该产品被证明是侵犯了知识产权，展会将禁止其展出。展会一般只负责配合各参展商保护自己的知识产权，负责协助解决知识产权方面的纠纷。

### （七）展会现场的相关活动管理

展会的相关活动主要有会议、表演、比赛等，举办展会相关活动主要起到活跃展览现场气氛、完善展会功能的作用，其举办方可以是展会主办方、行业协会、政府主管部门和参展商等。

### （八）展会现场的联络服务

展会期间，所有的参展商都亲临展会，展会主办方一般都会抓住这一机遇，亲自到各参展商的展位拜访，或邀请参展商座谈，与其联络感情，了解他们的需求，征求他们对展会的意见和改进建议，及时为他们提供需要的各种服务。对于专业观众也要创造便利和条件促成其与参展商的贸易谈判顺利进行。很多展会主办方会事先通过网络提供观众和参展商信息，帮助他们结对子，提高参展效率。

展会期间也会安排一些重要的公关活动，如邀请主要领导参观和视察展会、接待外国参展商和参观代表团、接待行业协会和商会的考察、接待外国驻华机构代表的访问等。展会期间一些著名的展会媒体还会主动申请采访。这些公关和接待活动对扩大展会影响、树立展会良好形象有重要作用。

### （九）展会现场的其他服务

展会现场的其他服务主要有展会的商务服务、餐饮服务和清洁服务等内容。

一般在展会现场应该提供一些办公设备商务服务，如打字、复印、传真等项目，以便为参展商和观众提供相应服务。

展会的餐饮服务包括开幕式酒会和相关宴会活动，另外，主要是参展商和观众的日常用餐，通常由展览中心提供相应服务，在展馆中设有餐饮服务休息区域。参展商大多是在注册登记时领取代金餐券或展会主办方提供的免费餐券。

展馆通常要负责展馆内公共区域如通道等的清洁卫生工作，展览期间以及每天闭馆后派出相关人员清洁和打扫这些区域，至于参展商各自展位里面的清洁卫生工作则由参展商自己负责。

## 二、撤展管理

撤展工作主要包括展位的拆除、参展商租用展具的退还、参展商展品的处理和回运、展品出馆控制、展场的清洁和撤展安全保卫等工作。另外，还要考虑到一些意外发生的事件，譬如提前撤展的问题，这是我国目前很多展会上都会存在的一种现象。通常展会的开幕式当天是客流量最大的一天，而后几天特别是闭幕式的当天，观众会比较少，这样很多参展商就会从自己的利益考虑，为节约开支而选择提前撤展。提前撤展毫无疑问会对展会现场的秩序带来负面影响，也会对其他参展商造成心理上的影响。因此展会主办方通常需要妥善处理这种情况。

**展位的拆除**。各参展商的展位在展览结束后要安全拆除，恢复展览场地原貌。拆除工作一般在展品取下展架后才进行。如果参展商使用的是标准展位或委托施工的展位，拆除工作一般是由承建商负责；如果参展商使用的展位是自己施工搭建的，就由参展商自己负责。展位的拆除工作有时比布展工作更为复杂，因此要监督各参展商的展位拆除工作。

**参展商租用展具的归还**。展览完毕，各参展商临时租用的展具要及时退还展馆服务部门或各服务商。如果参展商在退还时与对方发生纠纷，展会主办方要从中协调。

**参展商展品的处理和回运**。展览结束后，参展商的展品有四种处理方法：出售、赠送、销毁和回运，要提前做好计划和准备。展览结束后，参展商可以将展品出售或赠送给客户或当地代理商等；如果某些展品不便或不愿赠送、出售，往往就地销毁；对于一些价值较大又无法现场售出的展品，参展商就要运回去。如果回运的话，要注意包装箱的存放、领取问题，通常在展览开始之前，主办方和展览馆管理者、展览运输服务公司会收走包装箱和材料，或者指定统一存放在仓库，这是为展位整洁的需要，也是防火安全的要求。在撤展时，包装材料会退还给参展商或由参展商自行领走。

**展品出馆控制**。为保证所有出馆人员带出展馆的展品是他自己的物品，在展会结束后，参展商需要向组委会申请“放行条”，展会主办方要对所有的出馆展品进行查验，查验展品与“放行条”一致后方可出馆。

**展场的清洁**。展会撤展时会产生大量的垃圾，要及时处理。展会主办方不要在展会结束后在展馆留下大量的垃圾，也不要弄脏展馆地面和其他有关设施。

**撤展安全保卫**。展会撤展时往往较为杂乱，要重视现场的安全和消防工作。

展会的撤展工作是在展会闭幕后才进行的，但展会撤展管理的准备工作要在展会撤展前准备就绪，这样才能保证展会撤展工作有条不紊地进行。

# 第三节　参展观众类型与统计

观众质量与参展商质量是相辅相成的，是展会成功与否的关键，是展会成功举办的左手与右手。展会不仅需要观众，而且要看吸引了哪些观众。有些展会上人头攒动，展台前围得水泄不通，但多是领小礼品和纸口袋的，这些观众只是凑热闹，而不是参展商所需要的。展会需要专业贸易观众，他们是主办者的目标观众，是参展商的潜在客户。参展商参展主要是为了拓展销路和市场，如果观众少、质量不高，参展公司没有取得参展效益，下次就不会再参展。

## 一、参展观众类型

经常参观展会的观众可以分为几大类型，作为参展商必须要能够区分不同类型的观众以做合适的应对。

### （一）按观众参展的目的和行为分类

**目标客户**。目标客户就是参展商的顾客和潜在顾客。如果招商工作到位，那么目标客户将到会参观。

**看热闹的人**。有些观众可能会被参展商的示范演示或活动吸引到展位上，他们中有些人只是为了打发时间。对此可以简单问一些问题，就能把他们区分开来。

**好奇心强的人**。这类观众可能对任何事情都感兴趣，会问参展商很多问题等。注意不要把时间浪费在那些对你的产品或服务不感兴趣的人身上。

**纸张收集者**。有些人喜欢收集展位发放的资料，了解清楚这些人收集纸张的目的很重要。要注意他们是不是出于市场调查的目的为其他公司收集资料。

**无聊者**。他们参观展会的目的就是参加各种竞赛或抽奖活动。要排除这些人的干扰，可以规定在抽奖竞赛活动中要出示名片或其他证件。

**闲逛者**。这种类型的观众经常在展厅里走来走去，他们很愿意与参展商沟通，参展商应简单地询问几个问题来判断其是否值得进一步了解。

**赠品收集者**。这种类型的观众对任何免费的赠品都表现出强烈的兴趣，甚至会索要更多的赠品以便分给家人、朋友和同事。

**兜售者**。这类观众参加展会的目的就是兜售自己的产品或服务，他们一般不会成为参展商的顾客。

**求职者**。展会是个很好的社交场所，所以有些人会来看看有没有公司要招聘人员。

**相关人员**。这种类型的观众可能是专业观众的配偶、秘书或者公司派来做某项具体研究的工作人员。最好不要忽视他们，有时他们可能会给参展商带来意外收获。

**窥探者**。因为展会是一个打探对手的好地方，这种类型的观众经常由于知识太丰富或问题太精确而暴露身份。对待他们要多询问少讲解，以免泄露商业秘密。

## （二）按交易会类型分类

### 1. 商品交易会观众

商品交易会观众通常具有以下特点：

（1）多是出于业务原因，从外地赶来参加展会的。

（2）他们是带着具体的目标和目的来参加展会的。主要是看一下行业的竞争状况或产品状况，或收集更详细的统计数字，或是公司派来出席展会的代表。

（3）通常需要预先注册，多数情况可能还需要支付一定的费用。

（4）通常是公司的业务人员，他们认为展会是自己获取行业信息的主要来源。

### 2. 消费品展会观众

与商品交易会观众相比，消费品展会观众有以下特点：

（1）把参加消费品展会看做一种娱乐方式。

（2）具有一定的购买欲望。消费品展会观众通常会考虑在展会上边比较边采购。

## （三）按参展观众的专业性分类

**专业观众**。专业观众是指从事展会上所展示的某类展品或服务的设计、开发、生产、销售或者为其提供服务的专业人士或用户。

**普通观众**。普通观众与专业观众相对应，即除专业观众以外的其他观众。

通常如果不是展会有意控制，一个展会往往是既有专业观众到会参观，也有普通观众到会参观。在国内外展览行业的实际操作中，有些展会只对专业观众开放，不允许普通观众进场参观；有些展会既允许专业观众进场参观，也允许普通观众进场参观，但普通观众的参观时间受到限制。

## （四）按观众对展会是否有效分类

**有效观众**。有效观众是指到会参观的专业观众或参展商所期望的其他观众，这是具有一定质量的观众，对展会来说不可或缺。

**无效观众**。无效观众是指参展商所不期望的那些观众，这些观众对参展商来说意义不大。对于一个专业展会来说，如果无效观众太多，就可能对展会的正常商务活动带来不利影响，如展会现场过于拥挤而秩序混乱，展会现场太嘈杂而影响商务谈判等。展会会员登记制可以有效地将无效观众排除在外。

# 二、有效观众的作用

对于组展商而言，邀请参展商参展的同时，也应该同时重视邀请到尽可能多的有效观众的工作。

首先，有效观众是参展商最主要的目标客户，不管参展商的参会目标是什么，他们都期待着这些观众到他们的展台参观洽谈。如果没有这些有效观众或这些观众很少，参展商的展出效果就难有保证，企业再次参展的积极性就会受到严重的打击。其次，有效观众能够大幅度地提高展会的服务水平。参展商是展会的基础，没有参展商就没有展会。为了吸引参展商，展会主办方总是想方设法为参展商提供优质服务。而邀请更多高质量的有效观众到会参观，才是展会主办方对参展商提供的最好的服务。这项服务的重要性是其他任何服务都无法替代的。如果展会主办方不能很好地提供这项服务，那就会失去参展商。最后，拥有一定数量和质量的有效观众是一个展会能否成为品牌展会的重要标志。展会中的参展商的名气再大、数量再多，如果没有有效观众观展，这个展会就无法成为品牌展会。

## 三、建立目标观众数据库

目标观众，主要是指前面所说的“专业观众”和“有效观众”。这些观众主要是展会题材所属行业或关联行业的人士。也就是说，展会的目标观众比目标参展商的范围要广，在信息收集中不仅要考虑展会题材所在行业，还要关注相关行业和产品各种用户所在的行业。

为了达到更好的办展效果，展会主办方一般需要建立一个完整实用的目标观众数据库。目标观众数据库是将已经掌握的所有目标观众的有关信息按照一定的规则整理而建立起来的数据库。

**收集目标观众信息的渠道。**与收集参展商信息的渠道类似，可以通过行业企业名录、商会和行业协会、政府主管部门、专业报刊、同类展会、各地专业网站等收集目标观众信息。

**收集的信息内容。**在收集目标观众信息时，要考虑到参展商更加感兴趣的是潜在目标客户的基本状况，如他们的职业、消费的主要决策者、对特殊产品的兴趣和需要以及他们的购买策略。因此，除了要收集目标观众的名称、地址、联系电话、传真、电子邮箱和网址等基本信息外，还要注意收集其产品需求倾向及购买策略等内容。这些信息的收集可以通过填写观众登记表来完成。

观众登记表是用来收集专业观众信息的一种问卷调查表，专业观众需要填写此表才能取得进入展馆参观展会的“专业观众证”。展会通过观众登记表收集到与会观众的信息，这些信息是展会今后调整经营思路、进行观众系统分析和进行客户关系管理的重要依据。专业观众登记表的要求和基本格式如表 8–1 所示。

表8-1　专业观众登记表基本格式

欢迎参观 ××× 展会，请您认真填写以下表格，并传真至 ××× 或发邮件到 ×××。

一、基本信息

姓名：________ 性别：□男 □女 职务：________

单位：________________________

地址：________________ 邮编：________

电话：________ 传真：________ 手机：________

网址：________________ E-mail：________

请附名片

二、公司性质

1. 所属行业：

□________ □________ □________ □________ □其他________

2. 企业类别：

□________ □________ □________ □________ □其他________

3. 观展目的：

□________ □________ □________ □________ □其他________

4. 贵公司的年采购额是：

□________ □________ □________ □________ □其他________

5. 贵公司从何途径了解到本次展会：

□________ □________ □________ □________ □其他________

6. 您经常参与哪些产品类型的展会？平均每年参与多少次展会？

□________ □________ □________ □________ □其他________

**注意事项**。建立目标观众数据库要注意分类科学合理，数据真实可靠，便于查找和检索，可及时修改等。除此之外，在建立了目标观众数据库后，要注意去掉一些无效数据、重复数据，并及时更新。目标观众的身份有可能变为参展商，尤其当展会的规模和声誉逐步扩大时，这种转变也更加明显，要注意对目标观众数据库的深度开发和利用。

## 四、参展观众人数的统计

**依据观众办理登记手续的内容进行统计**。这种方法适用于主要针对专业人士开放的专业展会，展会通常在展馆的序幕大厅或专门的观众进馆大厅内设立观众登记处，进行专业观众登记工作。在展会结束后就可以根据观众登记资料进行专业观众的人数及其他信息的统计。

**根据门票进行统计**。这种方法适用于对公众开放即专业观众和普通观众都可以进场参观的消费类展会。对于凭票进场的展会，可以根据门票的售出或发出情况来进行观众的统计，而且门票大多是向普通观众出售的，这样就可以计算出普通观众的人数。

**参展商的客户统计**。对参展商而言，也可以进行相关的统计工作来确定自己展台的观众数量、专业观众和普通观众的比例等。通常的做法是“请赐名片”或现场登记等，即在观众索取资料之时，请观众留下名片或在登记本上填写基本信息。这也是参展商建立自己的客户数据库常用的方法。

**根据电子门禁系统统计**。通过条形码录入，电子门禁系统可以自动识别不同的人员类型、进馆次数和逗留时间，通过计算机处理，可以得出观众类型的统计数据。

# 第四节　会展现场的风险与安全管理

对会展的风险进行评估、计划、管理和控制是专业的会展风险管理中的重要步骤。会展风险管理者必须确保完成每一个步骤，并对每一场会展活动的结果都仔细地、系统地加以评价，以便在将来的会展活动中运用这一历史资料做出正确的决定。

## 一、风险的识别与评估

### （一）确定风险评估的范畴

**参与人员**。观众数量、素质、组织程度、心理承受能力、自护能力等信息；活动参与人员的自我保护能力及情绪控制能力、安全责任人、保安公司和保安员、安保制度和赔偿能力、安保工作经验、安保培训与演练、与场地方的关系等；内部环境人群构成、人群容量、人群规模密度及外部环境流动人员密度、人流疏散或控制适应性。

**活动环境**。会展场所的内部环境，主要包括：公共设施、停车场地、区域开放度等。

**设备设施**。会展场所内部设备、设施主要包括：重点要害及实体防范目标的数量及分布图，水、电、气、热设施，消防、安全防范、应急出入口和广播、通信、环境通风系统，疏散通道，临建结构，安检防暴设施；策划活动所需搭建的舞台、观众看台、经营设施、高空作业及悬挂、宣传媒体、疏散引导标志、临时安全防范、临时用电等设备设施。

**其他方面**。会展策划方案及方案中涉及的主要环节，具有社会影响和关注的节目，重要或社会特别关注人物的参与情况、政治影响及活动的互动性；各方组织服务经验及能力、事故灾害赔偿能力、主管机关制约力、活动邀请的嘉宾和参加领导的级别、反恐防暴、群体性事件等；活动各项内容组织方案和所采取的预案措施；各个工作方案的培训及演练；食品、饮用水、医疗救护安全保障。

### （二）收集、整理风险评估所需资料

**收集相关展会资料**。收集会展活动的基本资料包括：主办单位的性质及隶属关系、举办活动的主题、活动的具体内容、展会的历史资料、批文、资质证明、活动安全工作方案、安检设备的证明材料、活动使用的证件和门票等；会展活动场地方的安全运营记录、展会活动的安全责任人和现场负责人、事故及故障资料、水电气热等基础设施的安全状况等；参加会展活动单位的基本情况、国内外相关法规、安全技术标准及建设项目资料、观众群体类别、安全设施设备的具体情况，以及应急出入口、消防设施等重点部位情况。

**现场勘察获取信息**。现场勘察是获取信息最直接也是最重要的方法之一。现场勘察可以使风险评估人员亲临现场感受实际环境、验证已经收集的相关资料的真实性，同时可以对已经收集的信息加以补充。研究场地，观察并收集资料和信息，列出所有可能的风险，如会展风险会在哪里发生。对人员、设施、物品及程序进行危险及弱点调查（场地调查）；这一风险可能会在什么情况下发生。谁可能出现在现场。进行这场展览的风险是什么。风险系数是高、中还是低。再根据所掌握的信息、以往的经验和现场观察列出所有可能的风险，如出入口/餐饮区是否会拥挤，搭建的展台是否牢固，地面是否打滑，火灾、盗窃、恐怖活动是否有可

能发生。

**通过交流获取信息。**风险评估人员与主办方就会展活动的流程细节、主要风险点、过去举办类似会展活动的经验教训进行交流。通过交流获得书面上没有的信息，并做好记录，以便更好地进行评估工作。

**情报信息收集工作。**通过与政府部门、气象部门、地震预防部门等进行沟通，收集和活动有关的信息。例如，高危人群对这次活动是否有所关注，了解恐怖分子、高危人群的信息。

**及时关注社会舆论。**通过对报纸、杂志、新闻、互联网等大型媒体对举办展会活动的相关信息的整理和提炼，了解展会活动社会关注程度，发现和积累一些潜在的、有价值的情报信息。通过群众监督、民情反馈等，了解特定群体的心理情绪、思想以及带有倾向性的社会动态。

### （三）确定风险的类型和影响程度

根据展会的特点，选择科学、合理、适用的风险评估方法，对危险、有害因素导致事故发生的可能性和严重程度进行评估。按照不同标准，风险评估的方法可以分为定性分析方法、定量分析方法、半定量分析方法。

各种方法中还有许多的分支方法，例如，定性分析方法主要有风险矩阵分析法（图 8-1）、头脑风暴分析法、德尔菲分析法、主观概率分析法等。

| | 影响大 | 影响小 |
|---|---|---|
| 可能性小 | 发生枪击事件 | 无线通信有盲区 |
| 可能性大 | 食品中毒、火灾 | 停车场地不够 |

**图8-1 风险矩阵分析法**

安全风险评估分析方法有很多种，每种评估分析方法都有其适用范围和应用条件。选择什么样的评估分析方法应依据评估目的、评估对象的特点、占有资料情况、评估费用以及评估分析方法的应用范围等来决定。有时还可以综合运用几种评估分析方法，相互验证评估的结果，借以提高预测的质量。

## 二、制定风险控制预案

**进行演练和修改。**评估工作要取得良好的效果，就需要进行演练及不断修改。演练可以增强队伍的整体能力，充分熟悉评估的内容。管理者也可以通过演练，发现评估中的不足并不断加以完善。

**编制风险评估报告和预案。**在获得风险信息资料、确定风险评估分析方法、进行演练之后，要整理、归纳风险评估结果，以便公安机关、主办方、承办方制定相关应急预案和有针对性地进行安全保卫工作，编制一份完整的风险评估报告和预案。

## 三、实施风险管理与控制

根据制定的风险评估报告和预案，展会主办方要仔细地排查每一个因素，并让所有参与的工作人员了解风险处理的方法，以便在风险来临时知道寻找何人，如何处理。风险管理者应当有一份根据风险评估后列出的风险预防检查表（表 8–2），在会展活动开始前及进行过程中进行排查。

**表8–2 会展活动风险预防检查表**

| 检 查 项 目 | 责 任 单 位 |
|---|---|
| 1. 火灾预警系统<br>● 是否有正式的应急程序？<br>● 是否有明确标志的紧急出口？<br>● 自动喷水消防系统是否能够工作？<br>● 是否有合适的灭火器？<br>● 使用灭火器是否展开足够的训练？<br>● 是否有一个有效的火警报警系统？<br>● 有没有有效的烟尘报警器？ | 场馆安全部门、当地消防部门 |
| 2. 急救 / 医疗程序<br>● 是否有符合规定的急救药箱？<br>● 是否有应急医疗程序？<br>● 是否有当地医师和医疗机构的名单？ | 场馆医务室、当地医疗机构 |

## 四、媒体管理

在当今的信息社会里，媒体的触角极为灵敏，一旦风险成为现实事件，该事件马上就会成为媒体关注的对象。如果展会主办方没有良好的媒体管理计划，铺天盖地的报道就可能会拖垮该展会，甚至拖垮展会主办方。但是如果处理得当，就可以尽可能地减少媒体在事件中的负面影响，增加媒体在风险管理中的积极作用。因此媒体管理也是风险控制和管理的组成部分。

人们一般把一个特殊的、反常事故定义为“事件”。如果该事件进一步发展，并产生负面后果，那么它就成了“负面事件”。但是，这并不意味着在事件刚发生的时候，就能对每一事件的后果进行评估、判断。因此负面事件可以定义为对每个组织而言，组织环境中所面对的那些能够给他们造成持续性的破坏或损失的所有事件，即负面事件能够威胁、削弱或摧毁组织的竞争优势。因此，风险是对负面事件发生可能性的判断和估计，负面事件会引发危机。

### （一）负面事件发生后的媒体管理方法

有效地发挥媒体在风险管理中的积极作用并尽量减少其在风险管理中的消极作用，是风险来临时对媒体进行管理需要完成的首要任务。在负面事件发生后，一方面，媒体出自行业的需要，要对突发事件有全面、准确、及时和自由的报道；另一方面，风险管理者出于风险管理的需要，对媒体的一些报道方式、报道时间和报道内容往往有一定的选择要求。这样，风险管理者与媒体常常产生矛盾和冲突。

在负面事件发生后，风险管理者与媒体之间之所以产生冲突，很大原因是因为他们彼此都认为对方是在故意干扰自己的工作。与媒体产生冲突对风险管理是极其有害的。风险管理者要努力了解媒体在负面事件报道中的相关兴趣和需求，并设法调控这些兴趣和需求，使媒体报道有利于风险管理。具体来说可尝试以下方法：

**将媒体作为一个重要的管理对象纳入会展风险管理计划。**很多展会主办方在进行风险管理时，都将注意力集中在对风险源、环境和交互作用的管理和控制上，而往往忽略对媒体的管理，结果酿成大错。其实，会展风险管理一开始就应该将媒体纳入管理的范畴，并制订相应的媒体管理计划，指定负责人或成立相应的管理部门，这样，一旦风险发生，展会主办方不至于措手不及。将媒体纳入风险管理范围中，可以通过主动地引导媒体报道和采访、主动地向媒体提供信息来有计划地引导媒体为风险管理服务。

**指定负责人与媒体保持沟通和密切联系。**指定与媒体沟通的负责人或成立相应的管理机构，是展会主办方将媒体纳入管理范畴的一项重要措施。在负面事件发生后，展会主办方不可以多头对外发布信息，更不可以发布相互矛盾的信息，否则，混乱的信息将使外界对负面事件的理解更加混乱。与媒体保持沟通十分重要，风险管理者应当通过多种渠道与媒体保持沟通和联系，如新闻发布会、媒体会议、现场采访、随机或秘密采访等。

在新闻发布会和媒体会议上，要注意做到以下四点：第一，简明清晰地介绍信息发布的动机和内容；第二，做一个本事件给人们带来影响的简要评论；第三，清楚地陈述自己已经、当前和将要采取的风险管理措施；第四，给媒体留下如何继续获得信息的时间、地点和途径。在新闻发布会和媒体会议上，如果有背景材料介绍效果会更好。对于各种采访，风险管理者要有一定的准备，要使被采访者能镇静应对，不要陷入猝不及防的尴尬状态；被采访者对外提供的信息要口径一致，不要随意发挥。

**适当地控制媒体活动范围**。在风险发生后，应当控制媒体传播活动范围，可以通过划定媒体可以进入的区域和限定媒体不能进入的区域等方式来实现。这是因为，一方面，媒体无限制的活动和采访可能会影响风险管理者的决策，影响风险控制活动的开展。另一方面，媒体可能会获得一些风险管理者暂时还不想对外发布的信息，因为这些信息如果此时公布可能会导致危机局面更加混乱，扩大负面事件的影响。值得一提的是，适当控制媒体的活动范围并非是拒绝媒体对事件现场进行采访和报道，更不是对媒体进行封锁。控制媒体在事件中的活动范围旨在减少干扰，抓紧时间和精力处理好负面事件。因此在对媒体活动范围进行适当控制时，还要对媒体说明原因，取得媒体的理解和配合，同时，还要积极给媒体提供必要的信息。

### （二）进行媒体管理时的注意事项

进行媒体管理时要注意，一旦媒体对某个机构或事件产生误解，就很容易形成一种对该机构不利的舆论氛围，这种氛围的形成不利于对风险管理的成功实施。为了更好地进行风险管理，风险管理者应当注意以下事项：

- 不要和媒体发生冲突；
- 不要责怪其他组织和个人；

- 尽量提供真实的信息；
- 保持冷静并表现得坦率和诚实；
- 要富有同情心和责任心；
- 注意运用应对采访的技巧。

## 本章小结

本章主要介绍了开幕式和招待宴会管理，VIP 接待，展会布展和撤展管理，专业观众和有效观众组织，专业观众数据库统计分析，现场安全与风险防范管理，风险评估与媒体管理等。

## 思考与训练

### 一、名词解释

新闻中心　　鸡尾酒会　　专业观众　　有效观众　　观众登记表

### 二、填空题

1. 背板设计要展现展会主题，背板上写上展会名称，开放时间，_____等展会主办方的名称等。

2. 一般在展馆序幕大厅中要布置好以下内容：展会简介牌、_______、各参展企业及其展位号一览表、_______、展会宣传推广报道牌、______。

3. 新闻中心的资料一般有：展会开幕新闻通稿、_____、展会会刊、展会的统计数据、______、展会参观指南等。

4. 根据国内对展会的管理规定，展会主办方在组织展会布展前需要到______、消防、公安和_____等部门分别办理报批和备案手续，之后才能开始布展。

5. 展会结束后，参展商的展品有四种处理方法：出售、赠送、___和 ___。

## 三、选择题（单选题）

1. 展会布展时间一般为_____。

A. 2～3 天　　　　　　B. 一周

C. 半个月　　　　　　D. 不一定，根据展览题材和展会规模等因素而定

2. 提供给参展商使用的租赁设备，如在试用期间有所损坏，维修费用应当由_____来出。

A. 参展商　　　　　　B. 场馆或其他服务商

C. 参展商和场馆分摊　　D. 根据协议确定

3. 展会现场的活动如会议、比赛和表演等，举办方一般是______。

A. 展会主办方　　B. 行业协会　　C. 参展商　　D. 以上三方均可

4. 展会在风险的识别和评估时，需要考虑的范围一般不包括______。

A. 参与展会人员的数量和素质

B. 会展场所的环境与设施

C. 展会所在城市的现代化程度

D. 社会特别关注人物参与展会情况

5. 在负面事件发生后，我们对待媒体应有的态度是______。

A. 指定负责人与媒体保持沟通和密切联系

B. 适当地控制媒体的活动范围

C. 尽可能封锁消息，以免媒体制造不必要的麻烦

D. 尽量提供真实的信息

## 四、判断题

1. 冷餐会又称自助餐。举行地点在室内或庭院、花园等地，可不设座椅，站立用餐，也可以设少量座椅给需要者。冷餐会的隆重程度可高可低。这种宴会形式适宜招待人数众多的宾客。（　）

2. 为了减轻专业观众现场登录的压力，展会可以使用观众网上预约登记。（　）

3. 展会开幕式场所一定要选择在室外举行。（　）

4. 展会主办方通常要负责展馆内公共区域以及参展商展台内的卫生。（　）

5. 展会主办方接到参展商知识产权侵权的投诉后，有权暂时禁止其展品的展出。（　）

## 五、简答题

1. 开幕式的基本程序是怎样的?

2. 在参展商布展现场展会主办方有哪些协调和管理工作?

3. 展会风险评估所需资料可以从哪些渠道获得?

## 六、案例分析

### "品味"决定"品位"案例

如何提升展会品质，彰显展会品位，这是众多展会组织者所面临的问题。一个展会要想取得成功，需要操盘者的匠心独运，将理念、思路赋予具体展会实体当中。

每年两次在慕尼黑举行的 ISPO 是目前世界上体育用品及运动时装行业最大的综合博览会，它的展品涵盖了体育产业的所有重要类别，其影响力辐射到上亿的最终消费者。在过去的几年里，ISPO 主办方发现不仅有越来越多的亚洲参展商来参展，而且来自这个地区的参观商也与日俱增。考虑到德国慕尼黑毕竟远离这些新兴的市场，于是，组织者决定再建造一个新的平台——ISPO CHINA 应运而生。

ISPO 在国际体育用品行业已有着相当重要的地位，而 ISPO CHINA 力求让全世界把关注目光投射到新兴的亚洲市场，在商业交融中，ISPO CHINA 自身特有的理念也在人们的关注中不断传播开来。

### ISPO CHINA"唯品牌参展"

ISPO CHINA 将展会重点放在参展商的高品质和专业性上。在上海举办的首届 ISPO CHINA 上，除了展会现场的热烈气氛惹人关注外，在展会之前，ISPO CHINA 特别组成的一个品牌审核委员会同样吸引了众人的目光。其成员为：Giancarlo Zanatta、Tecnica Group、Danielle Sellwood、WGSN、Pat Frodel、Da Kine、Rolf Schmid、Mammut 运动集团以及慕尼黑国际博览会公司 ISPO 项目总监 Peter Knoll。所有审核委员会委员均为国际体育行业资深人士。申请参展的产品和品牌都必须通过审核委员会严格的审核，确定符合标准才给予参展资格。京慕国际展览有限公司把 ISPO 成功地引入中国，总经理毛大奔表示，只接受原创品牌、正牌产品以及特许经销商参展，将避免外包公司、制造商以及仿制品共同登堂入室而有可能出现的鱼龙混杂的情况。ISPO CHINA 为求质舍弃求量，目的是为了确保参展运动品牌和产品都是精品。这就好比做菜前，厨师要对原材料精挑细选，要对原材料细细"品味"，这样才能保证菜肴的品质，同样，展会也需要操盘手"品味"在前，只有如此，展会的"品位"才能最终得以彰显。

2005 年 3 月成功举办了第一届展会，共有 148 家公司携 180 个国际、国内著名品牌分为六类产品参展，ISPO CHINA 将品牌和产品分为雪类 / 户外、板类运动 / 青年时尚、团体运动、健身 / 健美、运动时尚、高尔夫六个主题，它们反映了当今运动用品市场中最具活力、最重要的几方面。

众多的国际著名品牌期待着在 2006 年的 ISPO CHINA 期间继续展示其最新产品、技术和专业理念，从而找到最适合的贸易伙伴。ISPO CHINA 也给国内品牌提供了与国际著名品牌同场竞技的机会，面对面的交流将使其更接近市场化和国际化，ISPO CHINA 展会将成为国际、国内体育产业交流的商务平台，也将以其品牌、趋势、潮流、创新的专业办展理念成为体育用品专业展会的先锋。

ISPO CHINA 面对专业贸易观众

ISPO CHINA 的现场一切都那么井井有条， ISPO CHINA 努力为参展商及参观商营造一个良好的沟通氛围，区别于普通博览会相对嘈杂和喧闹的环境，对中央音乐的管理和控制为参展商和参观商创造舒适的交易氛围，展位设计紧扣博览会的商业主题。

2005 年的首届 ISPO CHINA 展会共吸引了超过 13000 名中国和亚太地区的大量贸易观众到场，其中大约 2/3 的专业观众来自中国，充分展示了中国内地的巨大市场潜力；此外，另有 1/3 的专业观众则来自与中国临近、具有较大市场的各个地区。2006 年的 4 天博览会将只向经销商、采购商、俱乐部及媒体等专业观众开放。展馆中心会专门开辟会谈及讲座区域，为广大经销商提供丰富的行业资讯；行业内的领军经销商也将以切身经验与大家分享对潮流和商机的理解。博览会期间还将出台丰富多彩的产业论坛，就不同主题品牌产品的发展和趋势做出预测和指导。

根据上述案例回答如下问题：

1. 对于参展商和专业观众而言 ISPO CHINA 的吸引力何在？
2. ISPO CHINA 的现场管理如何能够做到井井有条？

## 七、实践与训练

参照会展开幕式方案一般格式，编写 ×× 中国杭州运动休闲装备博览会开幕式方案。

# 第九章 会议旅游策划与会议管理

把会展业与旅游项目进行有机的联系，学会会议（会展）旅游运作流程，从培养会议旅游策划人才的高度，强调激发创意，丰富联想，充满激情的重要性。

本章重点介绍会议策划要素和内容，包括会议现场管理，会议（会展）旅游项目策划，会议（会展）旅游产品的特点、形式、推介及其运作等内容。

## 学习目标

### 方法能力目标

熟悉和掌握会议策划的要素、主要内容及要求，并能运用这些原理和方法具体问题具体分析；学会正确的思维方法，创意策划，努力培养学生观察问题、分析问题、解决问题的能力。

### 专业能力目标

通过本章知识的学习，快速进入会议与会议旅游项目主办者的角色；学习掌握会议与会议旅游、会议旅游产品、会议旅游项目、会议旅游项目运作的基本原则、基本流程等，并能熟练运用基本原理和方法解决实际问题。

### 社会能力目标

观察和了解当地会议与会议旅游项目运作模式；有组织地观摩学习当地最有影响的大型会议及会议旅游活动；通过主题、内容、形式精心策划，创新办会，科学组织，筹划一项合作办会或自办会议项目。

案例

## 历届世界休闲大会的主题

世界休闲大会是全球休闲研究领域最高水平国际性会议。世界休闲组织作为具有联合国教科文组织咨询资质的国际非政府组织，从1988年开始每隔两年分别在全球各地举办世界休闲大会。2002年，杭州成功申办了第九届世界休闲大会和首届世界休闲博览会，全球休闲业界最高水平的国际性会议首次登陆中国，第九届世界休闲大会参会人数超过3000人，创杭州会议历史之最。第八届杭州西湖博览会暨首届世界休闲博览会参观人数超过1500万人次。截至2010年9月，世界休闲大会已成功举办11届，各届的主题如下：

**第一届　1988年5月16～22日**　加拿大，路易斯湖

主题：闲暇时间，文化和社会；与会者：200人；组织者：阿尔伯塔（Alberta）大学

**第二届　1991年7月16～19日**　澳大利亚，悉尼

主题：休闲和旅游：社会和环境的改变；与会者：300人；组织者：悉尼科技大学

**第三届　1993年12月5～10日**　印度，斋浦尔

主题：休闲、旅游和环境：人类发展问题；与会者：300人；组织者：印度休闲研究协会及拉贾斯坦（Rajasthan）大学

**第四届　1996年7月15～19日**　英国，威尔士，卡迪夫

主题：21世纪的闲暇时间和生活质量；与会者：500人；组织者：休闲和娱乐管理服务有限公司

**第五届　1998年10月26～30日**　巴西，圣保罗

主题：全球化社会中的休闲：接受还是拒绝；与会者：1000多人；组织者：巴西社会服务协会

**第六届　2000年7月3～7日**　西班牙，毕尔巴鄂

主题：休闲与人类发展；与会者：1300多人；组织者：休闲研究学会及狄乌斯托（Deusto）大学

**第七届　2002年10月21～25日**　马来西亚，吉隆坡

主题：全球影响力和本地反应：休闲—文化—体育—旅游；与会者：400人；组织者：马来西亚青少年和体育部

**第八届　2004年9月12～17日**　澳大利亚，布里斯班

主题：休闲是必需的；与会者：500人；组织者：澳大利亚公园和休闲组织

**第九届　2006年10月16～20日**　中国，杭州

主题：休闲和社会、文化及经济发展；与会者：3000人；组织者：2006世界休闲博览会组织委员会和世界休闲组织

**第十届　2008年10月6～10日**　加拿大，魁北克

主题：休闲——社会、文化与经济不可分割的组成部分；与会者：1200人；组织者：魁北克休闲委员会

**第十一届　2010年8月28日～9月2日**　韩国，江原道春川市

主题：休闲与特征；与会者：2000人；组织者：世界休闲组织、韩国休闲协会

**案例分析**

世界休闲大会在主题策划中有何特点？

# 第一节　会议内容策划

## 一、会议策划的要素

Who。Who指谁被会议组织方邀请，实际有多少人出席会议。参与会议的角色包括发言人、会议听众与组织机构工作人员。

What。What指会议的形式是什么。一般会议的形式包括合作式、协会式以及政府类。会议形式的不同会导致会议预算的不同。

When。When指组织会议的时间。从中要考虑财政年度、节假日和其他时间冲突等因素的影响。

Where。Where指会议举办的地点。选定会议的地点应先定一个大范围，然后逐步缩小范围。从中要切记考虑举办地的交通因素，它将是会议能否顺利举行的关键。

Why。Why指会议为何原因召开。因此召开一个会议需要有明确的目标来讨论、互通信息等。

How。How指具体的会议形式。一般会议分为全体大会（开幕式和闭幕式）、

分组会议及并行会议。不同会议形式对会议室、展览空间、餐饮服务或电脑投影设备等要求也略有不同。

## 二、会议策划的主要内容和要求

### （一）确定会议目标

会议的目标决定了会议策划的众多环节，是会议为何举办的核心。只有确定了会议的目标，才可以确定哪些人参加会议，确定会议的地点、会议的议程、会议的预算。譬如一个跨国公司亚太总部的年度计划会议，其目标是要通过会议确定未来的经营战略和营销计划，很显然，这样的会议要求一个高级别的会议场地，拥有先进的会议设施，而且有安全、保密等方面的高要求，这样的会议显然与一个政府部门组织的行业会议不一样。因此，只有确定了明确的会议目标和为达到目标所安排的会议内容，才可以确定会议的其他要素。

### （二）确定会议议题

会议的议题即会议议程中确定要讨论、协商、决定和处理的具体问题。主要的议题构成会议的主要内容，议题的总和构成会议的全部内容。确定会议议题可以依据以下几点：根据会议需要确定会议议题；根据上级指示确定会议议题；根据计划和法定程序安排确定会议议题。确定好会议的议题，进而根据议题安排好会议的议程，是提高会议质量的关键所在。

### （三）确定会议参加对象

会议参加对象邀请是否得当将关系到会议形象和会议目标能否顺利实现，因此要特别慎重。确定会议对象主要有四种方式：其一，领导确定，即会议的参加对象由会议的组织者、领导者根据会议的目的、性质和议题来确定；其二，规则确定，即会议的参加对象是由法律、法规、会议的组织章程、议事规则本身规定的；其三，协商确定，即由会议的发起者、主办者或成员之间根据会议目的和议题，通过平等协商确定会议的代表人选；其四，选举确定，即根据一定的办法，通过选举程序产生代表作为会议成员。

### （四）会议发言

除了会议听众外，有些会议需要与会者积极发言。做好发言是与会者的责任。一个有质量的发言，有助于推进会议进程，丰富会议内容，树立与会者良好的形象。会议发言主要分为三个程序：其一，发言准备，即演讲者需要了解会议议题，结合主持人的风格和听众、其他发言人的情况，准备发言稿或发言提纲。其二，发言，即包含发言者亮相、出话题、开话题、结束话题等几个环节。其三，发言要求，即发言者达到遵守会议规则、切中会议主题、力求就事论事、讲究文明礼貌、借助多媒体等辅助手段的要求。

### （五）会议规模

会议规模在会议的举办过程中也起着不容忽视的作用，它影响着会议举办者选择会场大小、预订会议饭店房间等方面。会议的规模即参加会议的人数，一般将会议分为小型会议、中型会议、大型会议和特大型会议（图 9-1）。

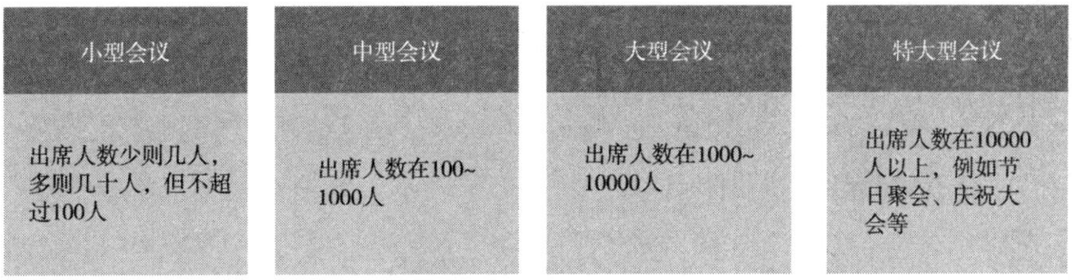


**图9-1　会议规模类型**

### （六）会议选址

会议选址主要是根据会议的内容、性质、预算和规模情况而定的。会议策划人员应在会议选址问题中考虑距离和交通情况、举办地的会议历史、住宿条件、综合费用情况（住宿费用、用餐费用、会场租赁费用、娱乐费用等）、安全保卫条件、会议地点的服务设施条件、会议地点附近的景点状况。

相关链接　搜索

**会议饭店的选取**

商务型饭店。这类饭店无论在外部设计还是在内部装修，以及可以提供的先进通信工具、适合会务的商用场地上（有特定的商务楼层），一般都充分体现了现代商务高效、快捷的内涵。饭店既能接待小型会议也能接待大型会议，有一个或多个多功能厅，24小时全天候办公，有较强的服务能力，此外还有多个中、西式餐厅，各种商店，健身房，游泳池等设施。

度假型饭店。这类饭店一般建在旅游胜地或海边，外部设计、园林规划、内部装修都充分体现了当地特色，集休闲、娱乐于一体。同时随着社会的发展，度假型饭店也能提供相应的会议设施、美食和各种代表地方和季节特色的活动，这些无疑大大方便了会议主办方。

会议主办方为使会议顺利召开，通常会根据会议需求清单进行会议地址实地考察。实地考察包括：要熟悉场地情况，对会议相关情况要做到心中有数；要评估场地状况，看场地是否适合会议要求；要求会议场所提供有关详细资料，并与其他场所的资料进行对比，决定会议举行的地址。

## （七）会议时间

会议时间主要包含以下三点：①会议的召开时间；②整个会议所需要的时间；③分会议所需要的时间。会议时间受到出席会议的主要成员的时间安排、气候、组织者是否经验丰富等因素的影响。

## （八）策划会议的议程、日程和程序

### 1. 会议议程

议程，是会议所要通过的文件，需要在会议召开前准备好。它包含主题规则、与会者姓名、会议时间及会议地点等项目。

（1）会议议程确定原则。会议议程应该表明需要讨论的事项顺序。一般情况下，可以从发言人那里得到这些议题。对议题的安排应该认真考虑，以保证最好的逻辑顺序。首先，一定要按议题的轻重缓急编排出会议的议程；其次，每一个议题应预估所需要的时间并明确地标示出来；最后，事先通知与会者，以使其做好准备。通过以上三个原则，实现议程有条不紊地操作。

（2）会议议程的顺序。根据会议的性质和议题的具体情况，议程顺序的安排可以采取先主后次，先次后主，由报告到审议再到表决，由总结到表彰再到交流等操作顺序。

（3）会议议程的书面结构。会议议程的书面结构包括标题、题注及正文。标题由会议全称加上“议程”二字组成，如“第十一届国际文化旅游大会会议议程”。题注应当在标题下方说明该会议通过的日期并用圆括号括入，如（2004 年 3 月 17 ~ 21 日）。正文是简要概括地说明会议每项议题和活动的顺序，用序号标注，句末一般不用标点。书面议程有助于会议目的具体化。

（4）会议议程的内容。会议议程如同有序排列的轨道，可以令会议在预定的方向上有步骤、有计划地进行。一般来说，大多数的会议议程内容都包括开场、基本情况介绍、自由发言讨论问题、结论、会议结束等内容。会议议程除应包括以上内容外，还可以根据实际需要而对会议的议程进行添加删减，例如，有的会议结束时可能需要领导发言，有的会议议题情况介绍由主持人代为进行等，需要视具体会议的情况而定。

### 2. 会议日程

日程，是把会议议程规定的各项活动按单位时间具体落实安排。它不仅细化围绕会议议题的全部活动，还包括会议过程中其他的辅助活动，如聚餐、参观、考察、娱乐等。会议日程是会议实务性文件的一种，在制作时，既可以采用文字的形式，也可以采用表格的形式。

（1）会议日程的安排。会期满一天的会议都应当安排会议日程。日程不仅要将全部议程加以细化，而且还要反映会议过程中其他的辅助活动。会议的安排既要贯彻精简、高效的原则，又要科学、合理，做到紧中有松，劳逸结合。一般，会议高峰出现在上午 10 时和下午 16 时左右，这一时间段是安排重要会议活动的最佳时段。

（2）会议日程编排要点。一是编排会议的日程要充分考虑会期、会议议程以及拟采用的选举方式等情况。二是要根据议程的具体内容、要求，合理编排日程。三是大会日程的编制要明确具体，使人一目了然，包括时间、会议内容、地点、主持人。会议日程应包括一份详细的会议议程，用以表明此次会议所需要讨论的议题或内容。它由会议指定的秘书和主持人商议准备，并考虑上次会议所处理的事项。在议事日程中，秘书应把需要与会人员注意的所有事项都记下来，并按它们在会上讨论的先后顺序进行安排，当然也要注意遵守一般的习惯顺序。

（3）会议日程的书面结构。会议日程的书面结构包括：①标题：是由会议名称加上“日程”或“日程安排”、“日程表”组成。②正文：有表格式和日期式两种。表格式的优点在于会议活动的各项安排清晰明了，日程以会议具体活动的内容、主持人（召集人）、参加对象、活动地点、活动要求（备注）等各项为“列”或“行”，以日期和单位时间为“行”或“列”。单位时间一般以上午、下午、晚上为单元。日期式即按日期先后排列会议的各项活动。

### 3. 会议程序

会议程序是指在一次具体的会议中按照时间先后排列的详细活动步骤。会议程序可以让与会者了解每次具体的会议活动的内容及时间顺序，同时也是会议主持人掌握会议操作的依据。

（1）会议程序的书面结构。会议程序的书面结构包括：①标题：由会议全称和“程序”或“顺序表”组成，如“中华人民共和国第八届运动会开幕式顺序表”。②题注：标明会议的具体日期、地点、主题、主办单位等信息。③正文：以序号标示，即用汉字或阿拉伯数字标引各项具体活动，列出相应的活动步骤和细节，要求详细、明确；时间序列式，即把各项会议活动以较为精确的时间排列先后，其优点是容易控制各项活动的时间。④落款：一般为会议秘书处，也可省去。

（2）会议议程、会议日程和会议程序的联系与区别。会议议程、会议日程和会议程序都是关于会议活动先后的顺序，它们之间的区别在于：会议议程是整个会议活动顺序的总体安排，但不包括会议期间的辅助活动。凡有两项以上议题的会议，都应当事先制定议程。会议日程是将各项会议活动（包括辅助活动）落实到单位时间，凡会期满一天的会议都应当制定会议日程，以便与会者和会议工作人员了解会议的具体进程。会议程序则是一次具体会议活动的详细顺序和步骤，是会议议程的具体化和明确化，可以供会议主持人直接操作。规模较大、活动较多、会期较长的会议，往往同时制定会议的议程、日程和程序，以适应不同的需要。会期较短、议题较少，并且较为灵活的会议只要制定一份会议议程即可。以举行颁奖、选举、揭牌等仪式为主的会议活动，一般只制定会议程序，不制定议程。

## （九）会议公关与宣传

### 1. 会议公关对象和内容

会议的公关对象，是指参加会议的人员，包括会议贡献者和会议影响者。会议贡献者包括会议的发言人、支持者及服务人员。会议影响者包括倾听会议的内容的人，或者受会议结果影响的人，又或者利用会议实现自己的目的的人。会议组织者必须明确会议贡献者和会议影响者分别是谁，他们属于哪一个层次，他们的需求是什么等，从而明确公关活动的对象。

会议的公关内容，就是会议。会议组织者首先要明确的是要提供怎样的会议产品，包括会议的核心产品、形式产品（包装、品牌、质量、式样、特征）及附加产品（包装、送货、保证、提供信贷、售后服务）等。

### 2. 会议协调

会议工作头绪繁杂，环节较多，每个环节之间互相关联、互相影响，一个环节出了问题就要影响下一个环节甚至整个会议，因此要做好会议的协调工作，它对于完善会议管理，提高会议效率，促使会议正常运作具有重要意义。

（1）会议协调的原则。

- 目的性：会议的协调一定要有明确的目的性。
- 应变性：会议在进行中，随时都可能遇到突发事件，有的甚至会改变会议原定的安排。
- 决策性：会议在进行中，要求会议的组织者有果断的决策能力。
- 灵活性：会议进行阶段涉及多方联系，不管哪一个环节出问题，都将给会议带来影响。

（2）会议协调的方法。

- 调查研究：深入实际调查研究，具体明了协调问题的基本途径。
- 分析论证：在协调解决重大问题中，必要时对提出的解决意见进行分析论证。
- 作出结论：协调过程中分析论证，各方面统一思想认识以解决问题。

### （十）会议预算

#### 1. 预算的含义

预算是一种将资源分配给特定活动的数字性计划工具。在筹备会议的过程中，用货币形式表示各项活动是不可缺少的一个环节。掌握了会议预算就掌握了整个会议。

#### 2. 预算的类型

会议的预算大体分为收入预算和费用预算（包括固定费用预算和可变费用预算）。收入预算是指收入预测的一种特定类型，是规划会议未来收入额的预算。会议的收入主要来自与会人员（团体）的参会费、广告收入和赞助等，同时还可能包括会议完毕后形成的录像带、出版物等在市场公开发售所获得的后续收入。费用预算是指列出会议举办方为实现目标而开展的主要活动（项目），并且将费用额度分配给各种活动（项目）的行为。在收入规定的情况下，较低的费用意味着较高的收益率。一般固定费用都是召开会议时必须支付的费用，如给予承办者的报酬、宣传营销等费用。可变费用预算是指根据预算期可预算的不同业务量水平，分别确定相应的预算额，以反映不同业务量所应开支的费用水平。

在筹划会议的过程中要注意，要留出一定预算以支付因天气或其他因素而产生的变化情况，并保留出足够预算确保任何谈妥的定金或违约费在需要支付时能够支付。同时，人工成本、餐饮费用等都是随着业务量的变化而变化的，因此可变费用预算对这一项内容也应做好计划。

#### 3. 预算的方法

编制预算的主要依据是：主办方和承办方的利润目标；上一年同类会议的预算情况及会议评估报告；最近的会议市场情况及预算情况；公司在会议方面的政策和策略（如促销策略、广告投入等）；公司外部环境的变化（如不同季节、竞争对手的变化、供求关系的平衡、政府部门的政策和规定、整个行业的发展波动以及其他影响因素）。

### （十一）会议实施

会议实施是整个会议工作中的重中之重。要组织好会议的实施，需做好以下几点：

首先要做好会议召开前的会场检查。整理好主席台或重要位置的座次；会标、标语是否正确；调试好音响；摆放好茶水、鲜花、水果等物品。其次要做好协调会场秩序、迎宾。会议开始，会务工作人员应提前进入会场协调与会人员依次就座（若会场较大，而与会人员相对较少的会议应组织与会人员就座于会场中间和前排，以便与会人员集中精力开好会，形成良好会风）；对于重要而又可能出现混乱的会议，会前，有关与会者的座次要周密安排；做好迎宾工作，引导来宾到会场周围的休息所或会议室，需要时，为重要的与会者佩戴鲜花和胸徽。再次要做好会场服务。一是适时提供茶水。会议进行中，应适时给与会者提供茶水，特别是对主席台就座的重要人员（提供茶水时茶杯盖要翻过来置于桌面上或拿在手中，水壶塞也要翻过来置于桌面，避免沾上桌上的灰尘）。二是做好摄影、拍照工作。根据会议需要，做好会议全程或部分重要时段的拍摄、拍照工作，为会后的宣传、学习、报道发挥作用。最后做好会议记录。对于会议结果将产生深远影响的会议，秘书组工作人员应对会议做好详细的全程记录，记录应使用专用的笔记本，为弥补手工记录不完整的缺陷，可采用录音的方式进行记录，必要时会下进行整理即可，这将为会后贯彻精神或查找会议决定提供依据。

# 第二节　会议现场管理

## 一、会议现场布置

会场是与会者交流的空间，是会议活动的基本环境。作为一项重要的会务工作，会场布置的根本目的在于创设与会议的目标、主题、进程相协调、相适应的条件和气氛来推动会议的发展。

### （一）会议室的规格和布局

设计和安排会议室的规格和布局是会场布置的重要任务，具体操作要考虑：

**会议室大小与人数的多少**。这是制约会场座位格局设计和安排的重要因素。会场小而人数多，则应当将座位安排得紧凑一些，反之，则可以排得宽松一些。因此在设计和安排座位格局之前，应事先进行实地考察，根据主席台就座人数和代表人数以及会场内必需的活动空间和安全性因素，确定座位的疏密程度和结构形状。

**会议室座位格局的政治因素**。会议室的座位格局体现一定的政治关系。比如"圆桌会议"就是因会议座位的圆形格局而产生的。现在，"圆桌会议"已经成为各派政治力量平等对话、协商会议的专用名词。又如，2001 年 11 月 27 日，联合国阿富汗问题会议在德国波恩市郊的彼得斯贝格国宾馆举行，来自阿富汗的四个主要派别共派出了 32 名代表出席会议。除联合国派代表参加外，四边谈判的座位格局均设计成正方形，以体现各派政治力量的平等。

**会议室座位格局的气氛和效果**。不同的座位格局所形成的会议气氛和产生的心理效果是不同的。比如，座谈会一般都采取围坐的格局，不设专门的主席台，主持人与其他与会者围坐在一起，使得会议气氛非常融洽。报告会专门设主席台或讲台，以突出报告人的主导地位。因此，要根据会议的性质和需要创设的会议气氛要求来确定会议的座位格局。

### （二）布置会场所需的时间

布置会场时应根据会场的大小、性质和格局以及会场的装饰效果来决定所需的时间。在会议召开期间，所有的会务工作都有一定的时间限制，只有充分、合理地分配和利用时间，才不会影响其他工作的顺利进行。

### （三）会议主题布置

会议主题是会议的灵魂和核心，确定会议主题也是会议组织策划者所要解决的首要问题。为了开好会议，会前要做好一系列准备工作，这些工作只有围绕会议主题展开，才能做到目的明确，取得期望中的效果。在会议主题的布置中，要结合会议的性质、特征以及会议所要达到的效果来斟酌会议的主题，以更好地为会议的顺利召开打好基础。

## （四）会场的装饰布置

会场装饰是指运用文字、图案、色彩和实物等烘托会场气氛的手段，具有昭示会议主题、渲染会议气氛和调节心理状态的作用。在装饰布置过程中要有反映会议主题的会标，要有体现和象征会议精神的会徽，要有彰显会议主题的标语以及衬托会议主题和气氛的花饰和灯光。

## （五）会场视听环境的布置

会场视听环境的布置对会议的质量和成功召开有着重要的意义。一般来说，会场的视听环境包括以下几种设备：

**灯光**。会议一般不需要专业灯光效果。采用专业灯光效果不仅要增加预算，还要请灯光专业人员控制。当然，如果需要灯光效果系统，在事前要规划好。

**音响**。在会前和会间休息时，可播放音乐，让与会者放松情绪。有时，发言人需要用音响来渲染气氛。但要明确音响是由会议组织者还是由会议场所工作人员控制（图 9–2）。

**媒体设备**。发言人可能会用到幻灯片、投影仪等设备。所以在会前应该了解发言人是否需要这些设备，如需要这些设备会场又不能提供，应及时加以解决。还要

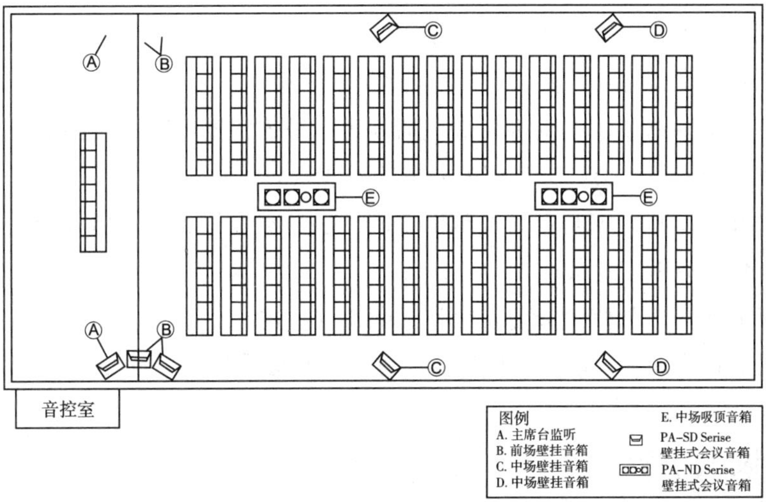


图9–2　会议音响平面布置图

了解发言人使用麦克风是固定式的、支架式的还是别针式的，应根据发言人的要求加以配备。

### （六）其他服务细节的布置

会场其他服务细节的布置也应当细心、周全。比如，在会场设立一定数量的指示牌来指示会议场所、餐厅、厕所等的位置，以方便与会者寻找；一些大型会议如果在会议中心举办，那么通常不会发生电梯拥堵或不足的情况。如果会议在饭店举办，各会议室之间有的相隔好几层，那么很难保证不发生电梯拥堵或不足的情况，所以电梯也是一个应该引起考虑的因素；还有在选择会议地点时，要进行实地考察，以确定该场地是否有良好的隔音设施，这对一些重要会议具有相当大的意义。只有综合考虑各种因素，做好会前充分准备，才能确保会议的顺利召开。

## 二、会议注册管理

会议注册管理是会议接待的第一步，关系到与会者对会议工作人员素质和专业水平的认知，更是与会人员参会记录的一个信息资料，可以为以后邀请参会人员提供参考，所以要用心对待。

**精心布置会议注册登记处**。会议注册登记处是与会人员参加会议的第一个影响场所，会议注册登记处布置得大气、稳重，会给与会人员庄重、典雅的感觉，因此在布置时应精心，要达到方便、快捷、自然的效果。

**提前准备好注册表**。提前准备好注册表可以节省注册时间，提高注册的工作效率，也会使与会人员体会到会议服务人员的专业素质。

**分类登记**。是指根据与会人员身份不同予以分类登记，这对后期会议效果及会议影响力评估都有借鉴意义。

**发放资料袋**。发放资料袋也是会议注册工作中的一个重要环节。资料袋里有与会者需要的会议主题文件以及一切参会信息，对与会人员至关重要。

## 三、会议入场管理

**限制入场管理**。现在一般会议都根据会议邀请函来限制入场。限制会议入场管理对会议的安全召开、会议机密的保护等都有重要作用，因此要严格控制，以保障会议的有序召开。

**票券受理**。现在很多会议是免票入场。但有些会议为保证会议入场时的有效管理，体现会议的重要性，不售票但会事先发放相应的入场票券。与会人员只有持有效的入场票券才能入场。这就要求会议组织者做好入场时票券受理工作。

## 四、会议录像

众所周知，声音是不可以阅读的，而大部分会议的内容是要进行上传下达的，所以只有形成文件资料或者录像资料，才可以更好地实现会议内容和精神的传达。相比于文字资料，会议录像更直观、更形象。会议中某个发言者精彩的发言部分经过会议录像可以再现风貌，并且会议录像也便于携带和保存，以便使不在场的人员更好地学习和研究。要求会议组织者做好相关准备工作。

## 五、会务服务

会议活动只有通过严格的组织、管理和高效的服务才能有效顺利地进行。会议活动的规模越大，组织、管理、服务工作就越多、越复杂。因此，我们把举办会议的各项具体组织、管理和服务工作统称为“会务”。会务工作系统内容多而复杂，要求相关人员做到：

- 提供信息和建议，为会议领导管理系统确定会议的目标和议题起参谋作用；
- 根据会议领导管理系统确定的议题、时间和形式，提出会议的议程、日程以及程序的草案，呈领导管理系统审批；
- 根据会议领导管理系统的要求拟写会议的报告、讲话、最后文件草案，审查与会单位或与会者提交的会议发言材料；
- 根据会议的要求安排会议的场地并布置会场；
- 做好会议活动的接待工作；
- 做好会议的各项记录；
- 做好会议的对内和对外宣传工作；
- 做好会议工作精神的传达和反馈工作；

- 处理好代表的提案、议案和各项书面建议；
- 总结会务工作的经验和教训；
- 收集会议文件，做好立卷归档工作；
- 注意搞好会议活动的综合协调，及时处理各种突发事件，保证会议顺利进行和圆满结束。

综上所述，会务服务系统的设置要遵循适应需要、机构精干、责任明确、相互协调和制度健全的原则。

## 六、会议餐饮服务

**制作团体菜单**。制作会议的餐饮菜单时应根据接待的规格、预算和宴请的形式安排。做好相关的订菜和订酒水工作。

**了解特殊要求**。订菜前要了解客人的喜好与禁忌。宴会上端上一盘客人喜欢吃的菜肴，会使客人感到亲切、温暖。对客人的饮食禁忌要慎重对待，不可马虎。如宴请伊斯兰教信徒忌食猪肉制品，佛教徒忌食荤，西方人忌食青蛙、鸽子、蛇、猫、狗等动物。无论宴请哪一种客人，都应该事先开出菜单，经领导人批准后再具体安排。

**做好茶歇服务**。在会议活动开始后1个小时或者两个小时时，必须安排一定的会间休息时间，这称为茶歇。会议中间安排茶歇可以使与会者提神，让未吃早餐者充饥，同时增加与会者交流的机会。目前，举办会议时常见的茶歇品种有茶、咖啡和点心。布置茶歇应该准备满足与会人员数量的所需物品，要根据与会者的人数布置休息厅、烟具和招待用具等。最重要的是在茶歇期间的服务工作以及在茶歇后的收尾工作。

**其他注意事项**。在餐饮服务中，还要考虑诸如宴会是否需要特殊的装饰；在宴会上是否需要安排音乐演出；如果要安排音乐演出应该演奏什么样的音乐才能更好地切合会议主题，融洽会议的气氛等。

## 七、会议安全服务

会议的安全是会议顺利、成功召开的前提条件，因此要慎重对待。对于绝密会议，会议场地要保密，安排专人监控，要了解并掌握会场内部和外部周围的环境、情况。对会议现场要采取严格的保密措施，要在会场周围设置必要的警卫，限制无关人员接近会场，注意发现各种可能造成泄密的情况。

**防盗管理**。会议的主办方和承办方还要特别关注如何举办一个安全的会议。他们希望确保与会者的人身及财物安全，做好会议期间的防盗管理。要做好防盗管理，除了配备保安人员外，还应该采取一系列保安措施，包括配备电子锁以及在会场安装高科技的警报和监视系统等。此外，一些大型国际会议召开时甚至动用警犬巡逻。

**突发事故的表现和处理**。举办会议时，主办方还应该考虑到会议的突发事件，例如火灾、爆炸、恐怖袭击等。在会议召开前应对这些突发事件制订严密的预防和处理方案，并将责任落实到部门和个人，要对涉及会议的有关单位和人员进行全面培训，增强其责任感，排除不安全隐患，如若发生突发事件时能有效控制。

**会议保密管理**。会议保密管理工作贯穿于会议工作的全过程，会中保密显得尤为重要。做好会议的保密工作，是保障会议顺利进行的重要条件。保密部门应根据会议性质和与会人员情况，采取必要的安全保密措施。要着重抓好会议驻地、会场的安全检查和防特、防盗、防暴工作，严格保密纪律，杜绝泄密。

## 第三节　会议（会展）旅游项目策划

### 一、会议旅游项目规划的原则

**会展为主，旅游为辅**。参展商前往会展举办地的根本目的是“参展”而非“旅游”。因此，在对会展旅游项目进行策划时，必须秉承“会展为主，旅游为辅”的原则。

**会议旅游项目应该突出会展主题**。会议（会展）旅游项目策划必须以会展的主题为核心展开。在进行旅游项目策划时，在对会展的主题有一个正确而充分的认识的基础上，设计出切合会展中心思想的旅游项目。

**适应性强，留有较大的选择余地**。在进行会议旅游项目策划时，必须对不同参展商的不同要求有所考虑，有的参展商注重会后旅游，有的参展商则注重会后考察市场。

## 二、会议旅游项目策划流程

**收集、分析相关资料**。以科学的方法，有系统、有计划、有组织地收集、调查、记录、整理、分析市场信息，客观地测定与评价，发现各种事实，用以作为各种决策的依据。

**市场定位和确立目标**。结合市场供给情况和自身资源等确定目标群体、旅游项目的类型、消费结构等。

**提出项目的初步创意**。通过对市场前景、同类展会的竞争能力、本次展会的优势条件分析以及潜在客户需求调查，提出会展旅游项目的初步方案，包括主题、理念以及主要内容等，一般须准备多个备选。

**对备选方案进行论证**。对备选方案组织专家进行评估、讨论，可以采用头脑风暴法、专家小组法等。

**选定项目方案**。选定最好、最合适的项目方案。

**编写企划书**。企划书是创业者（或是企业主）与潜在投资者之间的一种最有效的沟通工具。其内容包括企划的目的、实施场所、时间、缘由、方法、预算及效果评估等。

会议旅游项目策划流程如图 9–3 所示。

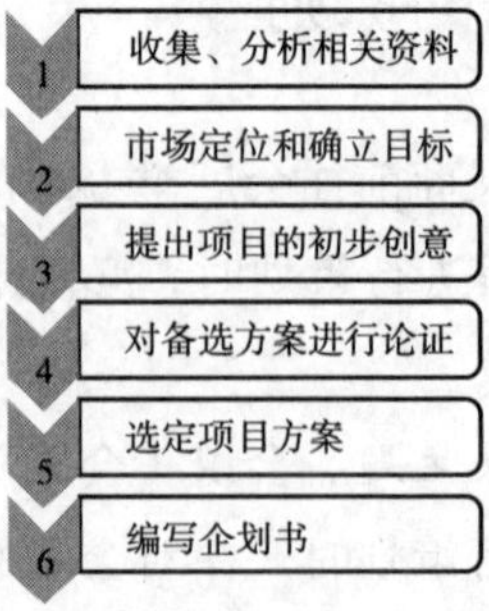


图9–3　会议旅游项目策划流程

## 三、会议旅游项目选定

会议旅游项目策划要求会议主办方区分会议旅游者和普通旅游者。

相关链接 搜索

### 会议旅游项目策划成功秘籍

1. 列出可供选择的清单

必须制作一个会议场所清单表，清单表上需注明会议要求的所有重要条件。如果清单设计得合理，表明了饭店的条件好坏，将大大方便于会议场所的比较和选择。

2. 选择合适类型的场所

选择适合的会议场所，必须依据当地可提供的会议资源状况及该会议的程序、预计的与会人数、与会人员的背景情况，以及最重要的会议目的、目标和与会者的偏好等因素综合考虑。

3. 会议类型与场所的搭配

- 举办培训型会议的地方最好能提供专门工作人员和专门设施的成人教育场所；
- 研究和开发型会议需要有利于沉思默想、灵感涌现的优美宁静环境；
- 奖励、表彰型会议要有档次、引人入胜，会议的目的是对有杰出表现的员工予以奖励；
- 对于交易会和新产品展示会，需要选择有展厅的会议场所，交通必须便利。

4. 现场参观注意事项

- 报价方接受和同意会议明细表中各项事宜；
- 报价方应是候选名单中较好的一个；
- 对报价方拟订的合同条款基本接受。

5. 亲临现场实地考察

- 会见能做决策的人，这样有利于以后解决可能出现的交易问题；
- 在对方建议的日期去进行参观，最好不要在饭店客满时去参观；
- 不要出于个人原因再次参观饭店，不要带家属同行；
- 想一想是以一个普通客人身份不宣而至以检查饭店对客人的接待情况为好还是事先通知饭店以贵宾身份前往以检查饭店是如何接待贵宾的；
- 考虑另一家饭店作为“备选”。

一般情况下，会议旅游者主要是指那些因为参加会议或展会而到异地，在完成会议或展会的同时在当地进行以考察或是休闲旅游为目的的旅游观光人群。同时，在景点的选择上更注重选择那些有行业相关文化背景的景点进行观光游览。一般地，会议旅游者要在参加完展会或会议后，对当地市场进行初步的考察。

另外，会议旅游项目也要求会展服务人员具备一定的专业技术和职业技能；乐于与人交往，亲和力强；乐于且善于指导诱导，有一定的组织能力；喜欢与不同文化背景的人打交道；有能适应多种展会或会议角色的能力。

# 第四节　会议（会展）旅游产品的特点、形式与推介

## 一、会议（会展）旅游产品的层次性

**旅游线路的层次性**。由于会展旅游者受教育程度比较高，在产品类型上，选择传统的观光旅游、生态旅游、高科技旅游以及一些参与性极强的旅游项目；在产品内容上，鉴于会展一般在经济比较发达的大城市举行，可以根据其商业性极强的特点，推出投资考察游等专项旅游产品；在旅游过程中，旅行社还可以根据这些旅游者独立性极强的特点，广泛采取半包价、小包价等多种产品形式；在日程安排上，也要以半日游、一日游、二日游等中、短线游为主，以配合他们的工作计划。

**消费水平的层次性**。从旅游消费的多层次性出发，结合我国旅游业发展方式的转变和转型升级，在继续重视满足人民大众一般性旅游消费需求的同时，必须进一步重视中高端旅游消费需要，要提升旅游项目、产品、服务的档次水准，发展深度观光、康体度假、运动健身、体验互动和各种类型的专项旅游、特种旅游，提供标准化、特色化、个性化、细微化、人性化的旅游服务。

**旅游主题的层次性**。除了消费水平上的差距外，会展旅游者在文化层次和知识结构上也表现出参差不齐的状态。会展旅游者对旅游产品所体现和蕴涵的文化内涵及主题有不同要求。

## 二、会议（会展）旅游产品的形式

**全包式**。从交通票务、接送、住宿、会务费、餐饮到所有的会展旅游活动，以一个价格报出并做统筹安排，更经济划算，购买者会获得一定的优惠。

**菜单式**。由于时间不足、费用限制等原因，除会务费必须交纳外，在交通票务、接送、住宿、餐饮及会展旅游活动中，由与会者自行选择几项会议产品及其相关服务，省略某一项或某几项。

**自助式**。与会者除会务费必须交纳外，不再通过会议策划机构预先购买交通票务、迎送、住宿、餐饮及会展旅游活动中的项目。

## 三、会议（会展）旅游产品的推介

**广告宣传**。广告作为一种高度公开的沟通方式，在信息传播上能发挥相当大的作用，它借助电视、广播、报纸、杂志四大传统媒体和网络、手机等新型媒体，不但能促进销售，还能在一定程度上树立企业形象。

**参与承办**。取得会展活动的承办资格是旅游企业推介旅游产品的一条捷径。作为承办者，由于可以获得主要参展商的详细信息以及与之直接接触的机会，可以说取得了先发优势。通常旅游企业只要将各种旅游产品和服务信息传递出去，继而就会收到参展商的预订。

# 第五节 会议（会展）旅游运作实务

## 一、服务部门和企业

**旅行社**。旅行社是指以营利为目的，从事旅游业务的企业。旅游业务是指为旅游者代办出境、入境和签证手续，招徕、接待旅游者，为旅游者安排食宿等有偿服务的经营活动。

**饭店**。饭店是以建筑物为凭证，通过出售客房、餐饮及综合服务设施向客人提供服务，从而获得经济收益的组织。目前饭店的类型有星级饭店、经济型饭店、会议型饭店、主题饭店、社会旅馆等。

**景区**。景区是指具有一定的自然资源，为游客提供游览、观光、探险、休闲、科考等服务的营利性机构。根据风景资源类型、景观特征或游人观赏需求而将风景区划分成人文旅游景区、自然旅游景区。

## 二、服务模式

**自行策划组织**。自行策划组织是指会展主办方自行安排和组织参展商的各项旅游活动，由于在旅游服务方面不具备完善的技能和专业素质，自行策划组织模式通常会影响会展旅游活动的质量，因此，会展主办方往往将旅游服务外包给专业的旅游公司。

**旅游委托代理**。旅游委托代理是指通过公开招标的方式，选择专业旅游服务企业作为承办方，将与旅游相关的服务委托给对方，通过外包实现资源优势的整合。旅游委托代理模式是会展业和旅游业实现共赢的基础。在发达国家的大型会展活动中，委托运作模式对于提高会展的质量发挥了重要的作用。

## 三、旅行社会议旅游服务

### （一）事前阶段

项目的策划：确定活动目标、内容，体现一定可行性、创造性、时效性和灵活性的策划活动。

对项目进行可行性研究：通过优劣势分析，优化和选择方案。

编制可行性研究报告。

对项目进行评估和审批：首先确定项目目标，其次对项目工作进行分解；然后为各项任务确定时间；接着分配资源，按各项工作的性质量大小的不同对人力、物力、财力进行妥善分配；最后确定最终计划。

### （二）事中阶段

接待与会者：派专人负责机场、车站的礼仪接待服务；提前到饭店、会议室摆放好欢迎的条幅、欢迎牌、指示牌等；为 VIP 客人提供特殊照顾和服务。

资料准备：准备好会议所需要的资料、用品等一切与会议有关的物品及设施设备。

场馆检验：派专人到会议现场检查设施设备的运行情况。

与会者服务。

项目服务：为与会者提供专门的翻译、摄像、礼仪公关、文秘等必要的工作人员。

### （三）事后阶段

项目评估：对效益如何，存在什么问题，如何处理，今后有无必要举行等问题做一个及时的反馈。

项目总结：通过对工作资料的整理，已做工作的评估形成总结报告，为未来工作提供数据、资料、经验和建议。

## 本章小结

本章系统讲解了会议和会议旅游策划的主要内容和方法，会议日程、议程、程序之间的联系与区别，掌握会议现场布置、注册管理、入场管理、安全服务、餐饮服务等内容，对会议（会展）旅游项目策划、会议（会展）旅游产品推介和运作实务等也作了相应介绍。

## 思考与训练

**一、名词解释**

会议议题　　会议日程　　会议预算　　会务服务

## 二、填空题

1. 会议策划有____、____、____、____、____、____等六个要素。

2. 会议预算分为_____、_____两个类型。

3. 会场装饰有__________的作用。

4. 会议时间指______________。

5. 会议协调有______________的原则。

6. 会议发言的基本要求有______________。

7. 会议对象可以根据______________来确定。

8. 根据会议的规模可以把会议分为________________。

9. 会议的公关对象有________。

10. 会议的议程有____、____两种顺序。

## 三、简答题

1. 简述会议预算的原则。

2. 简述会议协调的方法。

3. 简述会议议程、日程和程序的区别和联系。

## 四、案例分析

### 黄山会议旅游目的地旅游案例

作为中国优秀旅游城市，黄山位于中国华东地区中部，民航班机连接全国各主要城市，铁路交通贯通南北。高速公路的兴建，使黄山与杭州的汽车运行时间缩短为2.5小时，至上海仅需4.5小时。黄山市是中国唯一的拥有两处世界遗产的地级市，其中黄山风景区是世界文化、自然遗产，皖南古民居的西递、宏村是世界文化遗产，并且拥有中国道教四大名山齐云山，世界第九大奇迹“花山谜窟”等著名景点。黄山古为徽州地区，是纵横中国数百年的徽商发源地，这里风景优美，民风淳朴，安全问题可以保障。黄山物产丰富，消费水平低，物价便宜，特产众多。黄山市旅游服务业发达，拥有众多高星级饭店，会议设施完善，价格实惠。

根据上述案例回答如下问题：

根据以上案例，分析会议场所选择需要考虑哪些因素。

## 五、实践与训练

中国义乌具有“小商品海洋，购物者天堂”的独特优势，并成功举办2009中国（义乌）国际旅游商品博览会，依托旅游商品方面的巨大优势，义乌“购物旅游”已经成为“义乌现象”之一，对促进和完善商务旅游、会展旅游具有一定的现实指导意义。为深入剖析旅游商品与购物旅游的内在联系，积极探索旅游商品发展规律，促进旅游产业升级和旅游商品转型，积极探索商务旅游、购物旅游与休闲旅游、会展旅游、观光旅游相结合的新途径、新方法，很有必要举办全国性旅游商品发展高峰论坛。

实训项目一：请根据以上会议背景，编写中国（义乌）旅游商品发展高峰论坛方案。

中国（杭州）国际网络营运商大会，预计会议规模600人左右，其中境外（含港澳台地区）代表约100人，部分境外代表还要求会后考察中国义乌小商品城。大会期间安排1天时间的旅游活动。为最大限度地节省成本，提高专业化服务水平，除了基本会务工作（大会资料分发和招待晚宴会）外，大会主办方准备把本次大会的会议接待、住宿、餐饮、旅游、考察等全部外包给××旅行社。

实训项目二：请以本次大会旅行代理商的身份编写中国（杭州）国际网络营运商大会会议旅游（考察）服务计划书。

# 第十章 会展客户关系管理与跟踪服务

熟悉会展客户管理的基本内涵，能有效地管理会展企业的客户，处理会展客户的投诉，为会展企业维持较好的客户忠诚度。

本章重点介绍会展客户关系管理的生命周期和会展客户关系管理的策略。包括会展客户的含义、会展客户关系管理的必要性、会展客户关系管理的基本内容、会展客户消费价值管理、会展客户满意感管理、会展客户忠诚度管理、会展客户投诉的处理、会展客户服务流程。

## 学习目标

### 方法能力目标

理解会展客户关系管理的必要性，并能运用相应管理策略，分析会展客户消费价值管理的内容；学会正确的思维方法，努力培养学生解决问题的能力。

### 专业能力目标

了解会展客户关系管理与跟踪服务的含义及内容；熟悉会展客户关系管理的具体流程。

### 社会能力目标

能处理客户关系管理中各环节中的投诉事件；并能运用客户满意感管理进行客户忠诚度管理；能针对具体会展企业设计客户关系管理程序。

**案 例**

### 人性化服务是香港会展业成功的基础

香港致力于发展人性化服务远走在内地的前面，尤其是会展业，不但设备先进，功能齐全，其人性化细致周到的服务，让人如沐春风，惬意怡然。

首届亚洲展览论坛在香港举办，论坛开幕前一个月，所有受邀代表都可以在香港展会的网站浏览有关论坛的一切内容，包括论坛举办地点、指定饭店位置等都有清晰的标志。论坛正式开始前会议厅不开放，参会者签到后，可以在门厅享用茶点。这是主办方的刻意安排，为与会者创造交流沟通的机会。入场时，每位代表都可以凭自己的名片换取同声传译机，1 频道是英语，2 频道是汉语。许多细心的代表发现，只有 300 人与会的本次论坛代表胸卡的差别很大。第二天参加深圳活动的人还多一页绿色标志：这是主办者为代表快速通关准备的。嘉宾发表演讲前，工作人员都会换上有演讲者名字的标牌，并为演讲者准备一杯水……这些细致的服务，也许并不是论坛取得成功的关键，但却是必不可少的。每当遇到工作人员，就会听到他们礼貌的声音：“先生，我能为您做些什么？”这便是香港会展业发达的重要原因了。

**案例分析**

人性化服务在展会中的重要性体现在哪儿？

# 第一节　会展客户关系管理

## 一、会展的客户

**会展客户的广义含义。**广义上的会展客户是指与会展企业发生会展业务关系

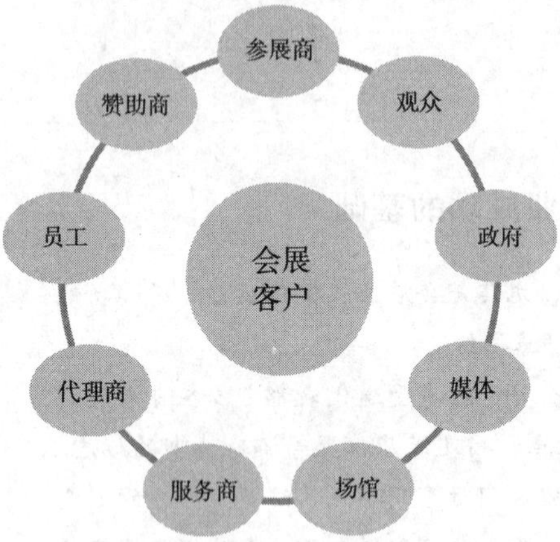


图10-1　会展广义客户关系图

的组织或个人，包括参展商、观众、政府、媒体、展览馆、服务商、代理商、员工、赞助商等（图 10-1）。

**会展客户的狭义含义。**狭义上的会展客户是指给会展企业直接带来经济效益的组织或个人，主要是指参展商和观众。但由于会展业是个综合性很强的服务行业，举办一次展会是涉及方方面面的庞大系统工程，因此会展企业应将展会期间所涉及的相关机构及人员都作为客户并进行有效的管理。

## 二、会展客户关系管理的概念

### （一）会展客户关系管理

会展客户关系管理源于客户关系管理（Customer Relationship Management，简称 CRM），是指展会主办方在会展各项活动中，无论是展前的立项策划、招商招展、宣传推广，展中的各项服务及管理，还是展后的跟进与更新，通过收集客户信息，在分析客户需求和行为偏好的基础上积累和共享客户知识，并有针对性地对不同客户提供个性化的展会专业服务，以此来培养客户对展会的忠诚度和实现展会与客户的合作共赢共荣。

### （二）会展客户关系管理的流程

**了解客户。**要想做好会展客户关系管理，首先必须认识我们的客户，了解客户的需求。如客户对价格的敏感程度有高有低，跟企业合作的意愿有高有低等。

**客户价值。**从消费者的角度而言，客户价值是指客户在从事购买活动中获得的净收益，即客户价值 = 客户购买总收益 - 客户购买总成本；从会展企业的角度而言，客户价值是指客户给会展企业所带来的收益，它包含时间和价格两方面因素。如长期稳定的展览客户相对于偶尔与企业接触的客户，前者价值肯定更高。

**争取客户。**建立客户关系关键是要增加接触点，尽量多地创造和客户接触的机会。企业与客户的接触点越多，建立起客户关系的可能性也就越大。

**保持客户**。保持客户关键是帮助客户解决问题，给予客户较好的服务和关怀。

会展客户关系管理流程如图 10-2 所示。

图10-2　会展客户关系管理流程图

### （三）会展客户关系生命周期

是指展会与客户的关系能维持的时间。当然并不是所有的客户关系都经历这五个阶段，有时客户可能参加某展会就对展会产生信任，这样确认和信任阶段合二为一。另外有些客户可能刚参加某展会就发现与其目标不相符就决定不再参加了，这样可能客户关系从培育阶段就直接进入了消失阶段（图 10-3）。

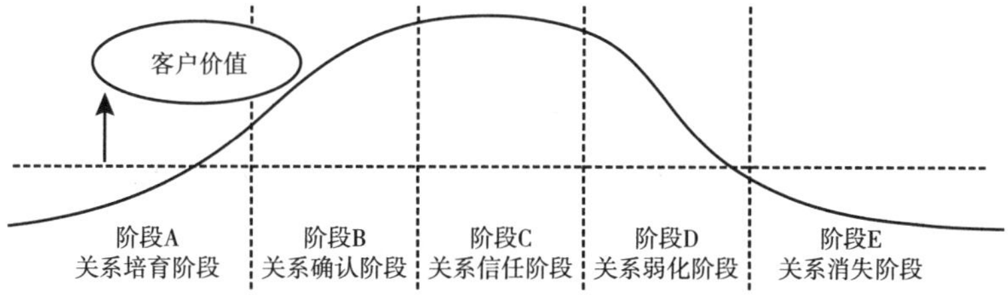


图10-3　客户关系生命周期图

因此，要想延长客户关系生命周期，重要的是要延长客户关系确认和信任阶段，这样就可以不断地将现实客户转变为忠实客户，以提高展会的竞争力。

## 三、会展客户关系管理的必要性

### （一）会展客户流失严重

**“以客户为中心”的思想在展会管理中没有得到体现。**展会结束以后，能主动与客户进行交流来获得反馈信息的展览公司很少，大部分企业只是整理好客户（参展商和专业观众）的名片以备来年再用，很少关心客户是否在本次展会中受益、客户对本次展会有何看法等问题。

**同一区域内相同主题展会竞争激烈。**据统计，我国大部分会展业平均每年有高达45%的客户流失。因此，如何抓住客户（参展商和专业观众）、提高客户的忠诚度已成为创品牌展会的关键。

**会展企业现有管理技术未能满足客户的个性化需求。**国内许多会展企业在管理客户信息时，仅局限于较小规模。当客户的数量不断增加时，已有的客户资料系统和数据库系统就不能满足其需要，于是，更新管理系统和管理技术成为我国大部分会展企业当前最重要的任务。

### （二）会展客户关系管理与竞争

会展主办者多元化、展会题材重复化、主办城市间竞争日益加剧、中国加入世界贸易组织后国外著名会展企业及展会将逐渐进入中国市场，这都是我国会展业面临的严峻考验。

### （三）会展客户的个性化、多样化

客户的需求是不断变化、多种多样的，只有实施客户关系管理，提供给客户个性化的服务，才能更好地满足不同客户的不同需求，使客户的各种目标得以实现，才能赢得客户的兴趣及信赖，才能赢得客户。

### （四）会展业发展必然要求

客户是企业的宝贵资源，离开了客户，企业就没有生存之本。全面实施客户关系管理，是企业的一种先进的营销和管理手段。在不断激烈的竞争环境中，只有以客户为中心，努力创造及满足客户的需求，使客户满意，获得客户的支持，才能使自己在竞争中立于不败之地，才能得到长远的发展。

### （五）会展客户关系管理的必然性

首先，会展业属于第三产业，它的产品就是对参展商或观众的直接服务。有研究表明，吸引一个新客户所耗费的成本大概相当于保持一个现有客户所耗费的成本的5倍。这就决定了会展企业要重视客户关系管理，要以客户关系为纽带，以客户关怀为手段，以客户数据为基础，努力提高客户关怀和客户满意度，以此增强客户（参展商）对企业的忠诚度。

其次，客户（参展商）处于会展价值链中的核心地位。展览活动中，不管是主办者或会展场馆的经济收益，还是展会产生的社会效益，都来自参展商。因此，会展企业必须处理好与客户之间的关系。

最后，客户（参展商）的连续参与是会展企业长期利润的源泉。客户（参展商）的连续参与也是培育一个品牌展会的根本所在，参展商是否连续参展已成为一个展会成功与否的重要指标。所以，选择客户关系管理，保持现有客户的连续参展已成为会展企业发展的必由之路。

## 四、会展客户关系管理的基本内容

### （一）客户满意

客户满意是客户参加会展后对会展的综合满意的程度。展会主办方必须把满足客户的现实需求和潜在需求作为会展发展的重要组成部分，并在会展服务的各个环节中尽可能满足客户的特殊需要，特别要及时跟踪研究客户满意度的变化，并据此改进会展服务，研究会展定位，调整办展业务流程，以稳定老客户和赢得新客户。

#### 1. 会展客户满意的纵向三个层次（图 10-4）

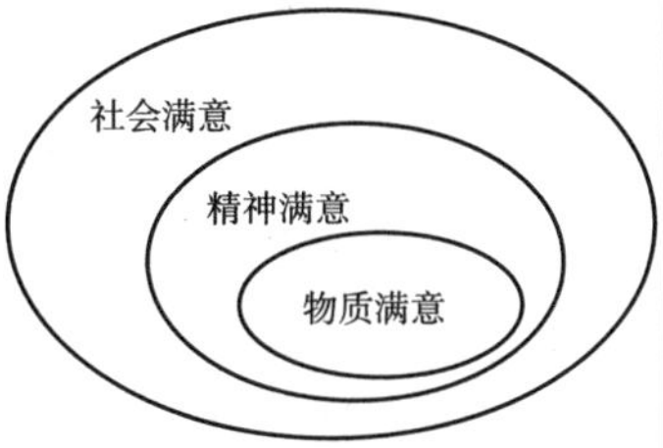


1. 物质满意：客户对会展的功能、品质、定位和绩效等感到满意，是核心层
2. 精神满意：对会展的服务、展览环境、工作人员的态度和服务过程的满意，是客户满意的外延层
3. 社会满意：客户对在参展过程中所体验到的会展对社会利益的维护感到满意（环保、就业、相关产业赢利带动和城市建设等）

图10-4　客户满意的纵向三层次

### 2. 会展客户满意的横向四个层次（图 10-5）

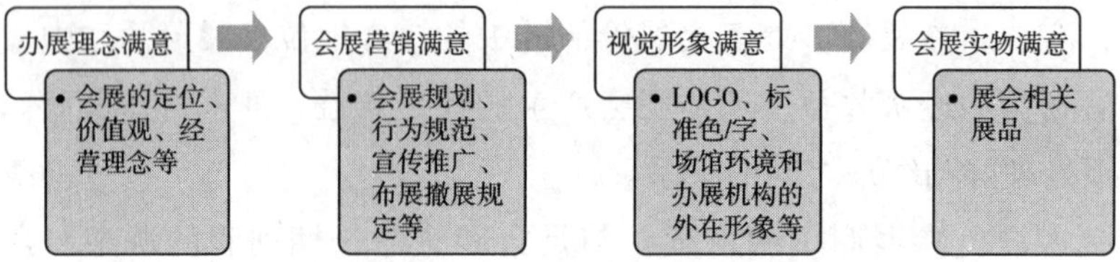


图10-5　客户满意的横向四个层次

### 3. 会展客户满意度公式

会展企业用会展客户满意度作为指标，直观的表示方法是：

会展客户满意度 = 参加会展的期望所得 – 参加会展的实际所得

前者大于后者为客户不满意，相等为基本满意，前者小于后者为客户惊喜。会展活动项目要努力追求客户惊喜而不是基本满意。

## （二）客户价值

客户价值又称客户让渡价值，即客户从参加会展及其服务中所获得的总价值减去为参加会展而支出的总成本。客户总价值是参加会展的全部收益，包括：会展价值（会展功能、特点、品质、品牌等）、服务价值（要提供个性化的满意服务）、人员价值（服务人员的态度、举止、专业技能、知识等）。客户总成本是客户为参加会展而支出的所有耗费，包括：货币成本（包括展位租赁费、展品运输费、展位装修费、人员费用和相关宣传费等）、时间成本（包括展品筹备、参展人员组成和培训时间、出行时间、各种签证、手续等）、精力成本（交通、安全、策划、宣传等）、心理成本（对会展效果的不可预测）。

相关链接　搜索

**客户价值应“区别对待”**

莎士比亚说：“闪光的不一定都是金子。”同样，客户也不一定都是上帝。一项研究表明，企业在客户开发工作上，平均有38%的潜在客户白白浪费了企业的时间和精力，最终企业还是放弃了这些客户。

美国管理学大师唐·佩珀斯和马莎·罗杰斯根据顾客对于企业的价值，将顾客划分为三类：最有价值顾客（Most Valuable Customer，简称MVC），最具增长性顾客（Most Growable Customer，简称MGC），负值顾客（Below Zero Customer，简称BZY）。一家企业必须坚守住其MVC，尽量尽快地将其MGC转化为MVC，同时最为重要的就是尽快抛弃掉BZC，因为BZC给企业带来不了任何价值，只会耗用企业资源。

## 五、会展客户关系阶段性策略

**关系培育阶段**。展会通过市场细分，确定特定的目标客户群，并通过市场调查识别目标客户的需求，然后针对这些需求采取有效的营销手段吸引他们对展会的注意，使目标客户逐步对展会产生一种认知。在此阶段，展会与客户之间并没有发生真正的接触，客户基本上都是通过各种信息渠道来了解展会，展会则是通过各种营销渠道和营销手段来培育客户与展会的关系。对展会来说，客户此时只是“潜在客户”。对客户来说，展会只是他们可选择参加的目标之一，展会与客户之间的关系还很脆弱。在这一阶段里，展会的宣传推广等营销手段和口碑传播至关重要，它们的好坏直接影响客户的决策，影响到展会与客户关系的进一步发展。

**关系确认阶段**。通过展会的宣传推广等营销手段和口碑传播，客户在持续认知展会的基础上开始考虑是否参加该展会。客户通过对参加该展会所期望获得的价值和准备付出的成本的评估，决定是参加该展会还是参加其他同类展会。一旦客户决定参加该展会，那么潜在的客户就变成了现实的客户；如果客户认为参加该展会得不偿失，那么他们就可能去参加其他同类展会。客户一旦参加了该展会，则客户与展会之间的关系就得到初步确认。

**关系信任阶段**。客户刚开始参加某一个展会，很多时候可能是出于一种尝试，即他对展会还并不是特别信任，他必须通过自己的亲身经历来增强自己对展会的判断：该展会是否值得参加？客户往往要参加一次或几次展会后才能得到这一判断的答案。如果参加几次展会以后，客户已经完全信任该展会能实现自己参加展会的目标，那么他就会成为展会的忠实客户，展会与客户之间的信任关系就得以建立，成为忠实客户。

**关系弱化阶段**。客户的需求和参加展会的目标是随着时间的变化而不同的，除非展会能不断创新以满足客户的需求，否则，客户在参加展会几次之后必然会发现展会已经对自己没有吸引力了，参加展会的所得很小而成本却很大，这时，他们对展会就会由信任而转变为不信任。一旦客户对展会产生不信任，客户与展会的关系就将开始弱化。

**关系消失阶段**。一旦客户与展会的关系开始弱化，如果展会不及时采取补救措施，那么该关系就会继续弱化，当这种弱化的客户关系达到某一个客户不能容忍的临界点时，客户就将不再参加展会，这时，客户就会流失，展会与客户的关系就将基本结束。如果经过展会的客户挽留措施，客户还是难以挽回，那么，展会就将失去该客户，展会与客户的关系就将消失。

# 第二节　会展客户关系管理策略

## 一、会展客户消费价值管理

### （一）会展行业的特点

会展是一种新兴的行业，有人把它比喻为“城市的名片”，或是“从飞机上撒美金”，这说明举办一个有一定规模及效应的会展，可以扩大城市甚至国家的知名度。在我国，已经成功举办的 2008 年奥运会以及 2010 年上海世博会分别对举办地北京以及上海产生了不可估量的影响力。同时，会展可以带来一定的经济效益，除了能给会展企业带来效益外，还能拉动其他相关行业的发展，如城市建设、城市交通、旅游饭店业、交通业、通信业、房地产业等。如广州的很多企业特别是一些大企业每年都拨出一定经费参加展会，并将参加知名展会纳入企业整体营销战略计划中。

## （二）消费价值的概念

所谓消费价值是指客户在自己获得的利益与付出的代价比较的基础上对产品或服务效用的评价。任何企业要想取得竞争优势都必须重视并设法提供较高的消费价值，会展企业也不例外（图 10–6）。

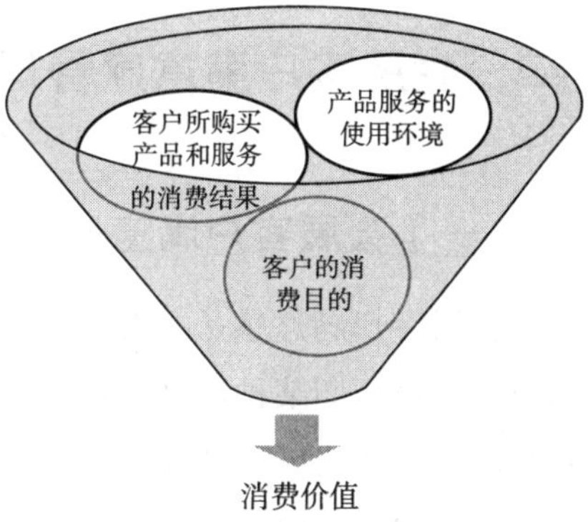


图10–6 消费价值三因素

## （三）会展客户的消费价值

会展客户消费价值是指会展客户在一定的使用环境中对会展的产品及服务的属性、效用及消费结果对参展目的满足程度的评价。

**参展商参展的价值。**对参展商来说，他们参展可以实现接触、发现新的市场，了解本行业的发展情况，寻求合作机会等目标。

**观众参展的价值。**对于观众来说，他们参展可以获得最新的市场信息，建立新的客户关系，加强新的业务关系，寻找适合的供应商等。

**对会展客户消费价值的管理。**展会主办方要吸引参展商和观众来参展，就必须采取客户消费价值管理的策略，为会展客户提供他们各自期望的消费价值。首先，要把客户的消费价值导向纳入公司的整体战略计划流程中，公司的所有员工都应以为客户提供最大的消费价值为导向，公司所有层面的战略战术环节都应该贯彻客户的消费价值导向。其次，了解客户的消费价值。前面已经分析过参展商和观众的消费价值，具体到某种项目，不同类型的展会，展会主办方的办展目的和策划策略各不相同，当然他们所期望的客户消费价值也有所区别，因此就要求展会主办方要充分了解客户的消费价值，了解他们的特殊要求，尽可能满足客户的需要。再次，促进参展商、观众与其他服务部门的沟通。由于会展客户最终的消费价值还受到其他因素如配套服务、政府政策等的影响，因此会展企业应尽力促进他们和相关服务部门沟通，以期各方都能获取期望的消费价值。最后，应尽量减低参展商和观众需要付出的代价。这主要通过降低客户参展的货币成本、时间成本和精力成本来实现，当然这也因展会、因客户而异。

## 二、会展客户满意感管理

### （一）会展客户满意感的含义

会展客户满意感是指客户将服务的实绩与某一标准进行比较之后而产生的心理反应。客户预期某种产品或服务能够满足自己的需要才会购买。客户满意感通常只有在消费后才能进行评价。会展企业可以通过对客户的期望与实绩比较评价，了解客户再次购买的意愿、了解客户不满意的测评等不同的方法来衡量客户满意感。

### （二）会展客户满意感的管理

要充分了解客户参展的目的，尤其是不同参展商的特殊要求，以便为其提供相应的服务。

对员工的工作服务技能进行培训，使其不仅具有良好的职业素质、工作态度，还要具备比较全面的专业知识，从而可以全方位地为参展商服务。

要注意对参展商的服务是全过程的，贯穿整个展会从筹备、现场到展后的各个环节。

在每次展会结束后要对参展商和观众进行满意度调查，了解会展客户对展会各项指标的综合评价。

要有效处理客户的投诉，客户进行投诉说明希望会展企业解决问题，还希望能维持良好的关系，因此必须抓住机会及时处理投诉。

客户满意感管理要依靠员工的工作得以实现，因此可以将会展客户满意感与员工的工作绩效联系起来，作为考核员工的一项指标，激励员工做好客户满意感管理。

### （三）会展客户满意感管理的重点

会展客户满意感管理的重点内容是参展商和观众对本次参展观展经历的满意程度，因为这直接影响到客户是否愿意再次参展。

## 三、会展客户忠诚度管理

忠诚的客户是指那些长期重复购买企业的产品和服务的客户，忠诚的客户可以为企业带来最大的经济价值。会展业不同于其他行业的特点之一是它的周期性，参展商是否忠诚、是否会连续参展，是展会能够生存发展的保障。因此，对会展企业而言，培育忠诚的客户是非常重要的。

### （一）会展客户忠诚的价值

会展客户忠诚的价值体现在以下几个方面：

**重复购买行为（连续参展）**。重复购买可以为会展企业带来更多的经济收入，忠诚客户还会参加会展企业举办的其他展会，这些都是忠诚客户为企业带来的最直接、最重要的利益。另外，随着企业和客户相互了解的加深，还可以减低会展企业对客户的服务成本，为会展企业获取利润。

**忠诚客户的口头宣传**。忠诚客户不仅自己重复购买服务，还会为会展企业作口头宣传，向其他潜在客户推荐会展企业的展会，自身连续参展也能对其他潜在客户起到一定的示范效应，这要比会展企业的广告宣传更有说服力。

**向企业反馈信息**。忠诚的客户会积极地向会展企业反馈信息，这类信息可能包括对展会的服务提出的意见和建议以及客户需求方面如行业状况、市场状况等信息。

**较低的价格敏感度**。忠诚的客户对会展企业提供的产品和服务的价格不是很敏感，他们相信会展企业提出的价格是公正的，甚至愿意为这种良好的服务植入更多的费用。

**提供专业观众资源信息**。会展企业能从忠诚客户那里获得宝贵的专业观众信息。据调查，在同一个展会中，绝大多数参展商都试图吸引同一部分专业观众，其中有不少参展商有优秀的市场研究部门，掌握了一批专业观众的信息。例如，美国的健康信息与管理协会就制订了一项忠诚参展商紧密关系计划，旨在获得高质量的潜在专业观众的数据库，通过这项计划主办方与三家忠诚参展商紧密合作，使得展会在 2005 年专业观众人数上升了 4.5%。

### （二）如何培养忠诚的会展客户

**寻找正确的客户**。美国学者狄克（Alan S. Dick）和巴苏（Kunal Basu）根据客户对企业的产品和服务的续购率与客户对本企业的相对态度把客户划分为忠诚者、潜在忠诚者、虚假忠诚者、不忠诚者。正确的客户是指那些愿意而且能够对会展企业忠诚，企业为他们服务也能够获利的客户。有些参展商可能只是抱着只参加一届的态度

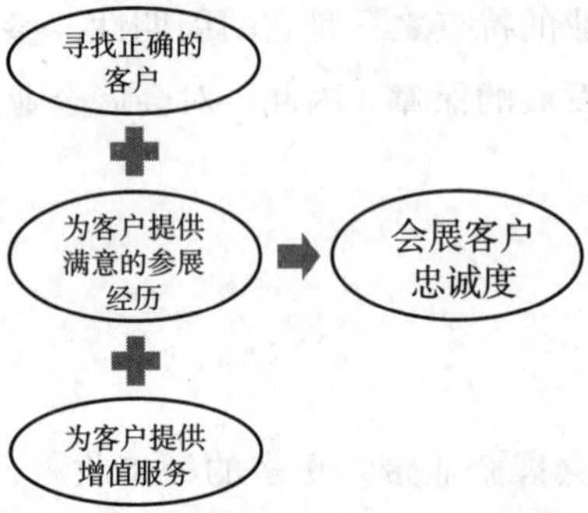

图10-7　会展客户忠诚度培养三准则

来参展，这样的客户就不必投入过多的精力关注。对于行业内有影响力、有价值的参展商，组展商应尽可能将其发展为忠诚的客户，当然并不是只有这样的参展商才是正确的客户，对有些小规模的参展商，尽管最初只是租用小展位，但他们会逐步发展成长起来，因此不能忽视培育小规模参展商成为忠诚客户，从而形成展会发展和参展商成长的良性循环（图10–7）。

**为客户提供满意的参展经历**。客户满意感是忠诚度的基本前提，参展商只有对自己的参展经历满意，才有可能连续参展，才有可能对会展企业忠诚，当然这种满意感如前所述是建立在会展企业对客户的全方位、全过程的服务基础上的。

**为客户提供增值服务**。增值服务有助于提升展会的形象，特别是在核心产品或服务基本雷同的情况下更是如此。会展增值服务主要涉及相关市场信息的提供、同期举办的行业交流会和研讨会等。会展企业不仅要让客户满意，也应尝试提供一些超越客户期望的服务，特别是在处理一些危机事件时要想办法给客户带来惊喜，这种惊喜也往往能够成就忠诚客户。

### （三）维护与忠诚参展商的关系

**了解忠诚参展商的需求**。与参展商特别是忠诚参展商进行有效沟通并全面了解他们的需求是非常重要的。首先，要建立一种良好的沟通渠道，随时了解忠诚参展商的需求，并据此及时对展会进行定制化的调整。其次，要求展会的工作人员无论是销售人员还是现场人员都必须不断与参展商进行交流，及时解决各种问题。

**展会服务与价值有形化**。会展企业不要想当然地认为某个忠诚参展商就一定会参加展会，参展商越来越注重展会效果的定量化评估。会展企业应积极行动，为忠诚参展商提供有说服力的数据，帮助其确认参展的潜在价值。例如，在展会的网站和现场查询系统中，不仅是展台号，忠诚参展商的名称和商标也都出现在展位的布局安排上。会展企业还可以为忠诚参展商提供一系列有形的价值，如免费将公司名称列在赞助名录上，在各种宣传材料上印上该公司的彩色LOGO，在场地安排计划上单独列出，甚至在饭店客房预订上也给予优先选择权等。

**给予特殊待遇**。为吸引忠诚参展商不断参展，应该让他们享有某些特权，这些特权的实质也是提供超值服务。例如，提供主题演讲的前排座位，设置 VIP 贵宾休息室，与特定的产品演示企业预约等服务。

**预防忠诚参展商流失**。对会展企业而言，应尽量维持良好的关系以避免忠诚参展商流失，但在展会忠诚参展商流失时，要找出参展商流失的真正原因，采取相应的补救措施，如不断扩充展品的种类、吸引新类型的专业观众、帮助忠诚参展商实现目标等措施，重获参展商的信任和忠诚。

相关链接　搜索

## 客户关系建设的新方向

随着因特网的快速发展，如今大量企业正迅速转向全球性商务，用电子方式把遍布全球的客户与供应商联系起来。在这种转变过程中，因特网应用不再被局限于围绕着业务应用本身，而是被延伸到用于客户直接的访问和努力为客户提供快捷的信息传递。例如，企业信息门户（Enterprise Information Portal, 简称 EIP）将会成为客户关系管理的新工具。

企业信息门户作为一种新的应用系统概念，正被许多企业所采用。它就像一个超级主页，但比我们常用的搜索引擎要小得多，甚至只相当于浏览器提供商的主页，但是它可以附加上许多服务和属于个人的东西，这样的站点可以使我们通过个性化的大门进入 Web 世界，Yahoo、搜狐、网易等信息门户。企业信息门户的目的是为客户、合作伙伴和员工建立一个个性化的进入整个企业的大门。

企业信息门户是一个应用系统，它使企业能够释放存储在内部和外部的各种信息，让客户们能够从单一的渠道访问其所需的个人化信息。客户们将利用这些个人化信息做出合理的业务决策并执行这些决策，同时发现做出类似决策的其他人并和他们取得联系。

企业信息门户通过及时地向用户提供准确的信息来优化企业运作和提高生产力。这些门户将把存放在企业数据库与数据仓库中的业务智能转变成可利用的信息，并通过浏览器送到用户眼前。

# 第三节　会展客户关系管理的保障体系

## 一、以客户为中心的思想

展会管理者应把“以客户为中心”的思想贯彻到展会的所有环节和具体工作中，贯彻到所有的员工心中。无论是展会的立项策划、招商招展、宣传推广，展中的各项接待工作，还是展会的调查和补救工作等都要考虑到客户的种种需求，从客户的立场来考虑问题，帮助客户解决问题，展会才能被客户接受，展会才有可能成功。

## 二、完善的制度及工作程序

首先，会展企业应根据自身的发展需要建立并不断完善各种制度，包括人事制度、财务制度、公司的整体战略目标等，同时还要制定各个部门、各个岗位的工作职责，包括工作内容、权限、工作要求、标准程序及配套的硬件设施等，以及对客服务规范语言等。制度及程序规定得是否合理先进，直接影响员工对客的服务效果，例如员工的工作权限，很多正规的会展企业高层人员已经意识到充分授权的重要性，纷纷加大一线员工的工作权限，让他们处理客户问题，使他们在处理客户投诉时更主动、更具灵活性，能提供给客户及时优质的服务，让客户由不满到惊喜，增强客户对企业的信任和忠诚。

## 三、细微化、个性化服务

随着会展行业竞争的不断激烈，客户有了更多的选择，而且期望值也越来越高，要求也越来越多，一些展会特别是一些高端展会的主要竞争已经不是硬件设施或是价格上的竞争，而是服务上的竞争。

随着大量高科技产品的问世，参展商与观众的关系仿佛又重新回到最初经营理念——客户优质服务。面对日益挑剔的客户，就要求我们提供给客户的不仅是标准优质的服务，更应根据客户的不同特征、不同喜好等提供针对性的服务，也就是个性化的服务，去赢得客户的忠诚，客户的忠诚比客户的满意更重要。会展公司可以通过以下五个方面体现个性化服务（图 10-8）。

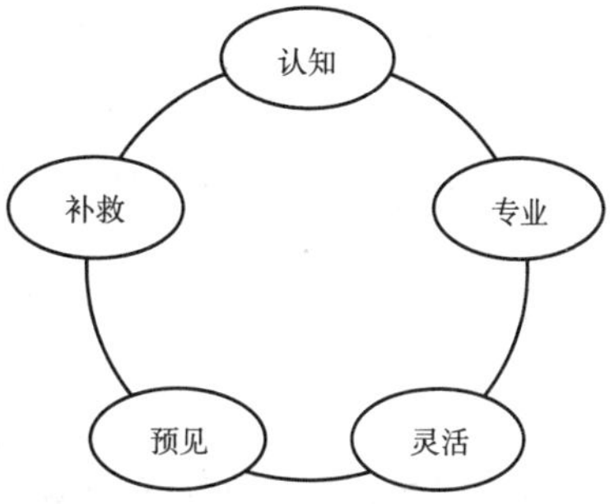

**图10-8 会展公司五大个性化服务要求**

**认知**。认知就是通过各种手段提前了解客户的不同需求，向不同客户提供差异性的服务，让客户感觉到会展活动主办方给予他的重视及尊严。例如，在招展时，了解参展商以前的展位位置在哪里，展位价格是多少，用什么样的交通方式运输产品，住哪家饭店，如何布展，参展时会举办哪些活动，参展商是否满意等，通过这些资料，确定展会应提供哪些相应的服务，使客户感到舒适、贴切，比以前更满意。

**专业**。展会主办方的员工有时需要充当参展商或观众的“销售顾问”，作为相对中立的角色，他们比较容易了解某行业的市场状况、企业情况以及国家的相关政策，可以满足客户的需求。通常员工的知识越全面、越准确，他们为参展商服务的能力也就越强，从而能更好地为客人服务。

**预见**。预见就是预见到即将或以后要发生的事情。例如，有些大型的国际展会，参加展会的车辆及人员将会非常多，为了避免交通堵塞及事故，展会主办方应提前做好交通安排。如提供大型停车场，本地车辆停车收费，限速行驶，人车分流，充分利用公共交通等。预见就是让我们想得更远，做得更多，当我们想的比客户还周到，客户就会感到关怀备至，感到惊喜，他们就会从心底里接受我们，感激我们。

**灵活**。灵活就是要求我们在为客人服务的时候，应努力地方便客户，为客户节省时间、精力及花费，为客户解决问题，让客户感到方便，感到实惠，感到物有所值，甚至物超所值。例如，展会为了让那些位置不好（如靠近洗手间）的参展商实现参展目标，可以通过设置休憩场所、通道、装饰物等增加展位的人气，让更多的观众参观展品，还可以在其他服务如协助布展、介绍专业买家等方面体现参展商的参展价值。

**补救**。补救就是有策略地采取行动，使不满意的客户变成忠诚客户。对不满意的客户，如果不及时采取行动，解决他的问题，展会就容易失去这个客户，而且这个不满意的客户会告诉别人他的不满，展会会因而失去更多的客户。但如果客户的问题得到满意的解决，绝大部分客户会成为展会的忠诚客户，并且会给展会带来更多的客户。

## 四、会展客户投诉的处理

### （一）客户投诉的范围

客户产生不满，肯定是我们所提供的产品或服务没有达到客户的要求。客户一般容易在以下几个方面投诉：

- 没有提供足够有效的专业观众（对参展商而言），没有提供有效的参展商（对观众而言），没有做足够的宣传；
- 对展会提供的产品如展览馆设施、展台搭建水平、展品运输速度与质量、展馆卫生、保安、各种会议安排、通信服务等不满；
- 突发事件，有人为的和自然的突发事件。例如，断水断电、打架斗殴、集体罢展等；
- 对展会工作人员的服务态度不满。

### （二）客户投诉的基本程序

客户有投诉，说明我们的服务存在问题，不要对客人有歧视、有偏见，应该感谢客户，让我们发现了我们的不足，让我们有机会提高自己。为了处理好客户的投诉，要指定专门的部门和专人来处理，制定处理投诉的程序。一般来说投诉处理的主要程序包含以下几个环节：

**倾听**。倾听是指站在客户的角度倾听，理解客户的心情，了解客户投诉的原因及客户的期望值，必要时记录下要点。了解情况的方式很多，有时可以请客户到一个较安静的地方单独谈，这有利于客户消除怒火，以便在一个较和谐的氛围中解决问题。

**道歉**。道歉是指向客户诚恳地道歉，并不是盲目承认错误，而是表示我们对客户的关心和关注，让客户从心底里能够接受我们，以有利于投诉的解决。

**解决问题**。这是处理投诉的关键，客户投诉的最大期望值就是希望投诉能得到妥善的解决。因此，展会应协调相关部门，尽快解决客户的投诉，并告知客户解决的步骤和所需要的时间。只有有效地解决客户的问题，才能重新赢得客户的信任，如果不重视、不及时解决投诉，那么展会就会失去这个客户。

**跟进**。跟进是指投诉解决后，展会还要保持与客户的联系。并非所有的客户都会对我们的做法十分满意，跟进可以确保没有不满意的客户。跟进可以使管理人员得知展会中存在的需要解决的问题，从而在对这些问题进行深入分析的基础上，发现问题产生的根本原因，发现管理中的漏洞，然后对服务流程做出修改，杜绝类似问题再次发生，进而达到留住客户、感动客户、培养忠诚客户的目的。

## 五、内部营销

我们必须明白，所有的工作都需要人来完成，著名的饭店连锁集团香格里拉大酒店有这样一句名言："我们要让香格里拉集团成为顾客、员工和股东的首选。"这句话说明了员工在企业的经营中具有与客户同样的重要性，只有有满意的员工，才会有满意的客户。员工满意能够提升员工工作能力和效率，使其提供的服务更有价值，进而获得客户的满意和忠诚感，最终为会展企业带来利润。

我们把员工看成内部的客户，可以通过以下手段增加员工的满意度和忠诚度。

**物质激励**。物质激励是指提供公平的待遇，包括工资、各种福利及保障。一个员工如果得到公平的待遇，他就会努力工作，如果他得到比他期望值更高的待遇，他会加倍努力工作；在用工资、奖金和福利满足员工需要的基础上，还可以通过给予股票期权或将员工的酬金与企业业绩相挂钩的方法来激励员工。

**精神激励**。精神激励是指如何满足员工高层次的需要，即员工的学习需要、成长需要和成就需要。企业应该尊重员工的价值，给予他们自我实现、自我发展、不断提高的机遇。在有竞争力薪酬的基础上，富有挑战性的工作、晋升、培训机会等都应该成为企业必要的激励方式，部门间的工作轮换、灵活的工作任务和拜师学艺等方法，也能够调动员工的积极性。

**创造良好的工作环境及企业文化**。优美舒适的工作场所、齐全先进的设施设备、默契流畅的部门间的配合，能让员工工作高效优质；而企业文化，如企业举办各种员工活动并且有时邀请员工的家属来参加，可以增强员工的凝聚力及荣誉感。

### 六、CRM 技术支持

会展客户关系管理还需要有一定的技术支持。会展客户关系管理在宏观层次上表现为会展经营管理战略支持，在中观层次上表现为会展营销战略支持，在微观层次上表现为 CRM 应用软件系统支持。前两者在前面的相关内容中都有所讲述，这里我们重点讨论 CRM 应用软件系统的支持。

要实施会展客户关系管理，组展商应有一套符合公司实际情况的 CRM 应用软件系统。其主要应具备如下功能：

- 要有一个强大的客户数据库，可以对客户数据库的信息进行添加、删减和保护；
- 要有一个强大的数据分组分析功能，能按照组展商的要求和会展的行业、专业特色对客户信息进行聚类分组分析；
- 要有较强的数据挖掘功能，能从大量繁杂的客户数据中探寻出有用的客户信息；
- 系统能促进会展服务的专业化、规范化。

## 第四节　会展客户关系管理的具体内容

客户关系管理，是会展自始至终都要贯彻的一个核心，以此理念来指导其他工作，只有这样，才能真正地实现客户满意，真正达到双赢的局面。以参展商来说，往往要提前几个月甚至一年就开始准备参展的各种事宜，了解会展当地的市场、行业状况，选择展示产品，选择展位，设计搭建展台，运送展品，宣传推广等，所有这些活动都离不开展会主办方的协助。因此，从参展商开始准备到展会期间再到展会结束，展会企业都要为参展商提供各种服务，解决参展商遇到的各种问题，提供全程服务。本节把会展分为展前、展中、展后三个阶段，结合客户关系管理的指导原则，具体阐述各阶段客户关系管理的主要内容。

## 一、展前准备阶段

好的计划是事情成功的一半。展前服务主要包括展会项目立项策划、指定各类服务商、编制参展商手册、建立展会专门网站及展会相关活动的策划的流程，其中展会项目策划是非常重要的环节。策划时要充分考虑到客户的需求，包括展会的主题与定位是否有新意，展会是否有充足有效的客户（参展商及参观商），展会的时间及长度对客户是否合适，地点与交通是否便利，住宿和旅游活动是否安全舒适，展会预算、价格和优惠、展位安排是否科学合理等。另外，宣传推广的方式是否有效，宣传材料是否简单明了有价值，展中的各种服务是否周到细致，展后应如何跟进客户等，都是客户关系管理应考虑的主要问题。只有想得非常周到细致，以人为本，才能避免一些麻烦，让客户觉得物有所值。除此之外，注重下列做法，会让客户觉得物超所值。

### （一）邀请品牌媒体

世界一流的品牌展会的一个主要标志就是，能够聚集行业最有影响力的媒体参与。大部分的展会都有市场政策新闻发布会和行业市场宏观走势分析与专题论坛，50% 的参展商都会通过这种方式将有关信息发布给目标消费者。因此，邀请品牌媒体可以有效实现参展商提高企业知名度的目标。

### （二）邀请有价值的参观商

从某种含义上来说，招商比招展更重要，因为没有观众，就没有参展商，没有参展商就没有会展，因此找到有质量的专业观众是展会成功的关键。世界上很多著名的展会每年都会将大量的经费投入专业观众的组织中。展会的品牌是和观众质量成正比的。要维护好与参展商的关系，必须确保专业观众的质量。

会展企业应广泛收集有效观众的信息，并建立专业观众数据库，详细记录观众的各种资料，如决策人年龄、职务、喜好，企业生产情况、原材料及服务的需求，客户购买力、购买时机、购买意向等，在了解他们特征及需求的基础上，提供一对一的针对性服务，吸引他们参展。

每年主办18个贸易展会的香港贸发局，之所以能如此有效地推广自己的展会，主要得益于其所拥有的庞大数据库。贸发局积累了一个拥有60万家商贸企业的数据库，其中香港企业10万家、中国内地企业12万家、海外企业38万家，每年展会大约有240万宗商贸配对。2001 ~ 2002年，香港展会共吸引买家27万多家，其中13万家分别来自海外超过140个国家和地区。

### （三）邀请有价值的参展商

有价值就是指能吸引观众及其他参展商。参展商参展除了提升企业形象和促进销售外，另一目的就是通过学习和交流，获得相关的信息。通过邀请有实力的品牌参展商，通过品牌企业及产品的展示，通过各种专业研讨会、技术交流会及其他行业会议，能使其他参展商学习到相关知识，同时品牌参展商的加盟会增强展会的影响力，能吸引到更多参展商的加盟。同样，会展企业可以通过建立参展商数据库，了解他们的各种需要，如贸易目标客户、产品定位及展示方式、贸易洽谈方式等，以提供个性化服务，吸引品牌参展商的加盟。

对于展会，参展商和观众是同时存在，互相依托的。展会有了具有实力的参展商，就能带来有价值、有创新概念的新产品，就能吸引有价值的专业观众。参展商和观众的同时到来，是专业展会成功的基础。参展商与专业观众的数量及质量是衡量该展会质量和水准的重要指标。

## 二、展中服务阶段

如果说展前的计划很重要，那么展中的计划实施也是不能掉以轻心的。展中服务流程主要包括场地服务（包括规划、装饰、指示牌、工程、保安、保洁）、现场服务（包括会议、开幕式）、参展商服务（包括展会服务手册、展会信息汇编、感情沟通、礼品派送）及撤展服务。展中服务是与客户面对面的服务，你所做的一切都在客户眼皮底下，要让客户满意，这是个绝好的机会，但只要稍有不慎，就有可能失去客户。

### （一）展中服务要细致周到

会展主办单位应根据客户的需要提供各种软件及硬件服务，包括会展布置、展位搭建、指示牌、休息区、会议室、展品运输、卫生、保安、信息咨询等，有些展会还会根据需要为客户提供互动服务、第三方认证即设置及评比各种奖项等超值服务。服务应以人为本，所提供的服务要做到让客户感觉到方便、有用和愉快，甚至比客户想的还要细致周到，以赢得客户的好感和忠诚。

### （二）服务要主动灵活

展中应主动与客户沟通，感谢客户的参展，咨询客户的建议及意见，并认真记录，如遇到客户有额外的要求和不满，绝对不能借故推辞，即使不属于我们服务的范围也要努力帮助客户解决各种问题。如果有些问题当场解决不了，必须跟进，通过各种方式寻求解决，直到客户满意为止。要记住客户永远是对的。

### （三）服务要创新

对于那些经常参加展会的客户，如果总是提供千篇一律的服务项目及展位视觉效果，会影响他们参展的积极性，所以在展位设计上、服务内容或形式上要不断创新。当然，创新要基于客户的需要，而不是一些花哨无用的资源浪费，弄不好还会适得其反。比如说，在观众管理上，以前是出售门票，导致观众减少，参展商有意见；后来改为不出售门票，观众增加，但也导致了闲杂人员、“会虫”的增加，参展商意见也很大。最近，有的专业展会采用先登记后发证入场的做法，既可以得到专业观众的各种信息，又可以保证展会的质量，无疑是一种比较好的做法。

## 三、展后客户跟踪服务阶段

### （一）广泛收集客户资料，及时更新客户信息数据库

收集客户信息的时机是展前客户调查、展中客户资料登记与客户的现场沟通、展后调查。调查的地点包括本次展会、相关展会或竞争对手的展会。调查的方式有观察、电话、网络、书面及当面沟通等。客户的范围除了参展商和参观商外，还有各媒体、专家、政府各级部门、各类服务商等。信息收集要注意下列事项：可以通过观察得来的信息就不要麻烦客户填写；调查的内容尽量不要重复，要言简意赅，

方便客户填写；调查的次数不要太多，过多的调查也会引起客户的不愉快。

通常需要收集的客户资料包括参展商和目标观众的资料。简而言之，包括企业资料、人员信息、客户参加展会的信息以及客户的意见及建议。特别要注意的是对客户的意见，当场能解决的，必须马上为客户解决；当场解决不了的，展会要及时跟进寻求解决，直到客户满意为止。真诚地征求客户的意见及建议，不但可以改善工作，还可以让客户觉得我们是可以信赖的企业，加深与客户间的感情。

展后应对各种客户信息进行综合整理，为下一届展会各个阶段的工作如展会策划立项、招商招展、现场服务、展后跟踪服务等提供重要的信息。

### （二）展后保持联系与沟通

展会结束意味着新的展会的开始，有的大型活动如奥运会、世博会甚至要提前一到两届来准备。会展企业应及时将本届展会的总结情况、下一届展会的准备情况、公司的其他相关信息等向广大客户和潜在客户发布，发布的方式可以选择网络、电话、当面沟通、书面信件或展会刊物等，对不同客户采取不同沟通方式，如对国外的客户，则采用网络沟通比较实用，而对于本地的客户，可以采用当面沟通的方式，这样更容易增加双方感情。另外，展后开展个性化服务也是必不可少的，如对客户提供的信息由展会高层人士亲笔签署回信表示感谢，对他们提出的意见及建议表示感谢，并采取相应措施。展后展会还应定期举办一些联谊及相关活动，并邀请重要客户包括相关媒体、政府官员、专家等，请客户对企业及新展会进行指导及评价。对客户的重要活动如公司成立纪念日、新产品研发成功、主要联系人的生日等都应打电话或寄贺卡表示祝贺。

### （三）展会沟通的心态

展后与客户联系及沟通的方式和内容有很多，但都要基于以下两点：一是真诚。对客户处于顺境时表示祝贺，处于逆境时也不能忘记对客户的鼓励及支持，所谓患难见真情，日后定会得到客户的回报的。二是追求人性化与个性化的统一。追求人性化使得服务亲切、自然、有人情味，避免公式化、刻板不灵活，使客户乐于接受；追求个性化使服务独树一帜，能够在激烈的竞争中脱颖而出，让客户印象深刻，从而能够拥有稳定的客户群并且不断赢得更多的客户，为成功举办展会奠定良好的基础。

# 思考与训练

## 一、名词解释

客户关系管理　　消费价值　　客户认知　　物质激励

## 二、填空题

1. 广义上讲会展的客户是指与会展企业发生会展业务关系的 _____，包括参展商、观众、政府、媒体、展览馆、服务商、代理商、员工、赞助商等。

2. 会展客户关系管理的流程：_____— ______— 争取客户 — 保持客户。

3. 争取客户：建立客户关系关键是要增加______。

4. 会展客户关系的生命周期是指_________能维持的时间。

5. 会展现有的管理中,_____的思想没有得到体现，客户关怀度和客户满意度不高。

6. 全面实施________管理，是企业的一种先进的营销和管理手段。

7. 会展价值链包括四个要素：会展主办者、参展商、专业观众和_______。

8. 对会展办展理念的满意包括：会展的_________等。

9.________是客户为参加会展而支出的所有耗费。

10. 对于提高参展的参展价值，展会主办方主要通过增加观众能够获得的利益，满足他们的参展目标，或者通过 ________等方式来实现。

11. 会展客户满意感的含义主要是指客户将_______与某一标准进行比较之后而产生的心理反应。

12.________可以为会展企业带来更多的经济收入，忠诚客户还会参加会展企业举办的其他展会，这些都是忠诚客户为企业带来的最直接最重要的利益。

13. 补救就是______地采取行动，使不满意的客户变成忠诚客户。

14.________是处理投诉的关键，客户投诉的最大期望值就是希望投诉能得到妥善的解决。

15.________是指投诉解决后，展会还要保持与客户的联系。

16.________是指如何满足员工高层次的需要，即员工的学习需要、成长需要和成就需要。

## 三、选择题（单选题）

1. 会展公司可以通过以下五个方面体现个性化服务：认知、专业、预见、____以及补救。

A. 控制　　B. 调节　　C. 灵活　　D. 运用

2. 客户投诉的基本程序：________、道歉和解决问题。

A. 向顾客询问情况　　B. 倾听　　C. 做出承诺　　D. 说明己方的情况

3. 内部营销包括：物质激励、精神激励及________。

A. 创造良好的工作环境及企业文化

B. 优美舒适的工作场所

C. 齐全先进的设施设备

D. 举办各种员工活动并且有时邀请员工的家属来参加

4. 展前服务包括：________、指定各类服务商、编制参展商手册、招展招商和宣传推广、展会相关活动的策划、建立展会专门网站。

A. 展会项目立项策划　　B. 市场调查　　C. 主题定位　　D. 成立项目组

5. 以下不属于展后服务的是______。

A. 总结　　B. 致谢　　C. 更新　　D. 撤展服务

6. 展中服务阶段须做到服务细致周到、主动灵活及_______。

A. 及时　　B. 全面　　C. 创新　　D. 安全

7. 一般客户关系的生命周期大致分为以下几个阶段：_________、关系确认阶段、关系信任阶段、关系弱化阶段和关系消失阶段。

A. 关系寻找阶段　B. 关系发展阶段　　C. 关系培育阶段　D. 关系强化阶段

8. 从纵向上看客户满意分为：物质满意、精神满意及_______。

A. 社会满意　　B. 心理满意　　C. 企业目的满意　D. 需求满意

9. 以下属于展后客户跟踪服务阶段的是：_________。（多选题）

A. 广泛收集客户资料，及时更新客户信息数据库　B. 撤展服务

C. 展后保持联系与沟通　　D. 展会沟通的心态

10. 可以通过以下方法培养忠诚的会展客户：_____、____及_____。（多选题）

A. 寻找正确的客户　　B. 要为会展客户提供满意的参展经历

C. 为客户提供增值服务　　D. 经常送礼

11. 会展客户关系管理的必要性：________、________、_______、会展客户的个性化、多样化。（多选题）

A. 会展客户流失严重　　　　　B. 会展客户关系管理与竞争

C. 会展业发展必然要求　　　　D. 会展客户关系管理的必然性

**四、判断题**

1. 广义上讲会展的客户是指与会展企业发生会展业务关系的组织或个人，包括参展商、观众、政府、媒体、展览馆、服务商、代理商、员工、赞助商等。（　）

2. 客户关系管理面向长期的客户关系，以求提升企业的管理方式，其目的之一是要协助企业管理销售循环。（　）

3. 会展主办者单元化、展会题材个性化、主办城市间竞争日益加剧、中国加入世界贸易组织后国外著名会展企业及展会将逐渐进入中国市场，这都是我国会展业面临的严峻考验。（　）

4. 客户（参展商）处于会展价值链中的核心地位。（　）

5. 会展是一种新兴的行业，有人把它比喻为“城市的名片”，或是“从飞机上撒美金”，这说明举办一个有一定规模及效应的会展，可以扩大城市甚至国家的知名度。（　）

6. 收集客户信息的时机是展前客户调查、展中客户资料登记与客户的现场沟通、展后调查。（　）

7. 以人为本是会展自始至终都要贯彻的一个核心，以此理念来指导其他工作，只有这样，才能真正地实现客户满意，真正达到双赢的局面。（　）

8. 物质激励是指如何满足员工高层次的需要，即员工的学习需要、成长需要和成就需要。（　）

9. 预见就是预见到即将或以后要发生的事情。（　）

10. 道歉是指向客户诚恳地道歉，并不是盲目承认错误，而是表示我们对客户的关心和关注，让客户从心底里能够接受我们，以有利于投诉的解决。（　）

11. 跟进是指投诉解决后，展会主办方还要保持与客户的联系。（　）

12. 忠诚的客户对会展企业提供的产品和服务的价格不是很敏感，他们相信会展企业提出的价格是公正的，甚至愿意为这种良好的服务植入更多的费用。（　）

13. 忠诚的客户往往不可以理解并原谅服务过程中的一些小的失误，愿意给企

业补救和改正的机会。(　)

14. 为吸引忠诚参展商不断参展，应该让他们享有某些特权，这些特权的实质也是提供超值服务。(　)

## 五、简答题

1. 简述会展客户关系管理各阶段的应对方法。
2. 简述展会服务的基本流程。
3. 简述各阶段客户关系管理的具体内容。

## 六、案例分析

随着我国加入世界贸易组织和CEPA的实施，我国会展业办展主体日益多元化：国有展览机构、行业协会和商会、民营展览公司和国外展览机构各有所长，共同在国内市场上展开竞争，且竞争日益激烈。同时，同题材展会之间的竞争日益白热化。我国会展业一大特点是重复办展多，在同一年里同一题材的展会在不同的时间和地点举办，共同瓜分有限的展览市场，展会同质化日益严重。例如，全国一年办57个建筑题材的展会；在珠江三角洲的广州、深圳和东莞，每年3～4月就有6个相关展会；近年来，各省市都有自己的汽车展。

根据上述案例回答如下问题：

面对日益激烈的会展市场竞争，办展单位应如何培养自己的忠实客户？

## 七、实践与训练

请根据××珠宝展会需要各设计一份参展商满意度调查表和专业观众跟踪服务调查表。

# 参考文献


[ 1 ] 丁霞 . 会展策划与管理 [M]. 北京 ：高等教育出版社，2006

[ 2 ] 龚维刚，陈建国 . 会展实务 [M]. 上海 ：华东师范大学出版社，2006

[ 3 ] 丁萍萍 . 会展实务 [M]. 北京 ：高等教育出版社，2009

[ 4 ] 戴光全 . 节事活动策划与组织管理 [M]. 北京 ：中国劳动社会保障出版社，2007

[ 5 ]（美）乔 · 戈德布拉特 . 国际大型活动管理 [M]. 北京 ：机械工业出版社，2003

[ 6 ] 卢晓 . 节事活动策划与管理 [M]. 上海 ：上海人民出版社，2006

[ 7 ] 郑建瑜 . 大型活动策划与管理 [M]. 重庆 ：重庆大学出版社，2007

[ 8 ] 常桦 . 企业文体活动策划与实施手册 [M]. 北京 ：中国工人出版社，2008

[ 9 ] 张捷雷 . 会展专业实训指导书 [M]. 南京 ：东南大学出版社，2009

[ 10 ] 应丽君 . 会展运营管理 [M]. 北京 ：机械工业出版社，2007

[ 11 ] 陈鲁梅 . 会展策划与管理 [M]. 北京 ：化学工业出版社，2009

[ 12 ] 许传宏 . 会展策划（第 2 版）[M]. 上海 ：复旦大学出版社，2010

[ 13 ] 杨顺勇 . 会展营销 [M]. 北京 ：化学工业出版社，2009

[ 14 ] 华谦生 . 会展管理 [M]. 广州 ：广东经济出版社，2008

[ 15 ] 谭红翔 . 会展策划实务 [M]. 北京 ：对外经济贸易大学出版社，2007

[ 16 ] 卢小金 . 会展策划 [M]. 大连 ：东北财经大学出版社，2008

[ 17 ] 施谊，张义，王真 . 展览管理实务 [M]. 北京 ：化学工业出版社，2008

[ 18 ] 陈培爱，覃胜南 . 广告媒体教程 [M]. 北京 ：北京大学出版社，2005

[ 19 ] 龚平，赵慰平 . 会展概论 [M]. 上海 ：复旦大学出版社，2008

[ 20 ] 刘嘉龙 . 国民休闲与旅游创新 [M]. 北京 ：经济科学出版社，2010

[ 21 ] 刘嘉龙 . 休闲活动策划 [M]. 上海 ：上海格致出版社，2011

[ 22 ] 曹菊枝 . 旅游概论 [M]. 北京 ：电子工业出版社，2000

# 后　　记

本教材为“五星联盟”中国骨干旅游高职院校教材编写出版项目之一。教材开发团队主要从会展策划、会展管理、会展服务角度，对会展策划的原理、方法、步骤，会展立项策划、可行性分析，会展征集与造势策划，会展市场营销（招商招展）与宣传推广，会展活动项目管理、现场管理、财务管理、风险管理，会议（会展）与会议（会展）旅游服务、会展客户关系与跟踪服务等进行系统讲解，尽可能从实务操作角度，做到深入浅出、图文并茂，方便高职院校会展及相关专业学生学习。

本教材编写过程中，浙江旅游职业学院王昆欣院长、上海旅游高等专科学校朱承强副校长、中国旅游出版社付蓉主任等给予了悉心指导，浙江旅游职业学院会展教学团队张捷雷、邬燕、章筧、张素参编并修订，浙江世界贸易中心、浙江中博展览集团、杭州西湖国际博览会组委会办公室、杭州世界休闲博览会有限公司、杭州神州传媒有限公司等给予了全力支持。教材所附案例分析和实训项目经过会展专业学生多次实践证明有效。教材编写体例和内容编排力求创新，做到课堂教学与课外实验相结合，校内实训与社会实践相结合，每章内容均附有思考与训练、案例分析等专业能力综合训练内容（参考答案备索），有助于会展及相关专业学生系统掌握、重点复习、实务操作。

值此教材付梓之际，特向一直关心支持本教材写作的各位领导、各位专家、各位老师和参与前期实训的同学们表示衷心的感谢！

2015 年 2 月

**项目策划与统筹：**付　蓉
**责任编辑：**付　蓉
**封面设计：**鲁　筱
**责任印制：**冯冬青

---

**图书在版编目（CIP）数据**

会展策划与管理/刘嘉龙主编．--2版．--北京：中国旅游出版社，2015.2（2016.7重印）
"中国旅游院校五星联盟"中国骨干旅游高职院校教材编写出版项目
ISBN 978-7-5032-5251-8

Ⅰ.①会…　Ⅱ.①刘…　Ⅲ.①展览会-策划-高等职业教育-教材　②展览会-管理-高等职业教育-教材
Ⅳ.①G245

中国版本图书馆CIP数据核字（2015）第029295号

---

**书　　名：**会展策划与管理（修订本）

---

**主　　编：**刘嘉龙
**出版发行：**中国旅游出版社
（北京建国门内大街甲9号　邮编：100005）
http://www.cttp.net.cn　E-mail：cttp@cnta.gov.cn
发行部电话：010-85166503
**排　　版：**北京中文天地文化艺术有限公司
**经　　销：**全国各地新华书店
**印　　刷：**三河市灵山红旗印刷厂
**版　　次：**2015年2月第2版　2016年7月第2次印刷
**开　　本：**787毫米×1092毫米　1/16
**印　　张：**20.5
**字　　数：**374千
**定　　价：**32.00元
**I S B N**　978-7-5032-5251-8

---